中国电子信息产业统计年鉴
（综合篇）

2013

工业和信息化部运行监测协调局

電子工業出版社
Publishing House of Electronics Industry
北京 • BEIJING

图书在版编目（CIP）数据

中国电子信息产业统计年鉴. 2013. 综合篇 / 工业和信息化部运行监测协调局. —北京：电子工业出版社，2014.8
ISBN 978-7-121-23787-4

Ⅰ. ①中… Ⅱ. ①工… Ⅲ. ①电子信息产业－统计资料－中国－2013－年鉴 Ⅳ. ①F49-66

中国版本图书馆 CIP 数据核字（2014）第 150054 号

责任编辑：徐蕾薇
印　　刷：涿州市京南印刷厂
装　　订：涿州市京南印刷厂
出版发行：电子工业出版社
北京市海淀区万寿路 173 信箱　邮编　100036
开　　本：787×1 092　1/16　印张：20.75　字数：570 千字　彩插：6
版　　次：2014 年 8 月第 1 版
印　　次：2014 年 8 月第 1 次印刷
定　　价：368.00 元

ISBN 978-7-121-23787-4

凡所购买电子工业出版社图书有缺损问题，请向购买书店调换。若书店售缺，请与本社发行部联系，联系及邮购电话：（010）88254888。
质量投诉请发邮件至 zlts@phei.com.cn，盗版侵权举报请发邮件至 dbqq@phei.com.cn。
服务热线：（010）88258888。

编 辑 说 明

1.《中国电子信息产业统计年鉴（综合篇）2013》（以下简称“年鉴”）全面记载了2013年度中国电子信息产业经济运行的综合统计资料，通过对全国电子信息产业各地区、各行业、各产品门类发展数据的统计和分析论述，系统反映了中国电子信息产业在2013年取得的成就、存在的问题和发展的趋势。

2.“综合”部分的内容：一是2013年中国电子信息产业经济运行总结和主要行业运行分析；二是2013年电子信息百强企业发展评述；三是全国主要省市、计划单列市2013年电子信息产业发展情况总结及2014年展望。

3. 年鉴统计范围：（1）在我国境内注册（不包括港、澳、台地区）的年主营业务收入2000万元以上，从事电子信息产品生产及研发的企、事业独立法人单位；（2）电子信息产业固定资产投资统计是计划总投资2000万元以上的建设项目；（3）电子信息产品进出口统计数据主要来源于国家海关总署。

4. 年鉴中统计数据均为全国工业统计快报数据。

5. 年鉴得到部内有关司局、省市工业和信息化主管部门、部直属单位及相关人员的大力支持，在此谨表感谢。

工业和信息化部运行监测协调局

二〇一四年五月

目　　录

Ⅰ　综　　合

Ⅱ　制　造　业

Ⅲ　固定资产投资

Ⅳ　进出口情况

I 综　　合

2013年规模以上电子信息产业主要指标完成情况

	单位	2013年	2012年	增速%
工业增加值	%			11.3
主营业务收入	亿元	123789	109413	13.1
其中：制造业	亿元	93202	84619	10.1
软件业	亿元	30587	24794	23.4
利润总额	亿元	7983	6872	16.2
其中：制造业	亿元	4152	3506	18.4
软件业	亿元	3831	3366	13.8
税金总额	亿元	3401	2684	26.7
其中：制造业	亿元	1845	1513	21.9
软件业	亿元	1556	1171	32.9
固定资产投资	亿元	10828	9592	12.9
电子信息产品进出口总额	亿美元	13302	11868	12.1
其中：出口额	亿美元	7807	6980	11.8
进口额	亿美元	5495	4888	12.4

2013年规模以上电子信息产业统计图表

电子制造业主营业务收入完成情况

单位：亿元

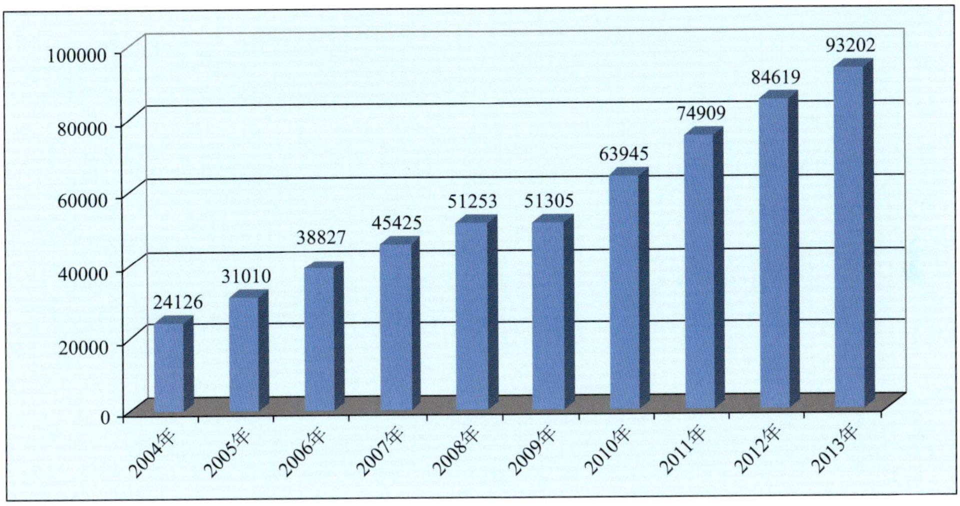

电子制造业利润完成情况

单位：亿元

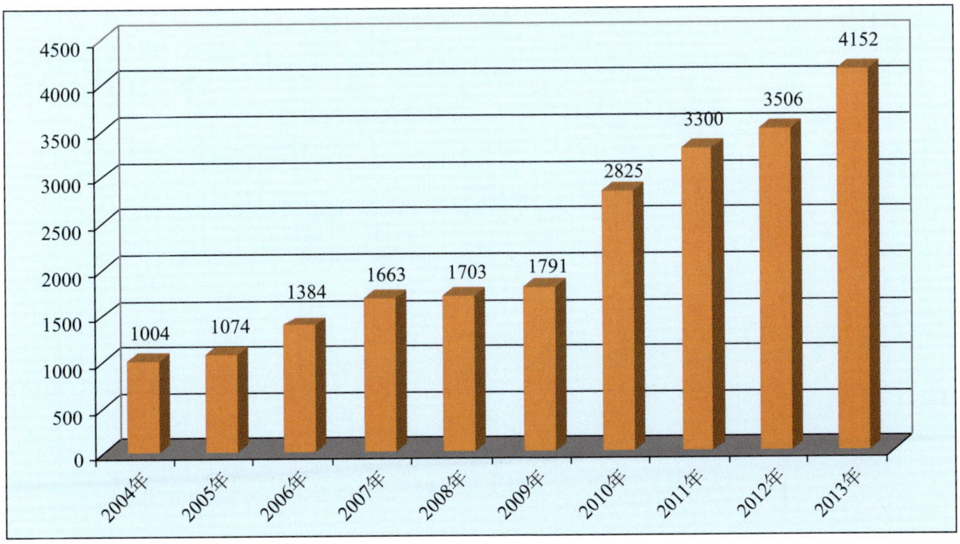

电子制造业五大类主营业务收入占全行业比重

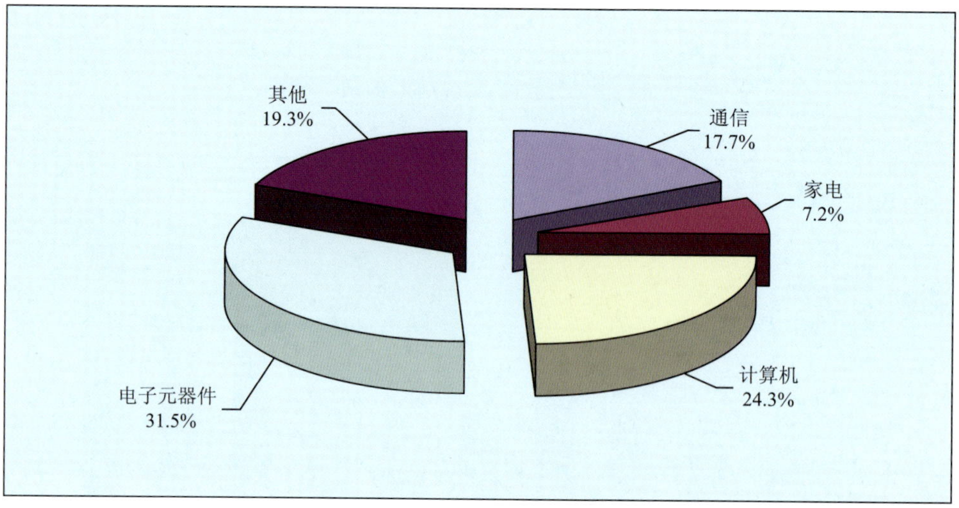

电子制造业各经济类型主营业务收入占全行业比重

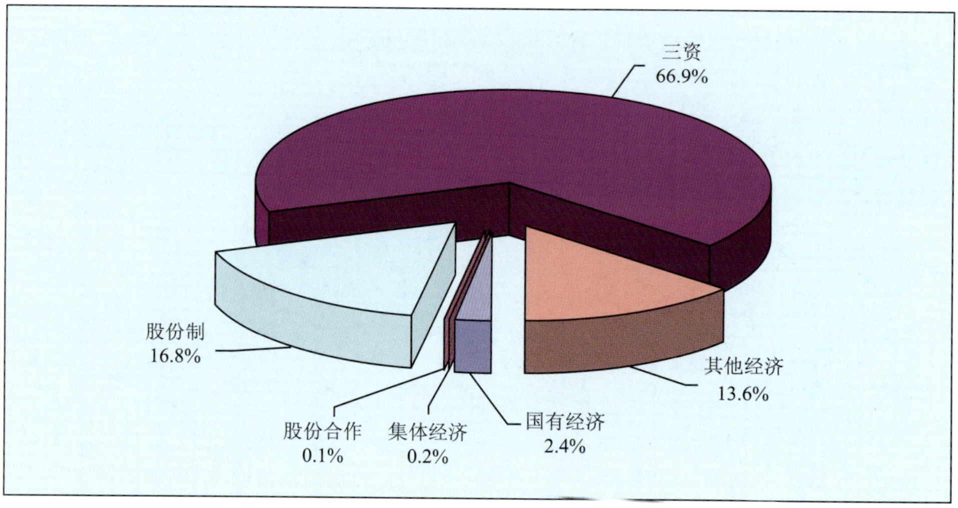

电子制造业各地区主营业务收入分布情况

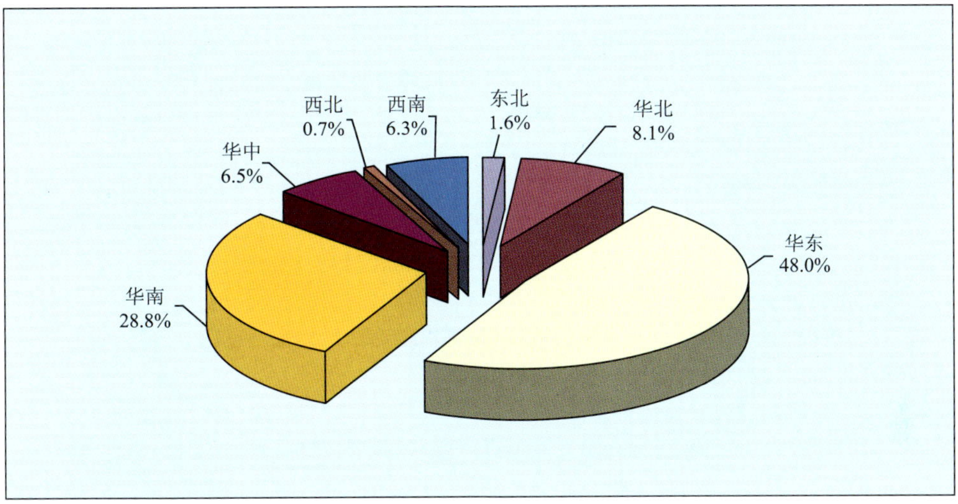

电子制造业主营业务收入前十名省市

单位：亿元

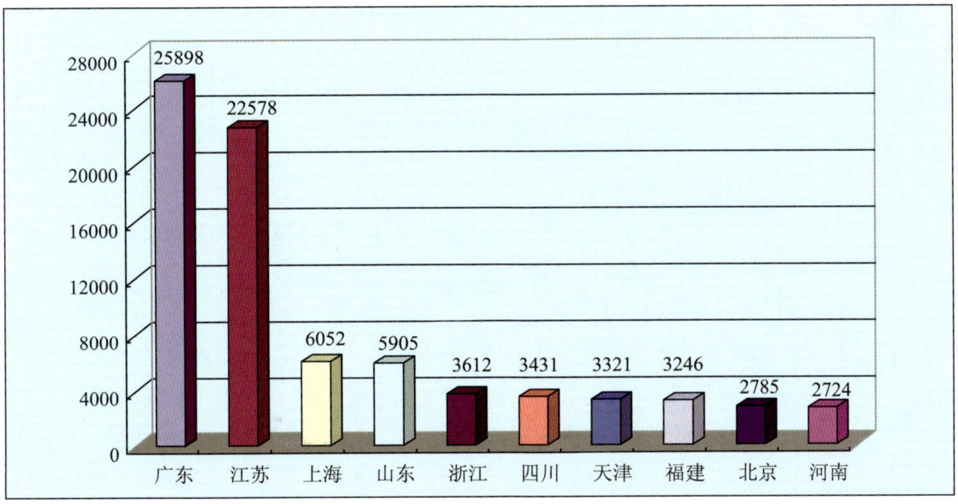

电子制造业各行业实现主营业务收入情况

单位：亿元

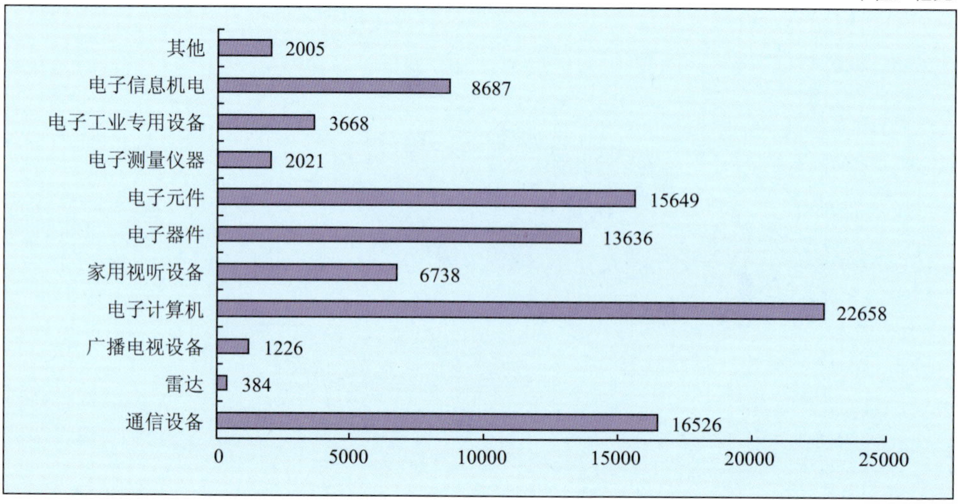

电子制造业各经济类型实现主营业务收入情况

单位：亿元

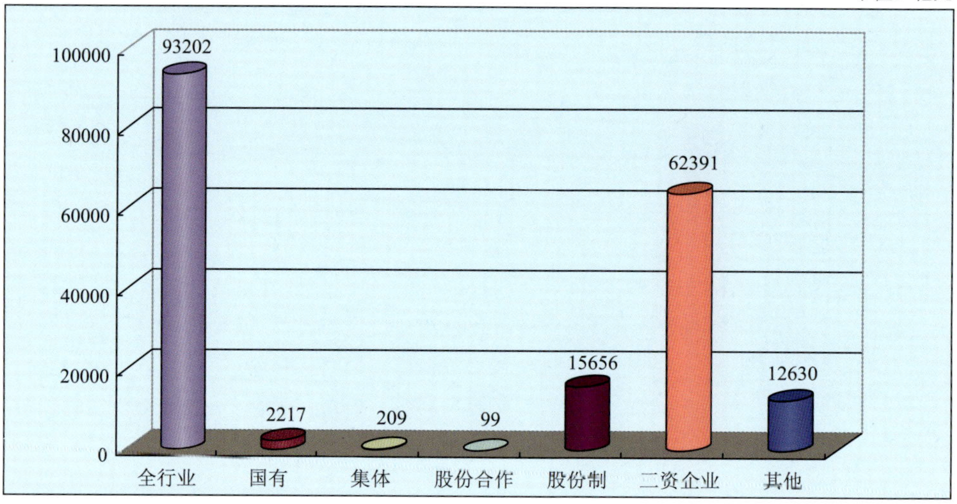

电子制造业各经济类型实现利税情况

单位：亿元

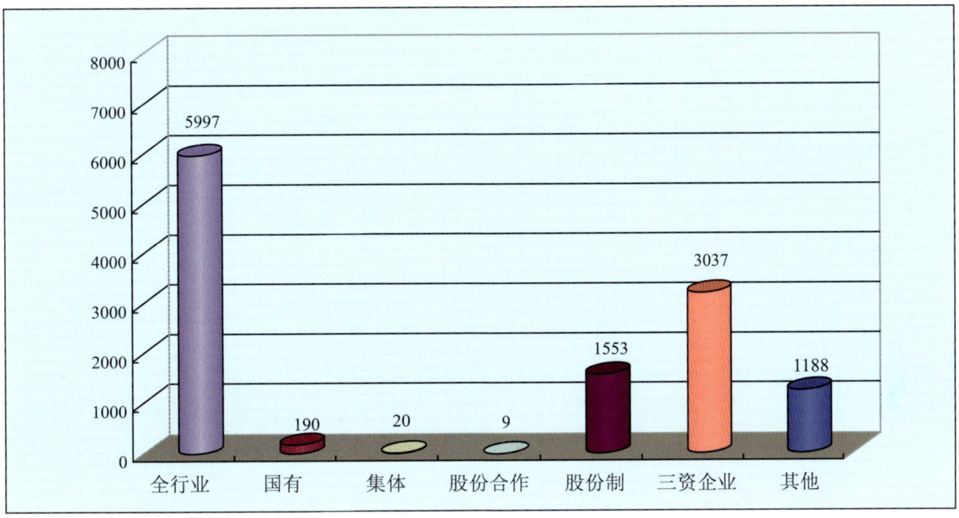

电子制造业各行业实现利税情况

单位：亿元

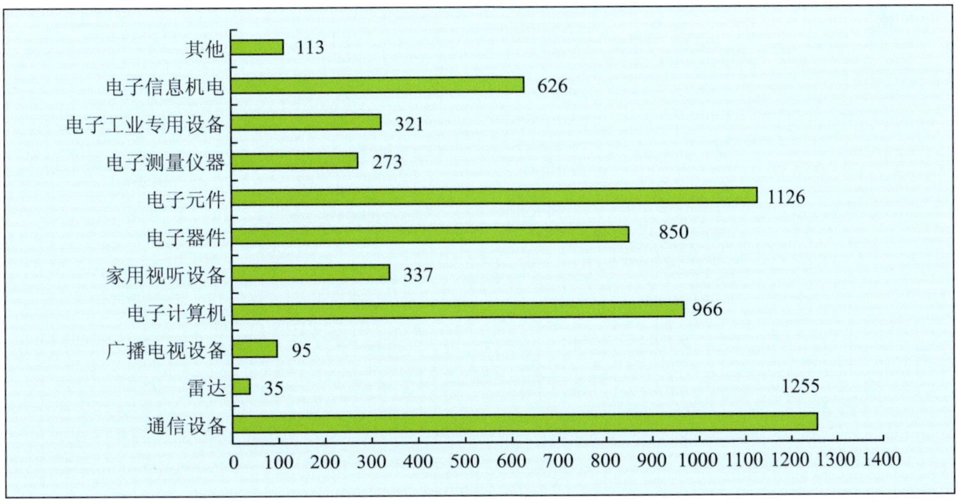

电子信息产业进出口与全国进出口对比情况

单位：亿美元

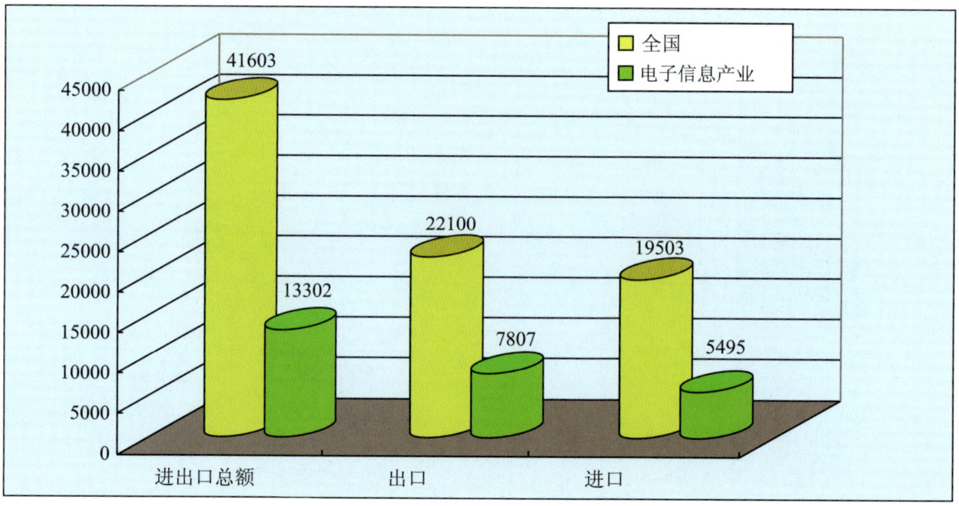

电子信息产业出口产品构成情况

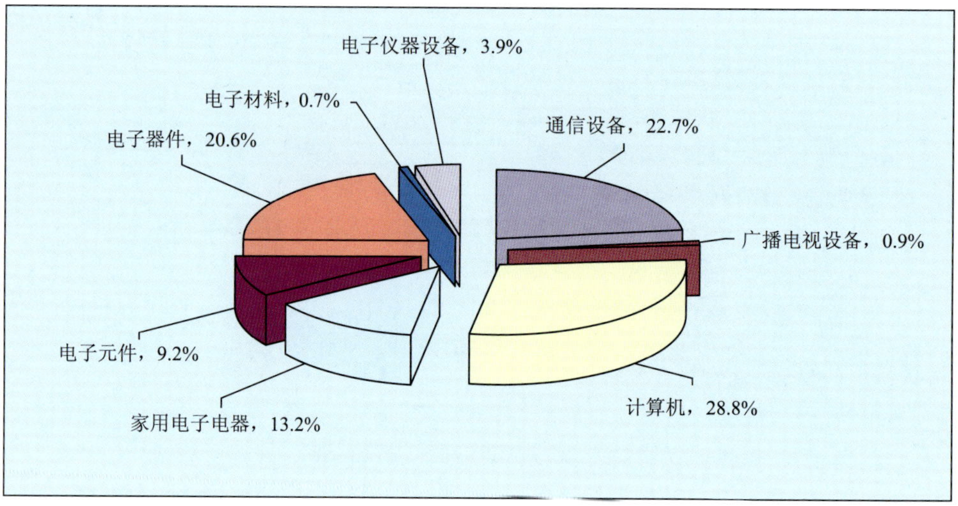

电子信息产业各经济类型企业出口情况

单位：亿美元

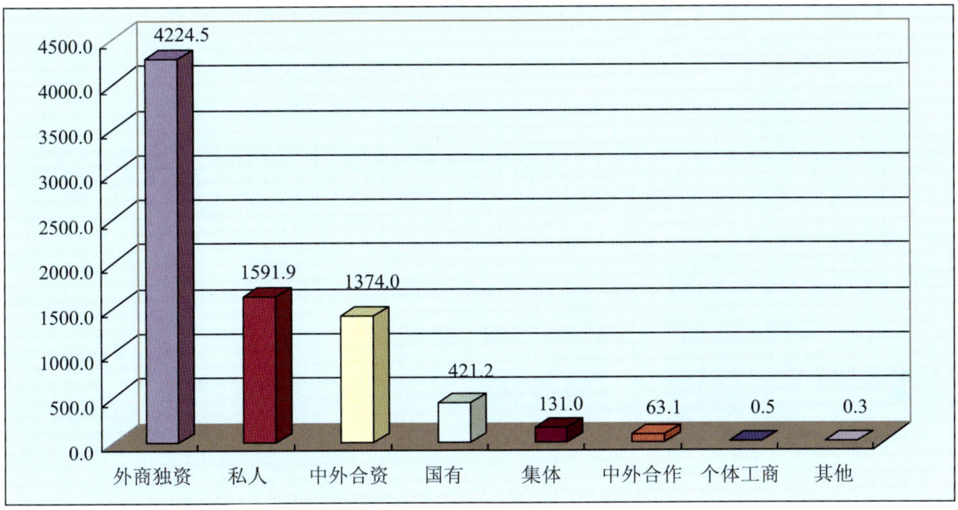

电子信息产业各贸易方式出口情况

单位：亿美元

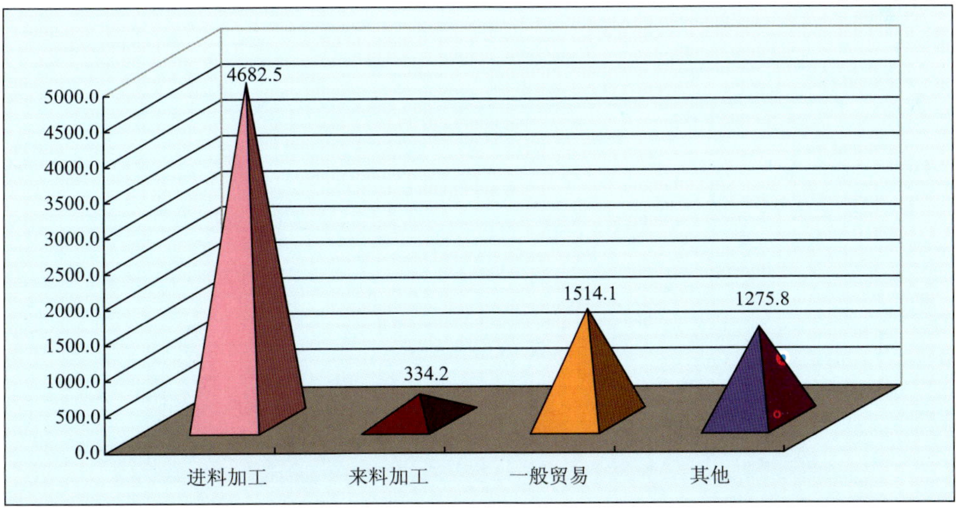

电子信息产业各经济类型企业进口情况

单位：亿美元

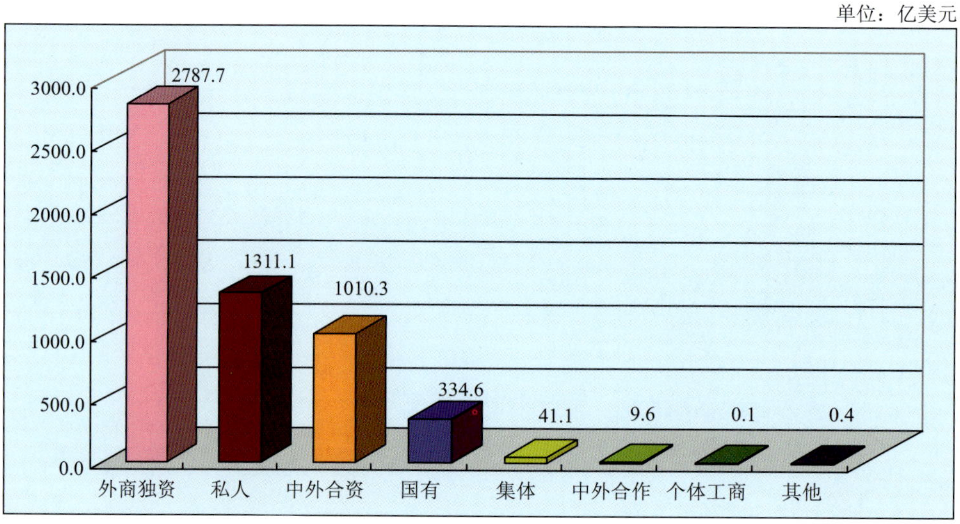

电子信息产业各贸易方式进口情况

单位：亿美元

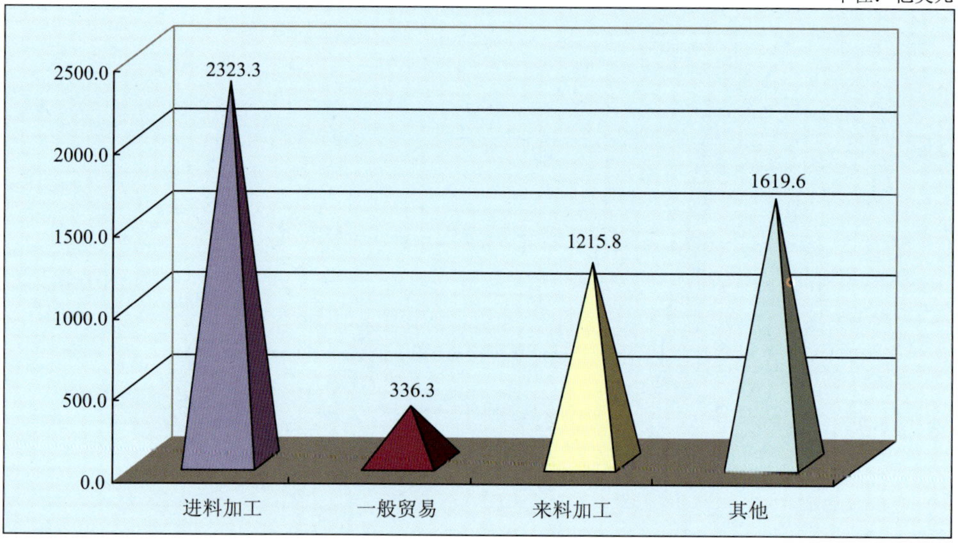

全国各工业行业累计完成固定资产投资比较

单位：亿元

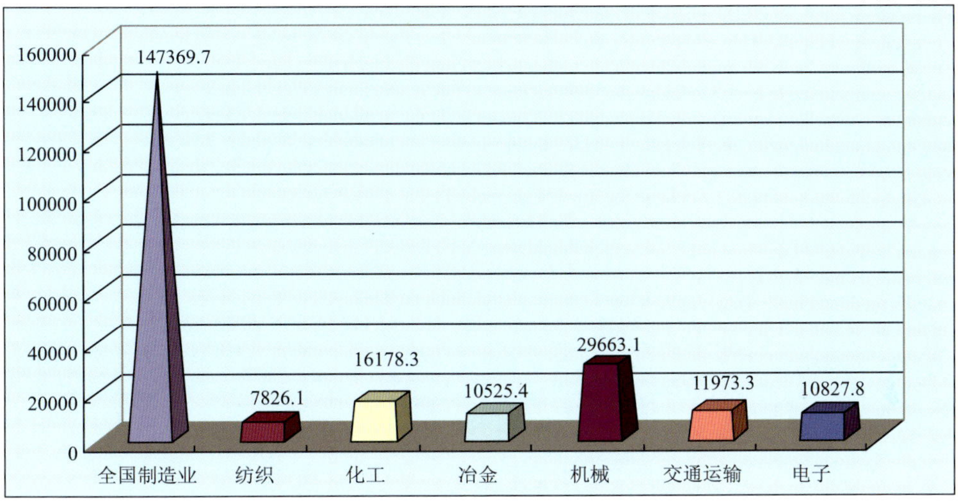

电子制造业固定资产投资资金来源情况

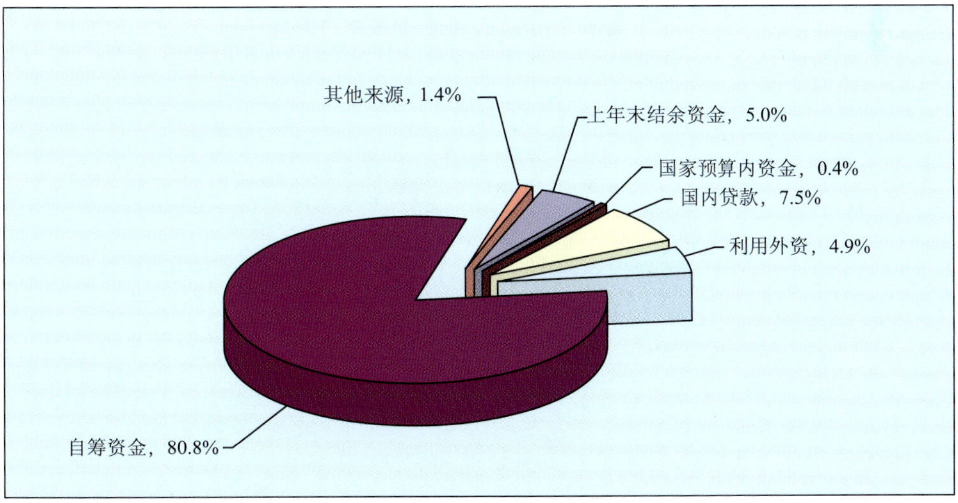

电子制造业各经济类型企业累计完成固定资产投资情况

单位：亿元

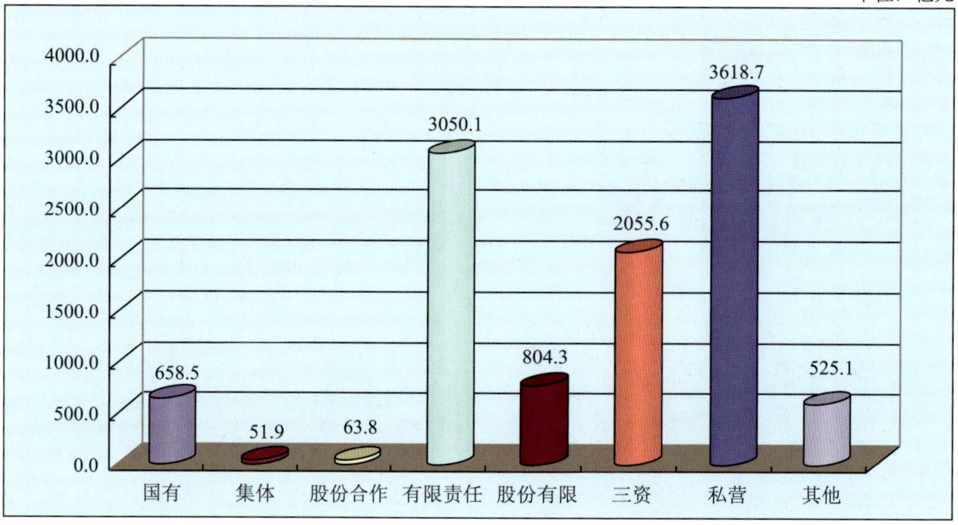

电子制造业各经济类型企业累计完成固定资产投资占全行业比重

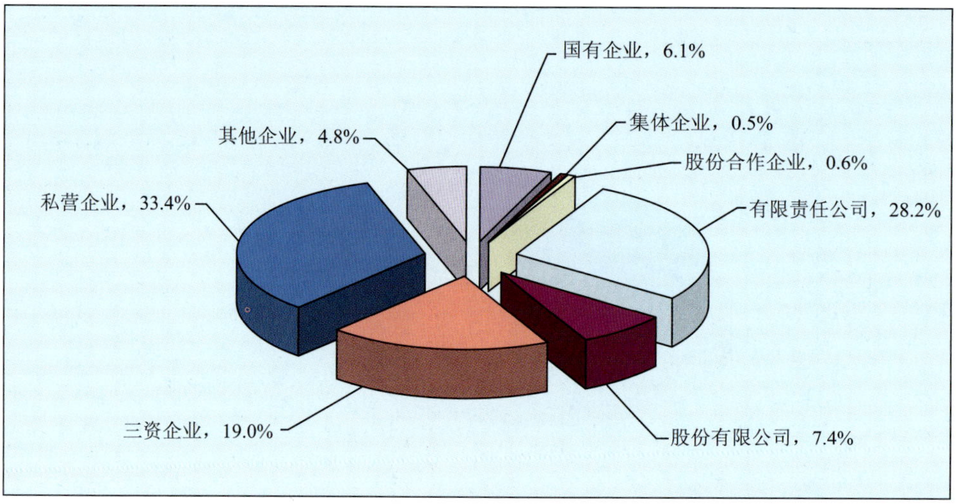

电子制造业各行业累计完成固定资产投资情况

单位：亿元

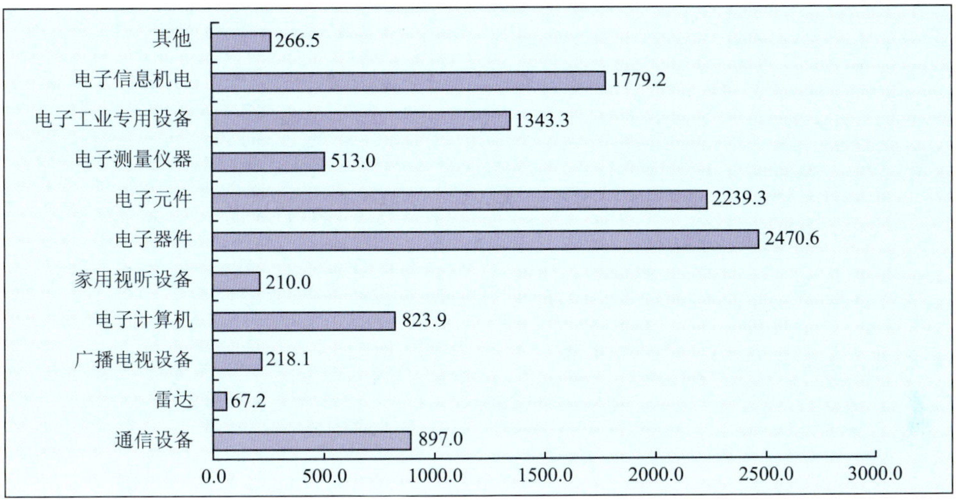

电子制造业累计完成固定资产投资前十名省市

单位　亿元

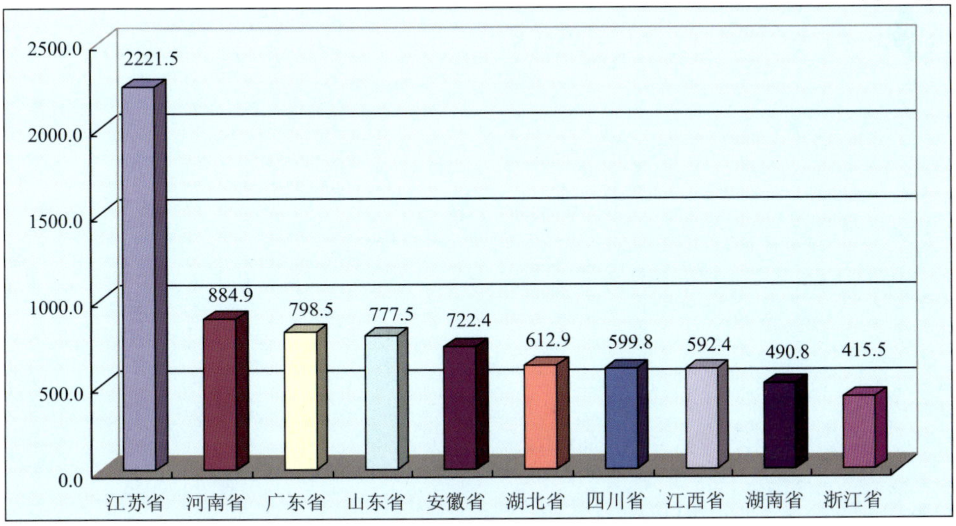

2013年电子信息产业统计公报

2013年，面对错综复杂的国内外政治经济形势，我国电子信息产业各级主管部门认真贯彻党中央、国务院“稳中求进”的经济工作总基调，坚持统筹稳增长、调结构与促改革之间的关系，加大政策预调微调力度，积极培育信息消费等热点领域，产业内骨干企业加快转变发展方式，不断优化产品与市场结构，全面深化转型升级，使得产业整体运行呈现平稳态势，生产保持较快增长，效益规模稳步提升，结构调整不断加快，为提高社会信息化发展水平和促进两化深度融合发挥了积极作用，在国民经济中的重要性持续提高。

一、综合

（一）产业规模稳步扩大

2013年，我国电子信息产业销售收入总规模达到约12.4万亿元，同比增长12.7%。其中，规模以上电子信息制造业实现主营业务收入约9.3万亿元，同比增长10.4%；软件和信息技术服务业实现软件业务收入3.1万亿元（快报数据），同比增长24.6%（见图1）。

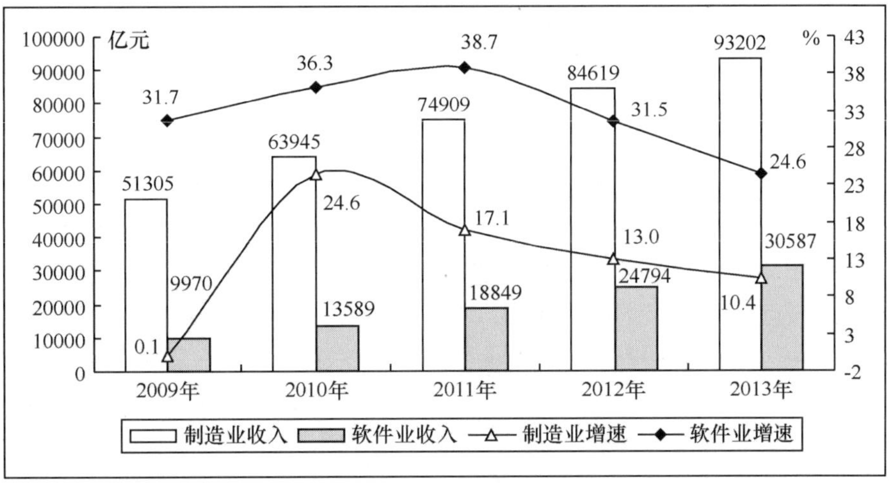

图1　2009—2013年我国电子信息产业收入规模

（二）产业增速保持领先

2013年，我国规模以上电子信息制造业增加值增长11.3%，高于同期工业平均水平1.6个百分点（见图2）；行业收入、利润总额和税金占工业总体比重分别达到9.1%、6.6%和4.0%，其中利润总额和税金增速分别达到21.1%和19.1%，明显高于工业12.2%和11.0%的平均水平，电子信息制造业在工业经济中保持领先地位，支撑作用不断增强。

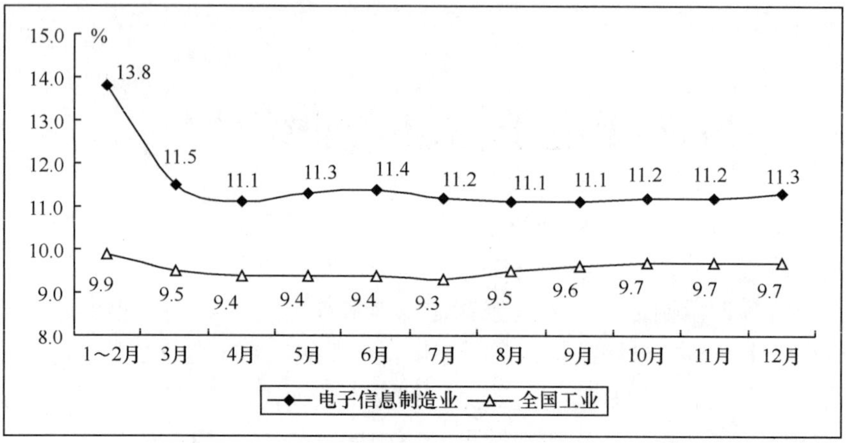

图 2　2013 年电子信息制造业与全国工业增加值累计增速对比

（三）国际地位日趋稳固

2013 年，我国电子信息产业销售收入 12.4 万亿元，折合美元计算，占同期全球 IT 支出比重超过 50%。在硬件产品制造方面，我国手机、计算机和彩电等产品产量分别达到 14.6 亿部、3.4 亿台和 1.3 亿台，占全球出货量比重均在半数以上。在软件产品开发方面，我国软件业务收入同比增长 24.6%，明显高于全球 5.7%的平均水平，占全球市场份额进一步提高。

二、投资

（一）产业投资缓慢增长

2013 年，我国电子信息产业 500 万元以上项目完成固定资产投资额 10828 亿元，同比增长 12.9%（见图 3），增速比上年提高了 7.2 个百分点，但仍低于同期工业投资增速 4.9 个百分点。2013 年全年，新增固定资产投资 6749 亿元，同比增长 1.3%，增速比上年回落 11.7 个百分点；新开工项目 7949 个，同比增长 5.0%，增速比上年回落 3.3 个百分点。

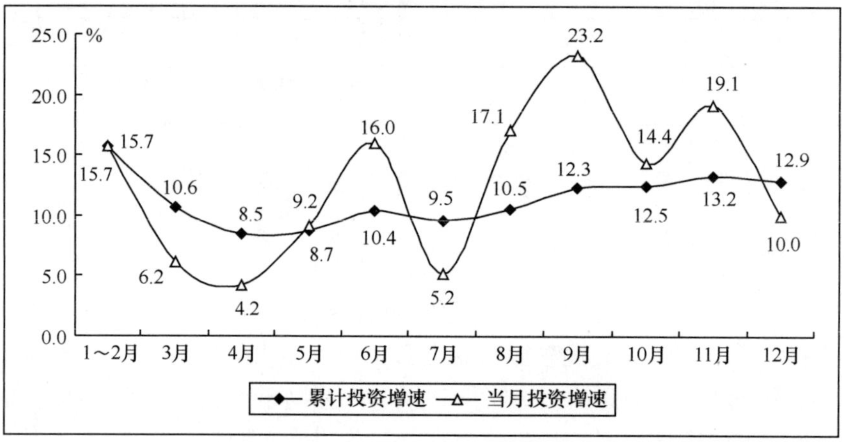

图 3　2013 年电子信息产业固定资产投资增速

（二）投资结构加快转变

分行业看，在政策引导下，集成电路行业投资活跃，完成投资额578亿元，同比增长68.2%，增速居各行业首位；在 4G 建设加快的拉动下，通信设备行业完成投资 897 亿元，同比增长 37%，明显高于全行业平均水平。分地区看，西部地区投资加速，完成投资 1650 亿元，同比增长 29.2%，比上年提高 24.1 个百分点，高于平均水平 11.2 个百分点，比重提高 1.9 个百分点。从投资主体看，内资企业完成投资 8772 亿元，同比增长 16.1%，增速高于平均水平 3.2 个百分点，比重达到 81.0%，比上年提高 2.2 个百分点。

三、进出口

（一）外贸增速高位趋稳

2013 年，我国电子信息产品进出口总额达到 13302 亿美元，同比增长 12.1%，增速高于同期全国外贸进出口总额水平 4.5 个百分点。其中，出口 7807 亿美元，同比增长 11.9%，高于全国外贸出口增速 4.0 个百分点，占全国外贸出口比重达到 35.3%，比上年提高 1.2 个百分点，对全国外贸出口增长的贡献率为 51.1%；进口 5495 亿美元，同比增长 12.4%，高于全国外贸进口增速 5.1 个百分点，占全国外贸进口比重达到 28.2%，比上年提高 1.3 个百分点，对全国外贸进口增长的贡献率为 45.7%（见图 4）。从全年进出口走势来看，呈逐步趋稳态势。

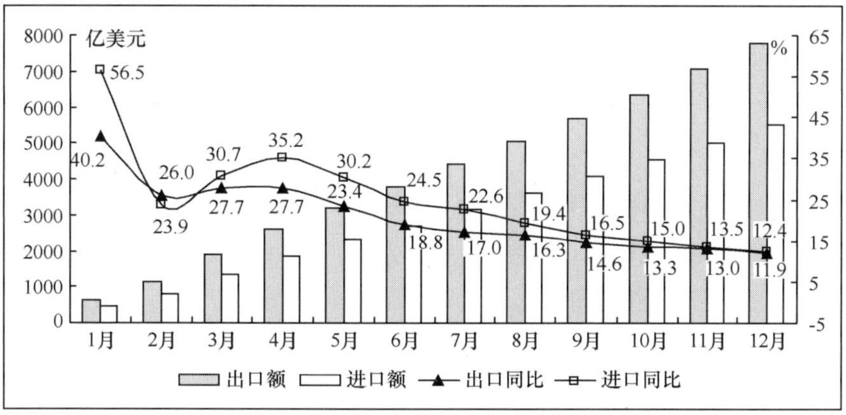

图 4　2013 年我国电子信息产品累计进出口额及增速

（二）外贸结构持续优化

在贸易方式上，一般贸易比重继续提升，出口额 1514 亿美元，同比增长 23.2%，增速高于平均水平 11.3 个百分点，比重（19.4%）较上年提高 1.8 个百分点。此外，保税区仓储转口货物、保税仓库进出境货物及边境小额贸易等贸易方式出口增势突出，出口额分别达到 1138 亿美元、105 亿美元和 16 亿美元，分别增长 64.3%、41.5%和 88.4%，贸易方式多元化趋势更加明显。在贸易主体结构上，内资企业出口 1958 亿美元，同比增长 38.4%，增速高于平均水平 26.5 个百分点，比重（27.5%）较上年提高 5.3 个百分点。在贸易伙伴结构上，新兴市场成为新的增长点，对越南、南非和阿根廷等国出口增速分别达到78.5%、34.1%和23.5%。在区域结构上，中西部地区成为新的增长极，如陕西、山西、重庆和安徽等省市出口增速分别达到 86.5%、65.9%、64.9%和 53.1%。

四、经济效益

（一）效益规模继续扩张

2013 年，我国规模以上电子信息制造业主要效益指标稳步增长，实现销售收入 93202 亿元，同比增长 10.4%，利润总额 4152 亿元，同比增长 21.1%，税金总额 1845 亿元，同比增长 19.1%（见图 5）。

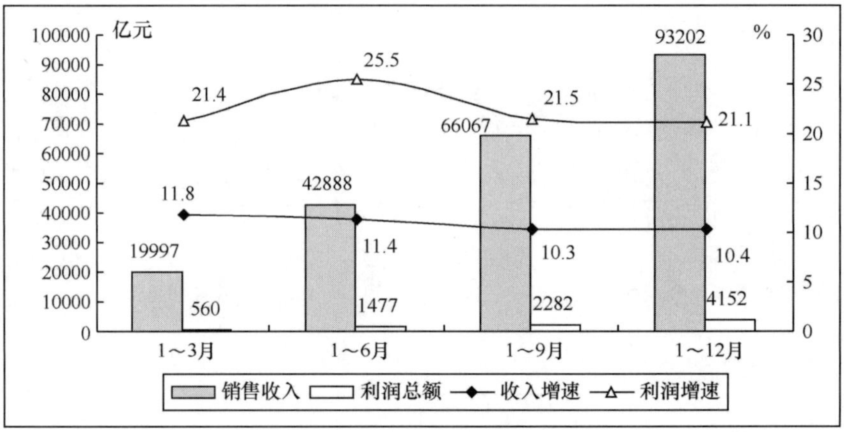

图 5　2013 年我国规模以上电子信息制造业收入及利润情况

（二）效益水平有待提升

从效益水平看，2013 年，我国规模以上电子信息制造业销售利润率为 4.5%，比上年提高 0.4 个百分点，但低于工业平均水平 1.6 个百分点。2013 年全年，规模以上电子信息制造业每百元主营业务收入中成本为 88.6 元，比工业平均水平高 3.3 元，企业生产经营的成本压力较大，盈利水平偏低。

五、产业结构调整

（一）融合化趋势日益凸显

一是软硬比例趋于协调。2013 年，我国电子信息产业中，软件业收入比重达到 25.0%，比上年提高 2.3 个百分点，比“十一五”末提高 6.8 个百分点。二是软硬融合步伐加快。随着产业发展层次的不断提高，纯粹的硬件设备越来越少见，绝大多数硬件都含有嵌入式软件、平台软件或应用软件，硬件设备的价值越来越多地取决于其中软件产品的价值技术含量。以彩电为例，创维、海信、长虹等主要厂商通过组织力量研发配套软件，或与软件企业开展合作，以提升产品的附加值。同时，软件企业及互联网企业也开始涉足硬件制造领域，如乐视网推出电视产品，奇虎 360 推出随身 WiFi 设备等。

（二）内销市场地位提高

2013 年，我国规模以上电子信息制造业实现内销产值 45373 亿元，同比增长 18.4%，高于平均水平 7.4 个百分点；完成出口交货值 48519 亿元，同比增长 4.9%，低于行业平均水平（见图 6）；全年来看，内销产值增速始终领先于外销产值增速，所占比重达到 48.3%，比上年提高 3.3 个百分点。

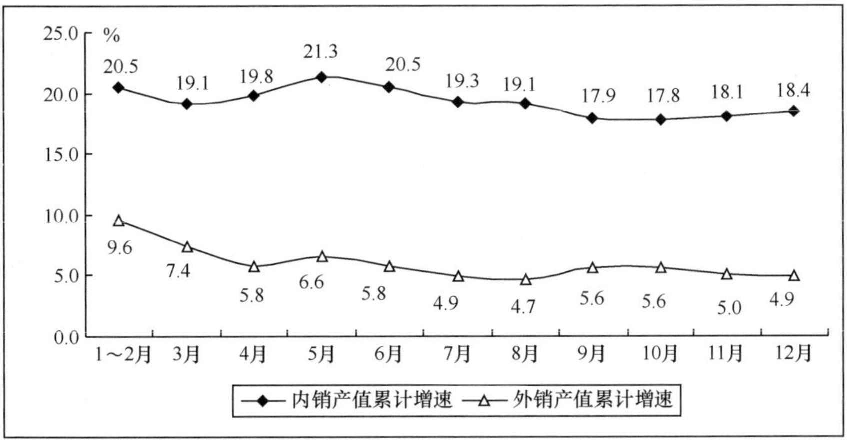

图 6　2013 年电子信息制造业内外销产值累计增速对比

（三）内资企业实力提升

2013 年，我国规模以上电子信息制造业中，内资企业实现销售产值 30975 亿元，同比增长 18.5%，高于行业平均水平 7.5 个百分点；三资企业实现销售产值 62917 亿元，同比增长 7.7%，增速低于平均水平 3.3 个百分点（见图 7）；内资企业销售产值比重达到 33.0%，比上年提高 2.1 个百分点。

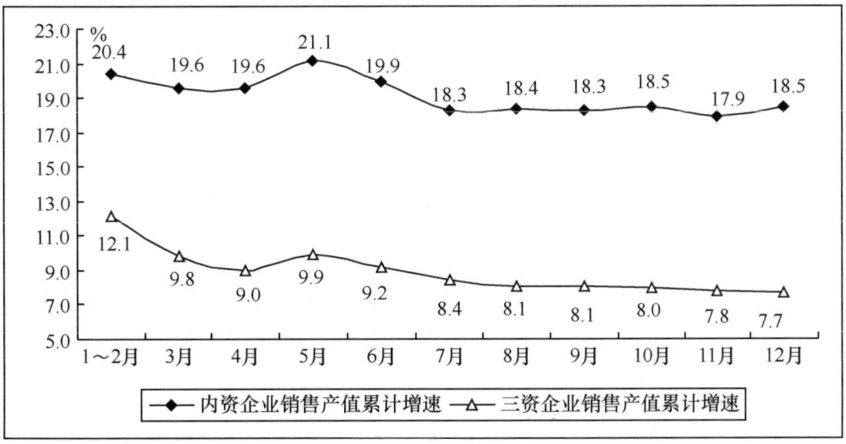

图 7　2013 年电子信息制造业不同性质企业销售产值累计增速对比

（四）产业转移有序推进

2013 年，我国规模以上电子信息制造业中，中部地区和西部地区分别实现销售产值 10208

亿元和 7659 亿元，同比分别增长 28.0%和 28.9%，增速分别高于平均水平 17.0 个和 17.9 个百分点（见图 8）；中西部地区销售产值比重达到 19.0%，比上年提高 2.5 个百分点。

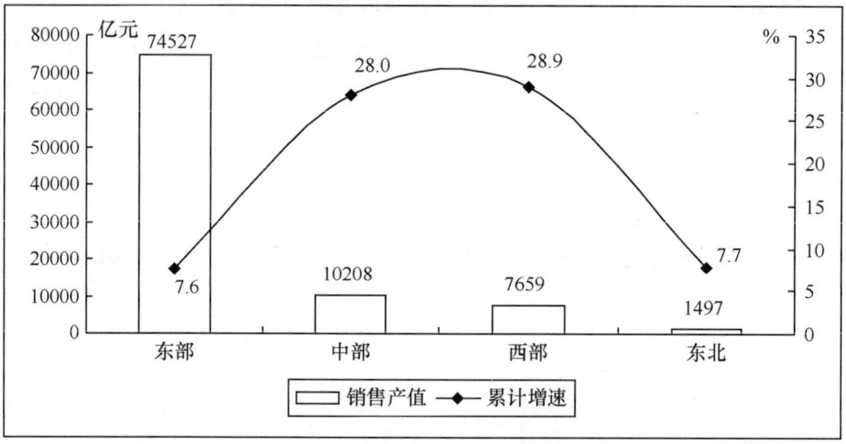

图 8　2013 年东、中、西、东北部地区电子信息制造业发展态势对比

六、科研创新

（一）创新环境不断完善

2013 年以来，电子信息产业各级主管部门下大力度优化企业创新政策环境，落实促进企业创新的财税政策。开展国家技术创新示范企业认定，建设以企业为主导的产业创新联盟；培育发展战略性新兴产业及信息消费等新兴业态和市场热点；组织实施重大创新发展工程和应用示范工程，加强关键核心和共性技术攻关，推进科技成果产业化；加快重点领域标准制修订，提升国际标准制定话语权；为我国电子信息产业自主科研创新营造了良好的政策环境，提供了有力的政策支持。

（二）重点领域不断取得技术突破

在电子材料领域，石墨烯科研成果迅速转化，国内第一条世界领先的石墨烯生产线已开工在建，标志着我国在该领域跻身世界前列；在集成电路领域，国内第一款具有自主知识产权的 55 纳米相变存储技术产品发布，打破了国外芯片存储核心技术长期垄断的局面；我国完全自主知识产权的大功率 IGBT 芯片通过专家鉴定并投入批量生产，终结了高端 IGBT 芯片完全依赖进口的历史，将为我国轨道交通、电力系统等相关行业的发展提供强劲支撑；在卫星导航领域，我国北斗导航手持机和芯片亮相 2013 年世界雷达博览会；在超级计算机领域，我国研制的“天河二号”荣登全球超计算机 500 强排行榜榜首；在液晶显示领域，国内首颗 AMLOED 驱动芯片研制成功，具有重要的里程碑意义。

七、社会贡献

（一）经济贡献日益增强

2013 年，我国规模以上电子信息制造业收入、利润总额和税金占工业总体比重分别达到

9.1%、6.6%和4.0%；电子信息产品进出口总额达到13302亿美元，占全国外贸进出口总额的32.0%，比上年提高1.3个百分点；电子信息产业对国民经济增长的支撑作用不断增强。

（二）助推社会信息化建设

2013年，我国电信固定资产投资完成额达到3755亿元，全年新建光缆线路265.8万公里，总长度达到1745.1万公里，同比增长17.9%。截至2013年12月末，使用4Mbps及以上高速率宽带接入用户占整个国内互联网接入用户数的78.8%，比上年提高14.3个百分点；我国网络国际出口带宽达到341×10^4Mbps，同比增长79.3%，比上年提高42.6个百分点。移动电话普及率达到90.8部/百人，比上年提高8.3部/百人；互联网宽带接入用户数和移动互联网用户数分别达到1.9亿户和8.1亿户，分别比上年末增加1906万户和4319万户。同时，3G网络已经覆盖到全国所有乡镇，3G用户总规模突破4亿户，渗透率达到32.7%，比上年同期提高11.8个百分点。城镇居民的彩电、计算机拥有率继续提高。同时，信息技术的渗透带动作用日益增强，推动生产制造业、交通物流业、出口贸易业等各行业的智能化和自动化改造，传统行业企业通过广泛应用信息技术加快转型升级，逐步占据价值链高端。此外，电子信息技术在国防和国家重点工程领域也发挥了重要作用。2013年12月15日，嫦娥三号着陆器、巡视器顺利完成互拍成像，标志着我国探月工程二期取得圆满成功。在这其中，以中国电科为代表的一批电子信息企业功不可没。

2014年是全面贯彻落实党的十八大和十八届三中全会精神、全面深化改革的开局之年，也是电子信息产业转型升级发展的关键一年。目前，我国电子信息产业发展的基本面仍较为良好，但也面临着较多的不确定和挑战性因素，长期结构性问题与短期困难相互交织，形势较为复杂，提升产业发展质量和效益的任务仍较为艰巨。下一阶段，需要认真贯彻落实十八届三中全会和中央经济工作会议精神，坚持稳中求进，改革创新，把改革贯穿于产业发展各个领域、各个环节，科学监测、密切关注，做好形势预判并及时采取应对措施，推进电子信息产业持续健康发展。

预计，2014年我国规模以上电子信息制造业增加值将增长10%左右，软件业增速将在20%以上。

附表

表 1　2013 年电子信息产业主要指标完成情况

	单位	数额	增速（%）
一、规模以上电子信息制造业			
工业增加值增速	%		11.3
主营业务收入	亿元	93202	10.4
利润总额	亿元	4152	21.1
税金总额	亿元	1845	19.1
销售产值	亿元	93891	11.0
出口交货值	亿元	45819	4.9
固定资产投资	亿元	10828	12.9
电子信息产品进出口总额	亿美元	13302	12.1
其中：出口额	亿美元	7807	11.9
进口额	亿美元	5495	12.4
二、软件业			
软件业收入	亿元	30587	23.4
三、主要产品产量			
手机	万部	145561	23.2
微型计算机	万台	33661	-4.9
彩色电视机	万台	12776	-0.4
集成电路	亿块	867	5.3
程控交换机	万线	3116	10.2

2013 年电子信息产业固定资产投资情况

2013 年，电子信息产业固定资产投资整体仍未摆脱低迷态势，但具有缓慢回升态势，集成电路等领域引领全行业投资增长，光伏等行业在国家政策干预下降幅逐步收窄，外商企业投资缓步回升，中西部省市投资加快，将对电子信息产业下一步的健康发展发挥积极作用。

一、运行特点

（一）投资在波动中缓慢回升，新增固定资产下滑明显

2013 年，电子信息 500 万元以上项目共完成投资 10828 亿元，同比增长 12.9%，增速比上年提高 7.2 个百分点，但仍低于同期工业 4.9 个百分点。分季度看，四个季度投资增速分别达到 10.6%、10.3%、15.3%和 14.5%，第三季度回升明显，但第四季度又出现波动（见图 1）。2013 年新增固定资产 6749 亿元，同比增长 1.3%，增速比上年下降 11.7 个百分点。

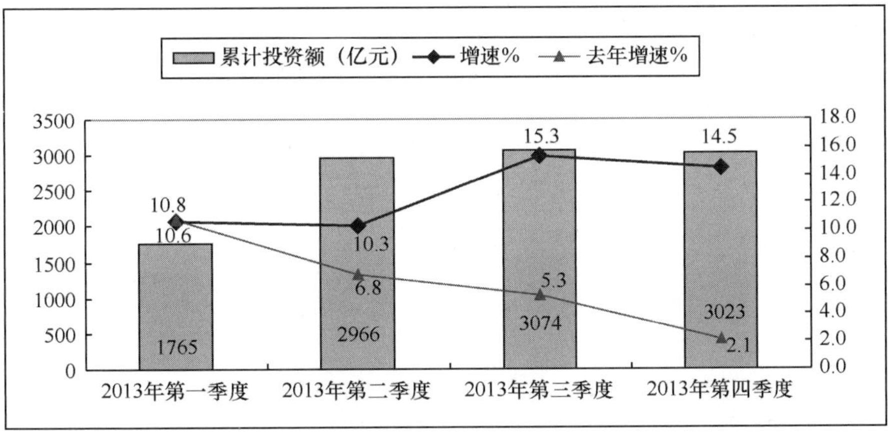

图 1　2013 年电子信息固定资产投资分季度增长情况

（二）投资热点相对缺乏，新开工项目增长缓慢

2013 年，全行业新开工项目 7949 个，同比增长 5%，增速比上年下降 3.3 个百分点。其中，广播电视、计算机、集成电路、光伏、信息材料等领域新开工项目数量均持续下滑，主要电子元器件、专用设备等项目集中领域增长缓慢，只有光纤光缆、导航专用仪器等少量领域新开工项目增长超过 30%。2013 年电子信息投资新开工项目分布情况如图 2 所示。

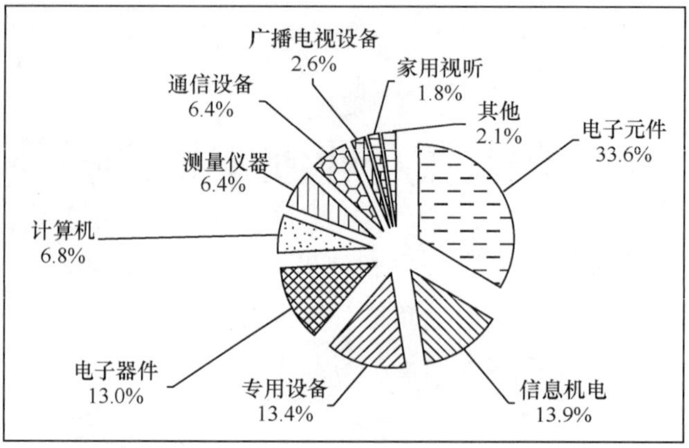

图 2　2013 年电子信息投资新开工项目分布情况

（三）集成电路等领域在产业政策引导下投资活跃，计算机、光伏等领域投资持续下滑

2013 年，鼓励集成电路发展的政策密集出台，使本领域投资持续加速，完成投资 578 亿元，同比增长 68.2%，增速居全行业首位，扭转 2012 年下滑 10.2%的局面；受 4G 建设加快推动影响，通信设备行业完成投资 897 亿元，同比增长 37%，增速高于 2012 年 16 个百分点；其他投资增长较快领域还包括导航及医疗用电子仪器、激光及电子垃圾处理专用设备、光纤光缆等。计算机、光伏及信息材料行业连续两年投资下滑，2013 年分别完成投资 823.9 亿元、774 亿元和 267 亿元，同比分别增长 1.8%、-11.3%、-41.4%。电子元件行业投资较稳定，完成投资 2239.3 亿元，同比增长 16.2%。家用视听行业投资逐步回升，同比增长 23.5%，增速比上半年提高 16.7 个百分点（见图 3）。

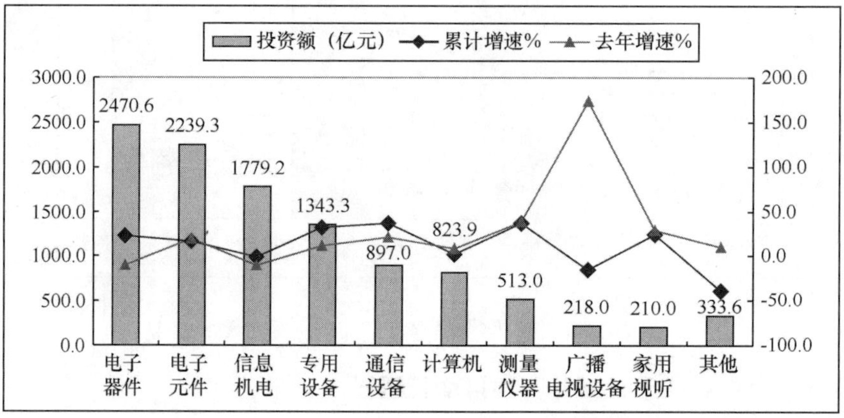

图 3　2013 年电子信息分行业固定资产投资情况

（四）产业转移逐步从中部向西部推进，西部地区投资明显加速

2013 年，电子信息产业固定资产投资分布呈现与上年明显不同的趋势。一是西部地区投资加速，完成投资 1650 亿元，同比增长 29.2%，增速高出上年 24.1 个百分点，占比比上年提高 1.9 个百分点；二是中部及东北地区投资有所放缓，分别完成投资 3386 亿元和 472 亿元，同比分别增长 18.8%和 9.2%，增速分别低于上年 10.3 和 13.1 个百分点，中部占比比上年提高 1.6 个百分点；三是东部地区投资低迷中有所回升，完成投资 5320 亿元，同比增长 5.7%，

增速比上年（-5.1%）提高 10.8 个百分点，占比比上年下降 3.4 个百分点（见图 4）。

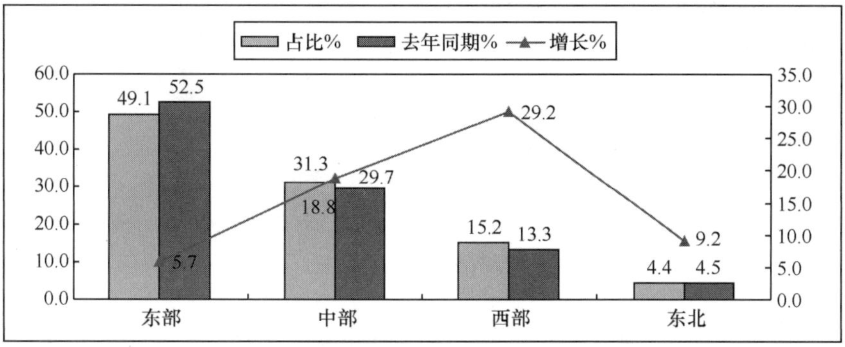

图 4　2013 年电子信息产业投资分区域增长情况

（五）内资企业仍是投资主力，外商投资波动明显

2013 年，内资企业完成投资 8772 亿元，占全行业总投资额的 81%，同比增长 16.1%，增速比上年提高 5.2 个百分点，其中私营有限责任公司投资增长突出，增速达到 50.9%。外商企业投资呈倒“U”形结构，从年初负增长逐步回升，10 月投资增长了 49.2%，但 11 月和 12 月增速明显下滑，12 月投资下滑幅度达到 35.4%。中国港、澳、台企业投资则持续下滑，全年完成投资 830 亿元，同比下降 5.9%（见图 5）。

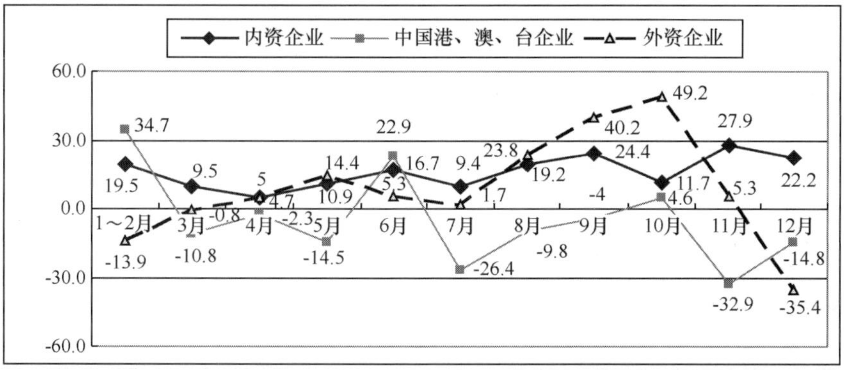

图 5　2013 年 1～12 月各类型企业投资增长情况

二、值得关注的问题

（一）投资结构变化显著，产业转型升级路线更为明晰

随着电子信息产品向智能化、网络化发展，电子信息产业的转型升级明显沿着两条路径前进：一条是产业前端技术进步的推动，如半导体技术、显示技术及新材料革命等带来新的产品和体验；另一条是产品终端与软件、网络融合发展的推动，带来新的产业发展模式。产业前端的竞争具有依靠技术和资金密集投入的特点，而终端则逐步脱离了依靠生产线投入、硬件成本竞争的方式，变为围绕软件、内容、平台多方位开展竞争的新模式。产业转型升级路线在投资领域体现明显，投资结构发生较大改变，投资正逐步从传统终端领域流出，向新兴领域（如光伏）、核心电子元器件（如液晶面板）、电子专用设备等前端集中。2013 年，通信设备、广电设备、计算机和视听设备 4 个终端领域完成投资 2149 亿元，占全行业投资的 19.8%，比重较 2003 年下降 6.2 个百分点；光电子器件、电子专用设备投资分别占全行业的 15.3%和 12.4%，比重分别高于 2003 年 11.9 和 4.9 个百分点；光伏领域投资在 2012 年上升到全行业的 9%，2013 年因景气原因下降到 7%。

（二）投资到位资金增长缓慢，外部资金比例进一步降低

2013 年，电子信息产业固定资产投资到位资金 11228 亿元，同比增长 8.7%，低于投资增速 4.2 个百分点，低于全国平均到位资金增长水平 11.4 个百分点。其中，企业自筹资金 9550 亿元，同比增长 16.6%，占全部到位资金的 85.1%，所占比例较 2012 年同期提高 7 个百分点，高于全国平均水平 17.5 个百分点（见图 6）。除自筹资金增长外，其他资金来源全部大幅下滑，外部资金利用率降至近几年最低点，所占比例不足 15%。例如，国家预算内资金 51.4 亿元，同比下降 46.7%；国内贷款 885 亿元，同比下降 20.5%；利用外资 585 亿元，同比下降 19.3%。

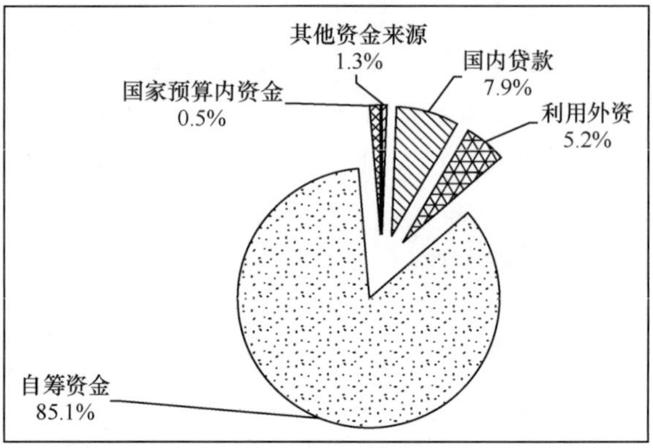

图 6　2013 年电子信息产业投资资金来源情况

三、2014 年形势展望

（一）有利于投资增长的因素

1．稳定的社会投资环境

十八大和十八届三中全会确定了我国未来经济社会发展的新思路，有利于营造良好的投资环境和投资信心；我国坚持稳中求进的宏观政策，有利于投资的稳定增长；财税金融改革加速推进，有利于融资成本下降和融资能力的提升；2013—2014 年作为“十二五”规划的中后期，往往会迎来重点规划项目投资加速；新一轮鼓励和扶持区域协调发展的政策，如《关于大力实施促进中部地区崛起战略的若干意见》，将推动这些地区投资的增长。

2．良好的产业政策环境

2013 年，国务院密集出台了一系列推动电子信息产业发展的政策措施：《关于推进物联网有序健康发展的指导意见》提出，到 2015 年实现物联网在经济社会重要领域的规模示范应用，突破一批核心技术，初步形成物联网产业体系等发展目标；《关于促进光伏产业健康发展的若干意见》显著改善了光伏产业的产业环境，提升了市场对光伏产业的信心；国家对集成电路产业地位的认识不断深化，一系列扶持集成电路产业发展的政策正在制定和落实；《关于

促进信息消费扩大内需的若干意见》将进一步培育信息消费需求，为信息产业的发展提供更为广阔的市场；《关于“宽带中国”战略及实施方案》将使我国宽带网络基础设施水平与发达国家差距大幅缩小，为加快信息化发展提供了基础和保障。

3. 不断扩大的终端用户空间

2013 年，我国宽带接入率持续提升，基础电信企业互联网宽带接入用户总数达到 1.89 亿户，其中 4Mbps 以上宽带接入用户占宽带用户总数的比重达到 78.8%，接近 1.5 亿户。移动电话用户总数突破 12.29 亿户，3G 用户占比达到 32.7%，其中手机上网成为移动用户首选方式，手机网民规模达到 5 亿人。

4. 潜力巨大的新市场

一是智慧城市、物联网应用逐步推广，到 2013 年 8 月，住建部公布的智慧城市试点名单总数已经增加到 193 个，名单中的试点城市已经从沿海开始向西部城市延伸；在交通、政府、能源、物流、电力、金融、教育、医疗等多领域开始出现物联网应用规模化迹象，截至 2013 年 9 月底，3 家基础电信企业共发展 3054.8 万个物联网终端用户，其中中国联通的物联网行业应用在全国 31 个省发展了 1000 万用户。二是 4G 牌照发放，4G 网络建设加快，智能终端和 4G 网络设备的市场正在开启。

5. 引起各方关注的新技术

2013 年以来，智能眼镜、智能手表等可穿戴设备技术迅速崛起，越来越多的企业进入这一领域，从谷歌、苹果和三星等国际巨头到百度、酷派等国内厂商，都已经开始采取行动，有的通过收购积累技术，有的通过发布新品积累影响力；新型显示技术不断进步，OLED 特别是 AMOLED 增长势头明显，部分产能开始释放；3D 打印将有更多新技术出现，应用领域将扩大。

（二）不利于投资增长的因素

1. 产业处于转型期，投资景气度较低

2013 年，电子信息制造业增加值增长 11.3%，增速比 2012 年同期回落 0.8 个百分点；其中外需仍较为低迷，外销产值占全行业销售产值的 51.7%，但对行业增长的贡献率仅为 24%。产业旧有低成本优势正在消失，新技术和新产业周期尚处于寻求突破的阶段，前几年由地方政府主导的液晶面板和光伏的投资热已经退烧，新的投资热点较为缺乏。

2. 盈利能力下降，投资意愿疲弱

2013 年，电子信息制造业利润率为 4.5%，低于同期工业平均水平 1.6 个百分点。行业利润率的持续下滑，再加上资金成本上升，使企业投资意愿不高，投资以改造为主，产能扩张、新建生产线不多。2013 年，电子信息产业新开工项目仅增长 5%，增速低于 2012 年同期 3.3 个百分点。

综上所述，2014 年随着多项产业刺激政策的出台和落实，电子信息产业固定资产投资将缓步上升，但在外部形势仍不明朗、宏观经济紧缩压力依然存在的影响下增幅有限，预计增速将继续低于 20%。

2013 年电子信息产品进出口情况

2013 年以来，世界经济出现一些好转迹象，但复苏基础仍不稳固、增长动力仍显不足，发达经济体经济复苏势头增强，新兴经济体增速明显放缓，国际市场需求依然低迷。我国电子信息产业对外贸易发展面临的国内外经济形势仍然错综复杂。针对国际市场低迷、国内成本上升、产业外贸增速趋缓的局面，政府及时出台了促进外贸稳定发展的政策措施，有效提振了企业信心，推动了产业对外贸易继续保持较快增长，质量效益进一步提升。2013 年，我国电子信息产业对外贸易发展呈现以下特点。

一、总量情况

2013 年，我国电子信息产品进出口总额达到 13302 亿美元，同比增长 12.1%，增速高于同期全国外贸进出口总额水平 4.5 个百分点，占全国外贸总额的 32.0%，比上年提高 1.3 个百分点（见图 1）。

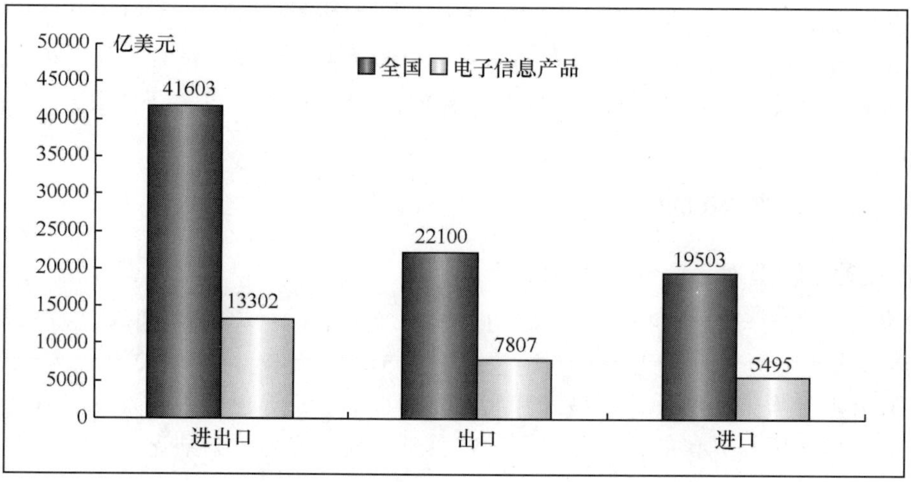

图 1　2013 年电子信息产品外贸与全国外贸对比情况

2013 年全年，电子信息产品出口 7807 亿美元，同比增长 11.9%，高于全国外贸出口增速 4.0 个百分点，占全国外贸出口比重达到 35.3%，比上年提高 1.2 个百分点，对全国外贸出口增长的贡献率为 51.1%（见图 2）。

2013 年全年，电子信息产品进口 5495 亿美元，同比增长 12.4%，高于全国外贸进口增速 5.1 个百分点，占全国外贸进口比重达到 28.2%，比上年提高 1.3 个百分点，对全国外贸进口增长的贡献率为 45.7%（见图 3）。

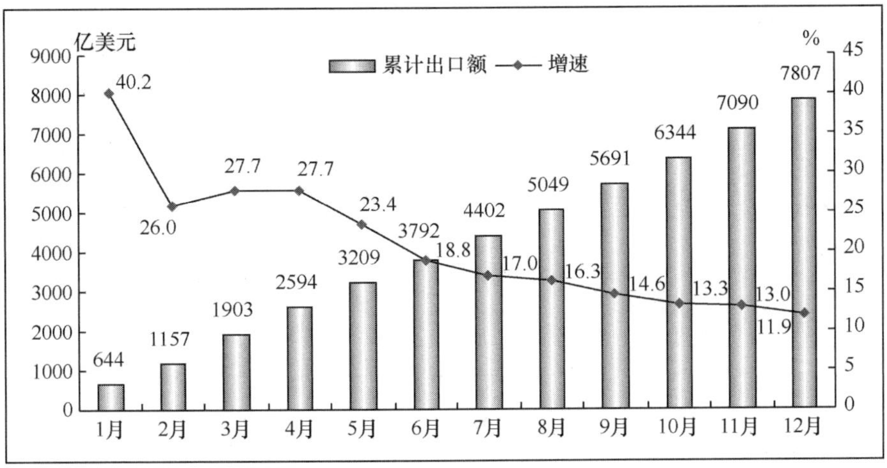

图 2　2013 年电子信息产品累计出口额情况

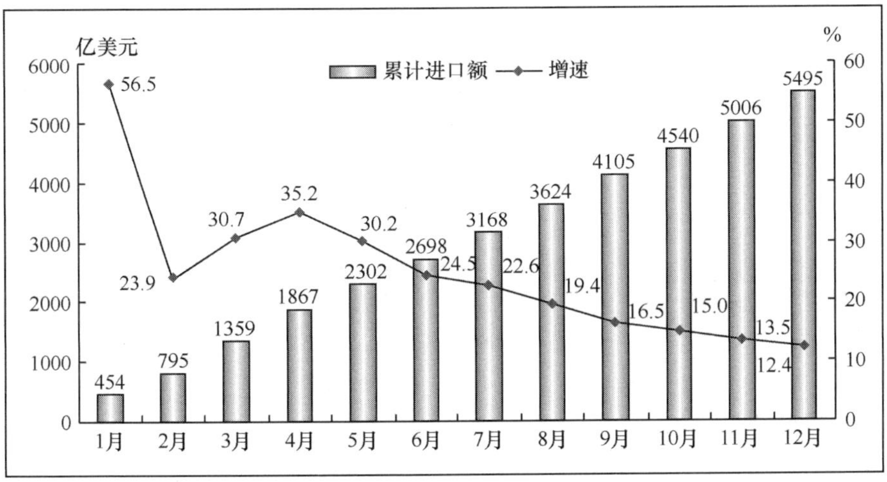

图 3　2013 年电子信息产品累计进口额情况

二、结构特点

（一）各行业进出口增速差别较大

出口方面，2013 年，电子器件类产品增速居于首位，出口额 1605 亿美元，同比增长 80.1%，增速高于全行业平均水平 68.2 个百分点；通信设备与家用电子电器行业保持相对较快增长，出口额分别为 1773 亿美元和 1027 亿美元，分别同比增长 18.7%和 19.9%，增速分别高于平均水平 6.8 和 8.0 个百分点；电子仪器设备和电子材料增势平缓，出口额分别为 305 亿美元和 59 亿美元，分别同比增长 9.4%和 10.7%，增速略低于全行业平均水平；计算机、电子元件和广播电视设备出口呈下降态势，出口额分别为 2245 亿美元、719 亿美元和 74 亿美元，同比分别下降 5.7%、20.6%和 38.4%（见图 4）。出口额排名前五位的产品分别是：笔记本电脑（1108 亿美元，-2.6%）、手机（951 亿美元，17.4%）、集成电路（877 亿美元，64.1%）、液晶显示板（359 亿美元，-1.1%）和手持式无线电话用零件（355 亿美元，23.7%），如表 1 所示。

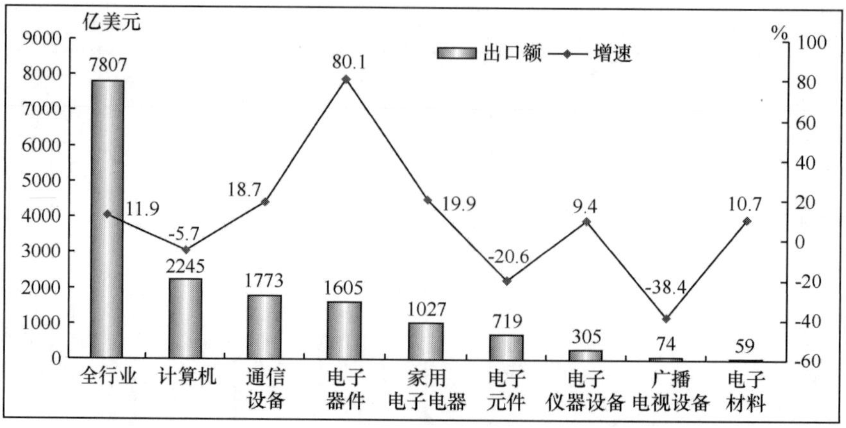

图 4　2013 年各类电子信息产品出口额对比

表 1　2013 年出口额排名前五位电子信息产品情况

序号	产品名称	出口额（亿美元）	同比增长（%）
1	笔记本电脑	1108	-2.6
2	手机	951	17.4
3	集成电路	877	64.1
4	液晶显示板	359	-1.1
5	手持式无线电话用零件	355	23.7

进口方面，2013 年，电子器件、通信设备、电子仪器设备和家电行业呈增长态势，进口额分别为 3105 亿美元、488 亿美元、434 亿美元和 228 亿美元，同比分别增长 41.8%、21.1%、12.9%和 117.7%；计算机、电子元件、电子材料和广播电视设备进口同比下降，进口额分别为 599 亿美元、521 亿美元、76 亿美元和 45 亿美元，同比分别下降 9.9%、44.7%、16.2%和 59.3%。进口额排名前五位的产品分别是：集成电路（2313 亿美元，20.5%）、液晶显示板（496 亿美元，-1.4%）、手持式无线电话用零件（337 亿美元，26.6%）、硬盘驱动器（161 亿美元，-27.5%）和印刷电路（136 亿美元，-5.7%），如表 2 所示。

表 2　2013 年进口额排名前五位电子信息产品情况

序号	产品名称	进口额（亿美元）	同比增长（%）
1	集成电路	2313	20.5
2	液晶显示板	496	-1.4
3	手持式无线电话用零件	337	26.6
4	硬盘驱动器	161	-27.5
5	印刷电路	136	-5.7

（二）一般贸易出口低速增长，加工贸易出口同比下降

2013 年，电子信息产品一般贸易出口 1229 亿美元，同比增长 2.8%，增速比平均水平低 2.8 个百分点。加工贸易出口 4965 亿美元，同比下降 0.6%，其中，进料加工贸易出口 4565 亿美元，同比增长 1.6%；来料加工贸易出口 400 亿美元，同比下降 20.0%。保税区仓储转口货物、国家间、国际组织无偿援助和赠送的物资以及其他捐赠物资出口增长较快，增速分别达到

121.4%、63.0%和 157.4%。2012 年与 2013 年电子信息产品出口贸易方式结构对比如图 5 所示。

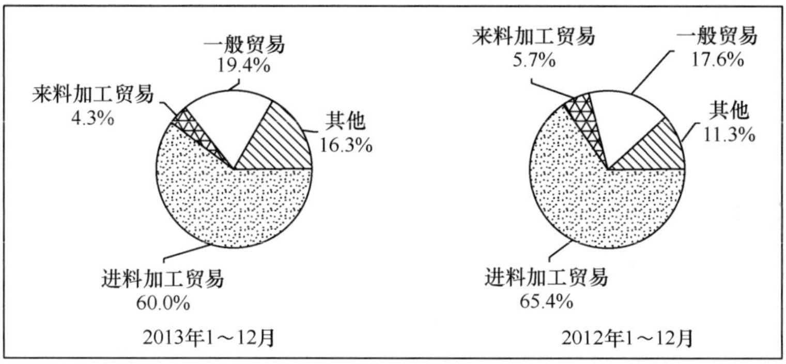

图 5　2012 年与 2013 年电子信息产品出口贸易方式结构对比

2013 年，电子信息产品一般贸易进口额 1216 亿美元，同比增长 17.6%，增速高于平均水平 5.2 个百分点。加工贸易进口 2660 亿美元，同比增长 3.1%，增速低于平均水平 9.3 个百分点，其中，进料加工贸易进口 2323 亿美元，同比增长 4.5%；来料加工贸易进口 336 亿美元，同比下降 5.5%。保税区仓储转口货物和保税仓库进出境货物等贸易方式进口增长较快，进口额分别为 1375 亿美元和 193 亿美元，分别同比增长 28.9%和 26.2%。

（三）内资企业出口增长较快，三资企业出口相对缓慢

2013 年，内资企业出口 1958 亿美元，同比增长 38.4%，增速高于平均水平 26.5 个百分点，所占比重达到 27.5%（见图 6），比上年同期提高 5.3 个百分点，其中，民营企业出口增势突出，出口额为 1592 亿美元，同比增长 55.4%，增速高于平均水平 43.5 个百分点，对电子信息产品整体出口增长贡献率达到 68.6%。三资企业出口 5662 亿美元，同比增长 4.3%，增速低于平均水平 7.6 个百分点，其中，外商独资企业出口 4225 亿美元，同比增长 1.5%；中外合资企业出口 1374 亿美元，同比增长 13.7%；中外合作企业出口 63 亿美元，同比增长 7.3%。

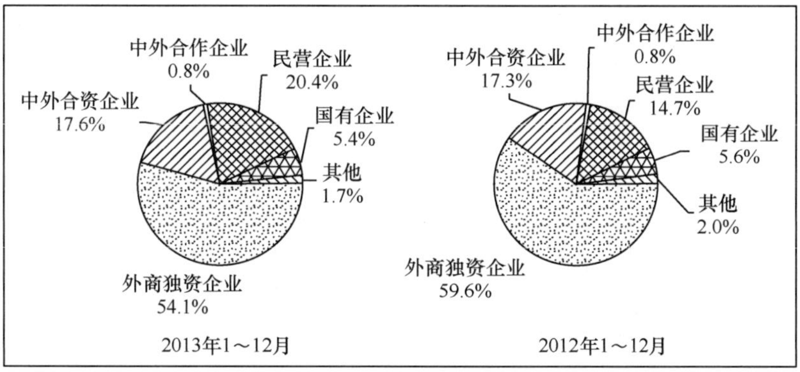

图 6　2012 年与 2013 年电子信息产品出口经济类型结构对比

2013 年，内资企业进口 1687 亿美元，同比增长 43.3%，其中，民营企业进口增速居于首位，进口额为 1311 亿美元，同比增长 61.9%，增速高于平均水平 49.5 个百分点。三资企业进口 3808 亿美元，同比增长 2.6%，其中，外商独资企业进口额 2788 亿美元，同比下降 1.3%；中外合资企业进口 1010 亿美元，同比增长 15.1%；中外合作企业进口 10 亿美元，同比增长 10.5%。

（四）对主要贸易伙伴出口形势不一，对新兴市场出口增长较快

2013 年，我国大陆电子信息产品对前五大贸易对象分化明显，具体来看，对中国香港地区出口 2401 亿美元，同比增长 25.7%；对美国出口 1386 亿美元，同比增长 6.0%；对日本出口 497 亿美元，同比增长 6.2%；对韩国出口 394 亿美元，同比增长 14.0%；对荷兰出口 346 亿美元，同比小幅增长 0.7%。对部分新兴市场出口保持较快增长，如对越南、南非和阿根廷等国，增速分别达到 78.5%、34.1%和 23.5%。对欧洲出口整体呈下降态势，出口额为 1275 亿美元，同比下降 1.4%，从主要国家看，对德国、法国和意大利，分别下降 6.7%、10.3%和 9.3%（见图 7）。

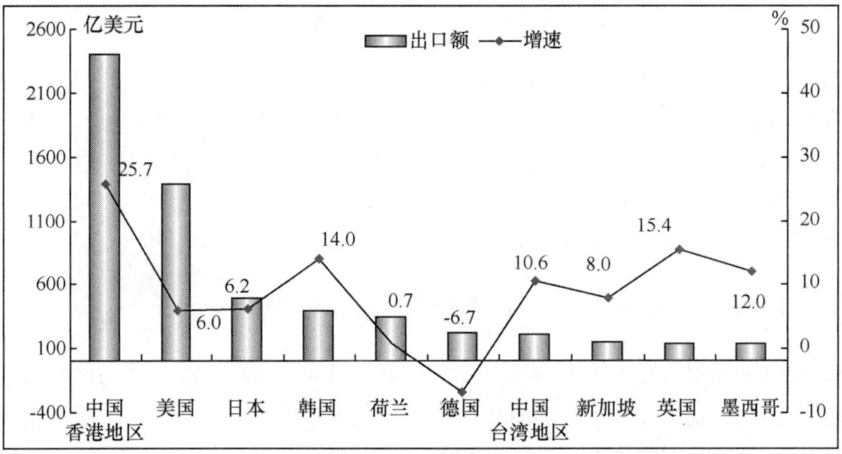

图 7　2013 年电子信息产品出口前十位国家和地区情况

2013 年，电子信息产品复进口仍居首位，进口额为 1290 亿美元，同比增长 12.6%，其后五位国家和地区分别是中国台湾地区（1097 亿美元，27.1%）、韩国（1022 亿美元，15.8%）、日本（546 亿美元，-3.1%）、马来西亚（386 亿美元，3.1%）和美国（265 亿美元，46.2%），如图 8 所示。

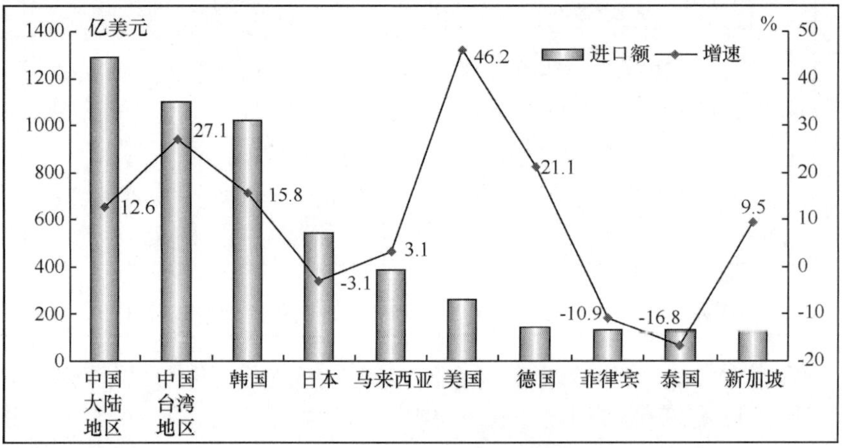

图 8　2013 年电子信息产品进口前十位国家和地区情况

（五）主要省市出口增势缓慢，部分中西部省市增长较快

2013 年，广东、江苏、上海、浙江和重庆五省市出口额居前五位，出口额分别为 3433 亿美元、1410 亿美元、943 亿美元、253 亿美元和 250 亿美元，同比分别增长 17.9%、-0.5%、-1.7%、4.5%和 64.9%（见图 9）。陕西、山西和安徽等中西部省份出口增长较快，增速分别达到 86.5%、65.9%和 53.1%。

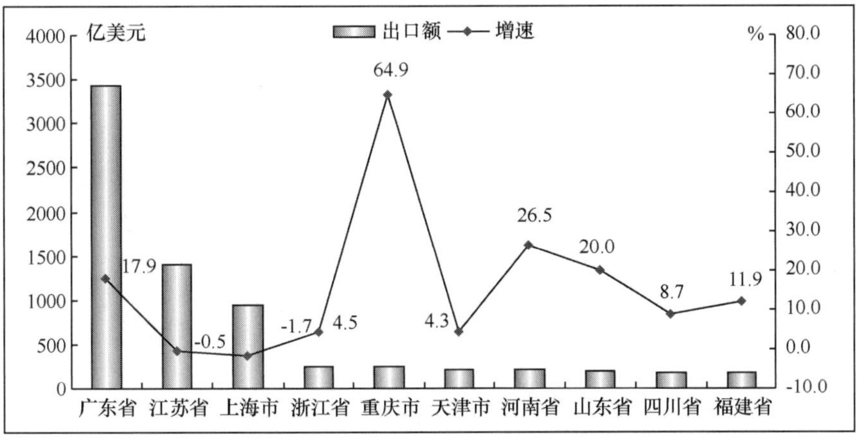

图 9　2013 年电子信息产品出口额前十位省市

2013 年，广东、江苏、上海、天津和北京五省市进口额居前五位，进口额分别为 2391 亿美元、936 亿美元、721 亿美元、224 亿美元和 175 亿美元，同比分别增长 19.4%、3.5%、-5.1%、19.8%和 4.0%（见图 10）。

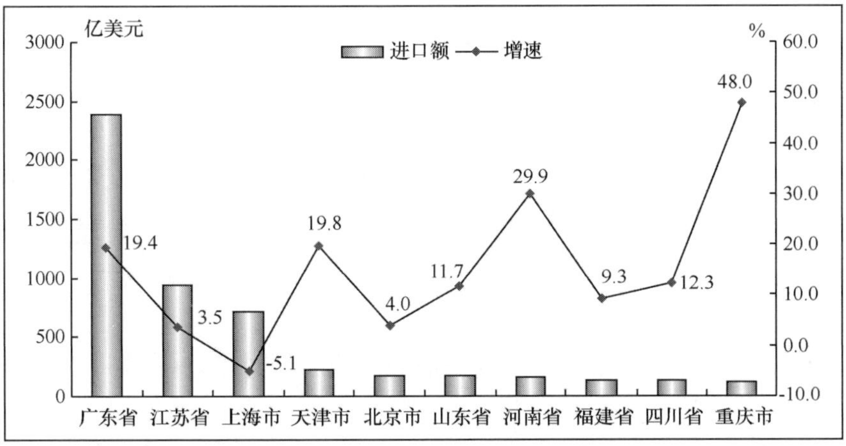

图 10　2013 年电子信息产品进口额前十位省市情况

三、值得关注的问题

（一）国际市场需求总体偏弱

目前，发达国家加快推进“经济再平衡”，其经济复苏中伴随着削减贸易赤字，进口增速疲弱，对全球进口的拉动作用趋于减弱，我国巩固发达市场难度加大。同时，新兴经济体经济增长放缓，市场需求存在较大不确定性。过去5年，我国出口增量的43%来自新兴经济体和发展中国家，其市场需求降温势必影响中国企业出口，目前已出现对部分新兴经济体出口增速下降以及订单减少、风险上升苗头，企业开拓新兴市场遇到新的困难。根据近期商务部对国内重点外贸联系企业的调查结果显示，企业对部分新兴经济体出口订单波动加大。世贸组织最近预计，2014年全球贸易量将增长4.5%，增速仍然低于过去20年5.4%的年均增速。

（二）产业国际竞争力面临挑战

首先，我国劳动力、资源等要素成本持续上涨，2013年以来有24个地区上调了最低工资标准，平均涨幅达到18%；外出务工劳动力月均收入同比增长13%。国内产品出口竞争力进一步下降，部分出口订单流失。其次，我国周边地区及国家日益重视电子信息产业的发展，不断加大招商引资力度，而发达国家也提出了“中国+1”战略，即在以中国为加工基地的基础上，在东南亚等地区寻觅新的加工生产基地，对我国产业发展形成巨大竞争压力。再次，我国信息技术等战略性新兴产业出口虽仍保持较快增长，但产业核心竞争力不强、关键技术受制于人、可持续发展能力不强。在营销、品牌、服务等方面，中国出口企业与发达国家竞争对手相比，还有较大差距。

（三）贸易摩擦形势仍较为严峻

在国际贸易保护主义回潮的背景下，针对我国产品的贸易摩擦有增无减。2013年共有19个国家和地区对我国发起了贸易救济调查，总计92起，比2012年增长了17.9%。此外，美国还对我国电子、通信、机械等出口产品发起“337”调查19起，比2012年增加1起。一些发达国家不断强化贸易执法，放宽立案标准，加严反倾销和反补贴调查规则，裁决趋于严格，国内应诉企业在一些案件中被裁定较高反倾销税率，某些贸易救济措施和贸易救济调查明显针对我国产品。除了发达经济体立案增幅继续大幅度上升以外，新兴和发展中国家立案也呈增长趋势。新兴经济体经济放缓，一些产业发展面临困难，针对我国的贸易摩擦呈增多之势，2013年，发展中国家对我国产品发起的贸易救济案件数量和金额均超过发达国家，应对难度明显增大。我国已连续18年成为遭遇反倾销调查最多的国家，连续8年成为遭遇反补贴调查最多的国家，是贸易保护主义的最大受害国。

四、发展趋势

2014年，我国电子信息产业对外贸易发展的内外部环境可能略好于2013年，但风险和不确定因素依然较多。

从国际环境看，在各国宽松政策的刺激下，世界经济复苏步伐有所加快，发达国家经济有望延续回升向好态势。国际货币基金组织预计，2014年世界经济将增长3.6%，增速比2013年提高0.7个百分点。但全球经济仍处于政策刺激下的脆弱复苏阶段，发达国家经济仍低于潜在增长率，新兴经济体经济也难以恢复到前两年的高增速。美国即将退出量化宽松货币政策，将对全球经济和金融市场带来重大影响。全球范围内贸易保护主义仍在加剧，也将在一定程度上影响全球贸易复苏。

一是世界经济复苏的力度仍不强劲。在技术进步缺乏突破的情况下，发达国家难以形成新的市场热点，居民消费中低速增长，企业投资意愿不强，经济内生增长动力不足。与此同时，发达国家财政调整步伐加快，2014 财年美国财政赤字率预计将从 2013 年的 3.9%降至 3.3%，日本拟从 2014 年 4 月起将消费税率从 5%上调至 8%，欧元区重债国继续增税减支，将进一步削弱经济增长动力。一些新兴大国结构调整滞后，有的过于依赖能源资源出口，受国际市场能源资源价格下滑冲击严重；有的财政和经常账户双赤字问题突出，亟须加快结构调整和财政紧缩，经济增速明显放缓，对全球经济拉动作用减弱。

二是美联储退出量化宽松政策给全球经济带来新的风险。随着美国经济增速回升、金融市场企稳、失业率下降，市场普遍预期，美联储将在 2013 年年底、2014 年年初开启退出量化宽松政策进程。量化宽松政策退出可能抬高发达国家金融市场利率，促使国际资本从新兴经济体向发达国家回流，导致新兴市场经济增长出现波动。为阻止资本外流，新兴经济体需要收紧货币和财政政策，而这又会使本已低迷的经济增长雪上加霜。

三是全球范围内贸易保护主义回潮。近年来，主要经济体之间掀起商签自贸协定的潮流，推动全球贸易投资自由化深入发展，贸易自由化和便利化措施有所增多。但主要发达国家失业率仍然处于历史较高水平，一些新兴经济体的制造业发展陷入困境，各国倾向于通过保护本土企业、促进就业的做法重振经济发展内生动力，贸易保护主义形势依然严峻。据研究机构统计，金融危机 5 年来，二十国集团成员出台的贸易限制措施中，近 90%仍在实施；世界各国新出台了近 300 项以邻为壑的贸易措施。

从国内看，我国经济正在平稳实现从高速增长阶段到中高速增长阶段的转换。工业化、信息化、城镇化、农业现代化深入推进，将创造新的消费和投资需求，拓展国内市场空间。新一届政府实施更加积极主动的开放战略，上海自由贸易试验区启动运行，分别与冰岛、瑞士签署自贸协定，进一步改善了外贸发展的制度和政策环境。特别是党的十八届三中全会对经济体制改革做出全面部署，有利于激发市场活力，提升广大外贸企业的信心。

综合分析，目前我国电子信息产业外贸发展面临的国内外形势依然复杂，有利条件与不利因素同在，机遇与挑战并存，保持电子信息产业外贸稳定发展需要付出更大努力。预计 2014 年我国电子信息产品对外贸易仍将保持增长态势，但增速低于 2013 年水平。

2013年集成电路行业发展情况

2013年以来，集成电路行业受国家政策支持力度加大和市场需求形势趋好推动，整体复苏态势强劲，产销增长加快，效益大幅提升，国内产业实力进一步增强，对提高我国电子信息产业核心竞争力进一步发挥了积极作用。

一、运行特点

（一）市场形势趋好，行业加快复苏

全球半导体市场经历2012年的衰退后，在智能手机、平板电脑、机顶盒及汽车电子产品等市场强劲需求的推动下，2013年恢复增长。我国集成电路行业抓住市场契机，在国家加快推动集成电路产业发展相关政策的支持下，2013年全年完成销售产值2693亿元，同比增长7.9%，增幅高于2012年同期2.9个百分点；累计生产集成电路866.5亿块，同比增长5.3%（见图1）。

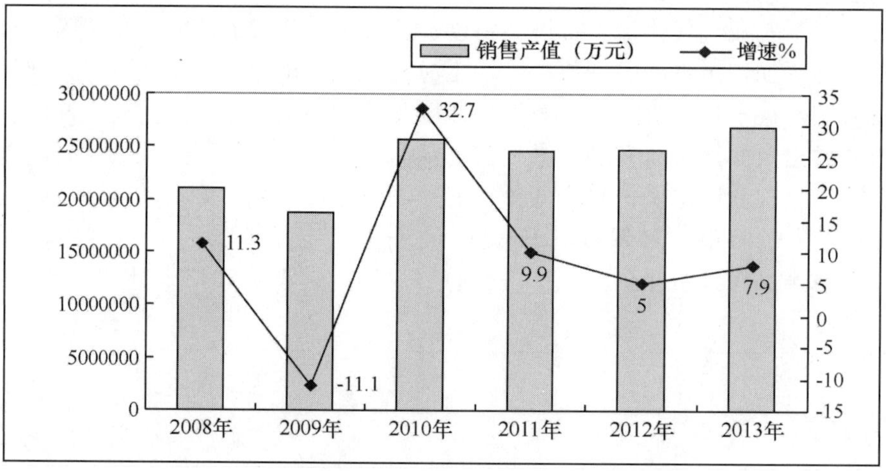

图1　2008—2013年我国集成电路行业增长情况

（二）出口由活跃趋向平稳，产品结构逐步调整

据海关统计数据显示，2013年我国集成电路出口额877亿美元，同比增长64.1%，增速与上年持平；从全年发展态势来看，集成电路出口量和增速均有逐季下降态势（见图2）。从出口的集成电路种类来看，传统处理器比重下降5%左右，存储器比重下降近1个百分点，其他新型芯片比例明显提高。

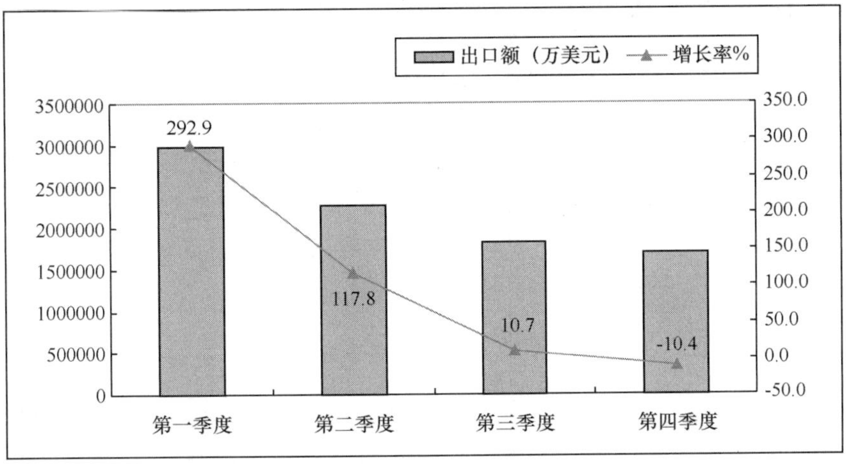

图 2　2013 年集成电路出口分季度增长情况

（三）投资高速增长，产业升级换代推进

2013 年，集成电路行业的固定资产投资持续加速（见图 3），全年共完成固定资产投资额 578 亿元，同比增长 68.2%，增速比电子信息制造业高出 55.3 个百分点，成为全行业投资增长最快的领域，扭转了上年下滑 10.2%及年初下滑 13%的局面。其中一些高端生产线的投资建设，将极大提升我国集成电路产业的整体制造水平，推动产业升级换代，如中芯北方集成正式运营，将投资 35 亿美元建设 45 纳米及更先进的集成电路生产线；三星 12 英寸闪存芯片生产线于 2013 年年底建设完工，开始试生产。

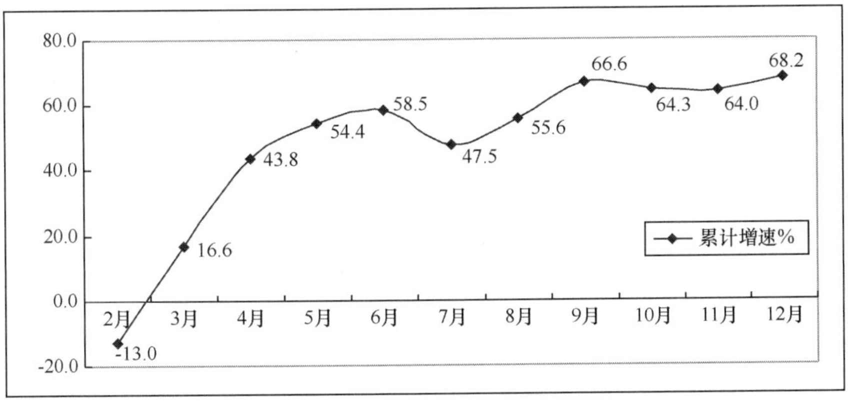

图 3　2013 年集成电路行业投资按月增长情况

（四）财务费用和利息大幅下降，效益状况明显改善

2013 年，集成电路行业完成销售收入 2414.6 亿元，同比增长 7.6%，比上年提高 4.2 个百分点；实现利润总额 148 亿元，同比增长 28.3%，扭转了上年下滑 14.6%的局面；销售利润率 6.1%，比上年提高 1.1 个百分点。效益水平的大幅提升，除收入增长加快外，还得益于财务费用的大幅下降，随着资金和税收政策支持力度加大，集成电路企业资金情况改善，2013 年集成电路行业财务费用下降了 52.3%，其中利息支出下降 20.3%。

（五）产业结构良性调整，重点企业运行向好

2013 年，集成电路设计业保持快速发展，IC 设计收入同比增长 19%，设计业在全行业中比重超过 30%，重点企业快速成长，如展讯 2013 年销售收入超过 10 亿美元，在完成紫光对展讯的收购后，展讯的实力得到进一步扩张；集成电路制造业伴随设计业一起成长，产能和规模进一步提高，2013 年中芯国际扭亏为盈，前三季度收入增长近 30%；尽管封装测试业比重一直下降，但 2013 年本土封装测试企业在国家有关政策支持下取得不错业绩，如天水华天收入增长超过 60%，南通富士通收入增长超过 10%，利润均有大幅增长。

（六）技术实力增强，在新应用领域不断取得突破

2013 年，我国集成电路企业加强自主研发，在多项先进和核心技术方面取得突破，为我国在未来占据产业链条中的有利位置打下了基础。宁波时代全芯科技发布中国第一款具有自主知识产权的 55 纳米相变存储技术，为我国半导体存储业在云计算、大数据时代开辟了有“芯”之路；北京思比科微电子推出高性能图像传感器芯片，打破了国外对此技术的长期垄断；一批优秀企业在移动芯片领域获得技术和市场的双突破，产业影响力极大提升，从而改变了我国在移动智能终端市场中的被动地位。

二、值得注意的问题

（一）投资规模不足和不持续，影响行业的长远发展

集成电路行业是资金密集型产业，工艺的提升、产能的扩充以及技术研发的突破，都需要长期连续、大规模的资金支撑。在过去的 6 年间（2008—2013 年），我国集成电路行业固定资产投资总量仅 400 亿美元左右，而英特尔公司 2013 年投资就达到 130 亿美元，台积电 2013 年投资达到 97 亿美元；同时，我国集成电路行业投资还表现出不稳定、不够持续的特点，6 年间有 3 年出现严重的负增长，投资总量明显下降（见图 4）。集成电路行业近年来的发展经验显示，市场份额正在加速向优势企业集中，投资不足将直接影响到集成电路企业的产能和技术能力，使本土企业在严峻的竞争形势中与国际企业差距进一步拉大。

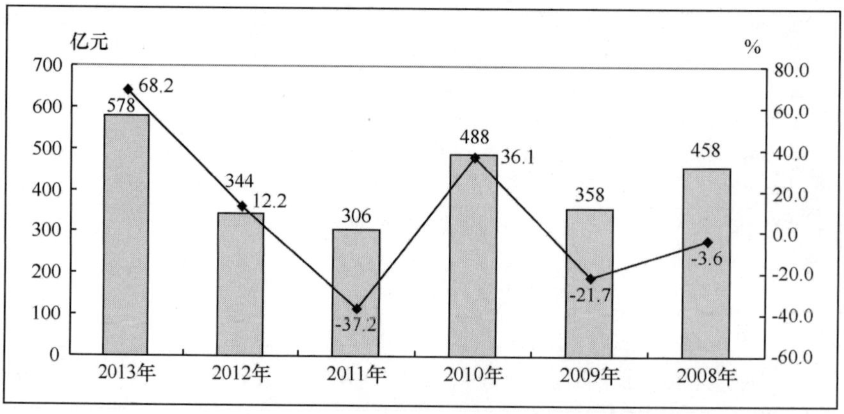

图 4　2008—2013 年我国集成电路产业投资情况

（二）高端人才短缺和劳动力供应不足，在集成电路企业中同时存在

高端人才短缺，已成为集成电路企业特别是设计企业的发展瓶颈，高端技术人才不足影响到新产品的推出进度，高端管理人才和国际化经营人才不足，影响到企业的国际化运作和对国际市场的开拓，使本土企业与国际企业的竞争处于劣势。而劳动力短缺问题一直困扰着制造业和封装测试企业，在 2013 年订单饱满的情况下，劳动力供求不足及劳动力不稳定极大地制约了企业产能的发挥和效益的增长。

（三）核心技术差距仍较大，依赖进口局面未根本改善

尽管过去十余年间，我国集成电路产业取得了较大的发展，涌现了如中芯国际、展讯、海思等一批具有相当水平的集成电路制造与设计企业，在手机、IC 卡、数字电视、通信专用和多媒体芯片方面取得了较大技术突破，但产业规模和技术水平仍难以满足国内市场的需求，与英特尔、三星、高通等国际企业有很大差距，在通用 CPU、存储器、微控制器和数字信息处理器等通用集成电路和一些高端专用电路上，还存在多处技术空白。2013 年，我国共进口集成电路 2313 亿美元，同比增长 20.5%，其进口额超过原油，是我国第一大进口商品，集成电路领域进出口逆差达到 1436 亿美元，比 2013 年继续增长 3.5%，国内市场所需集成电路严重依靠进口局面未根本改善。

三、2014 年形势展望

（一）国际形势

2014 年，全球经济复苏态势将持续，但复苏过程将缓慢而反复波动，发达经济体如美国经济增长 2013 年年底较快，2014 年开始又出现放缓趋势；欧洲和日本经济触底回升，但增长动力不足；新兴经济体和发展中国家增速将进一步放慢。

2014 年，全球半导体市场步入复苏周期，但增长步伐仍受需求不足等因素困扰，据预测全球半导体市场增长将达到 4%～5%，比 2013 年提高 2～3 个百分点。目前，支撑集成电路产业发展的最大市场——电脑下滑明显，但消费类和通信类产品正逐步成为带动集成电路市场增长的主要动力，如智能手机、机顶盒、互动式网络电视及平板电脑等，2014 年这些智能终端的市场将继续保持增长态势；据观察，2013 年年底北美、日本半导体设备市场 BB 值保持 1%以上，半导体企业对未来行业预期乐观，投资意愿加强；同时，未来随着节能环保、移动互联、物联网、汽车电子、医疗电子、可穿戴设备等应用的展开，对集成电路的需求将不断上升。

（二）国内形势

1. 国内政策环境进一步趋好

2013 年以来，我国各级政府对集成电路产业重要性的认识不断深入，支持集成电路产业发展的态度进一步明确，国家对集成电路产业的支持力度明显加大，在融资、税费等各方面措施密集出台和落地。2014 年，随着国发 4 号文细则进一步落实，集成电路发展环境和政策体系进一步优化，以及集成电路专项发展资金建立，可以预见我国集成电路产业将步入一轮

加速成长的新阶段。

2．国内市场需求逐步释放

第一，国家信息安全形势严峻，建设需求迫切，同时高通接受反垄断调查，芯片国产化替代有望加速；第二，随着国家“信息惠民”工程的实施，居民健康卡、金融社保卡、市民卡等加快普及，金融 IC 卡正处在发卡高峰，2014 年国产金融 IC 芯片也将会逐步商用，移动支付芯片产品需求大增；第三，我国环保形势严峻，对整机产品的节能环保要求越来越严格，以及对电能、能源智能化管理的需求都将带来半导体产业的机会；第四，国内 4G 牌照发放后，4G 应用的各种新产品市场将快速增长；第五，我国已经成为全球最大的汽车制造国，为汽车电子、车联网等发展提供了基础。

3．产业发展还面临较多制约因素

我国集成电路产业发展面临众多挑战，一方面，国际半导体巨头掌握核心技术，垄断市场局面未有明显改善；另一方面，人力成本上升明显、人民币汇率变动不确定性、人才短缺等外在制约因素在 2014 年将继续影响我国集成电路产业的发展。

综上所述，2014 年，我国集成电路产业有望保持良好发展态势，整体形势将好于 2013 年，集成电路设计仍将是全行业的增长亮点，产业增速预计将比 2013 年提高 5～10 个百分点，达到 15%以上。

2013 年彩电行业发展情况

2013 年，我国彩电行业在国际市场持续低迷、国内刺激政策退出市场的双重压力下，企业积极采取应对措施，加快产品结构调整和营销模式创新，产业运行保持平稳较快发展，产业进入加速转型提升、多元化发展的新阶段。

一、基本情况

（一）全年呈现先扬后抑走势

2013 年上半年，受国内节能惠民政策末班车效应影响，市场呈现高速增长态势，年中达到增速最高值；下半年，政策全面退出的效应逐步显现，产业增速快速下滑（见图 1）。分季度看，前四个季度分别完成销售产值 1407 亿元、1665 亿元、1645 亿元和 1871 亿元，同比分别增长 14.0%、16.2%、3.3%和 2.4%。

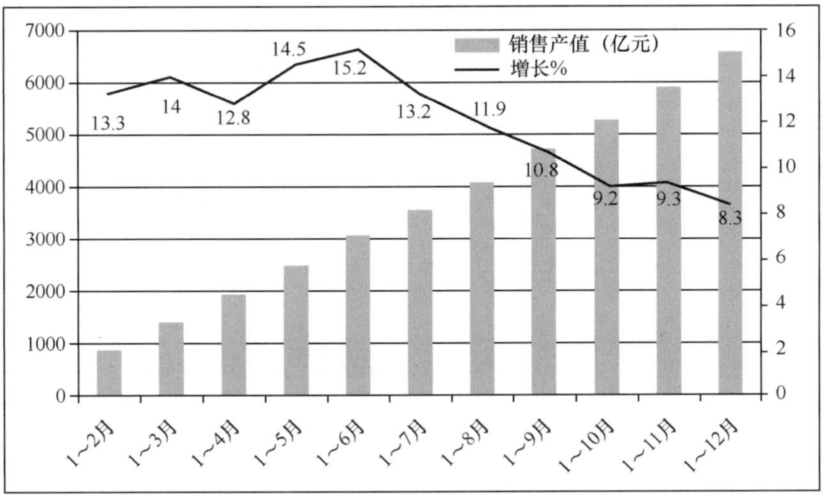

图 1　2013 年我国家用视听行业实现销售产值情况

（二）产量增速波动较大，出口量、价齐跌

2013 年，我国共生产彩色电视机 12776.1 万台，同比下降 0.4%，从月度产量完成情况看，前 5 个月产量增速波动较大，6 月开始呈震荡下滑态势（见图 2）。其中，CRT 电视产量增速连续超过 36 个月负增长，2013 年以来，产量增速降幅均超过 50%；液晶电视产量增速有 7 个月出现负增长；等离子电视自 7 月以来，连续 6 个月负增长。

据海关统计，2013 年我国彩色电视机出口 5959.42 万台，同比下降 3.1%；出口额 110.5 亿美元，同比下降 8.7%。其中，液晶电视出口 5456.5 万台，同比下降 0.9%；出口额 106.5 亿美元，同比下降 8.6%。液晶电视出口量及出口额占彩电比重分别达到 91.5%和 96.4%，液晶电视出口单价从 209.6 美元/台降至 195.1 美元/台，下降 6.9%，液晶电视出口单价的大幅下滑是造成彩电出口下滑的主要原因。

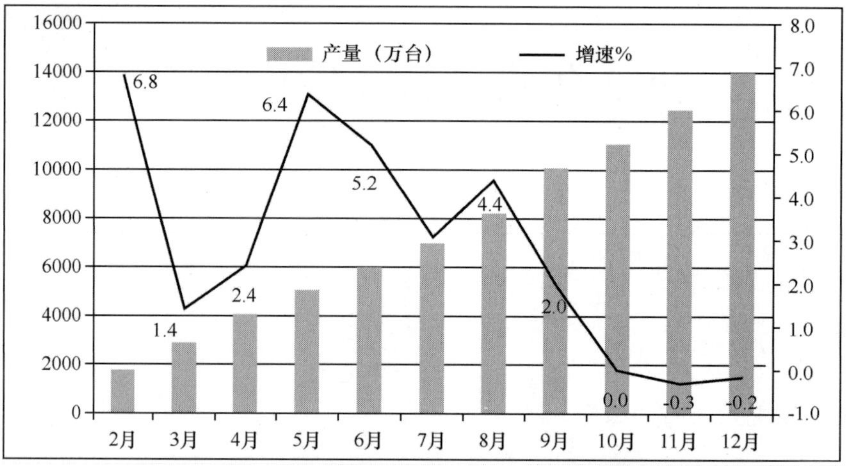

图 2　2013 年我国彩色电视机月度产量完成情况

（三）经济效益不容乐观

2013 年，我国家用视听行业实现主营业务收入 6738 亿元，同比增长 6.7%，低于 2012 年同期 0.5 个百分点；利润 214 亿元，同比增长 3.5%，低于 2012 年同期 11.4 个百分点。行业实现利润率 3.18%，低于 2012 年同期 0.22 个百分点，低于电子信息制造业平均水平 1.27 个百分点（见图 3）。2013 年，家用视听行业共有亏损企业 207 家，亏损面达到 22.2%，高出行业平均水平 3.8 个百分点，亏损企业亏损额同比增长 30.6%。

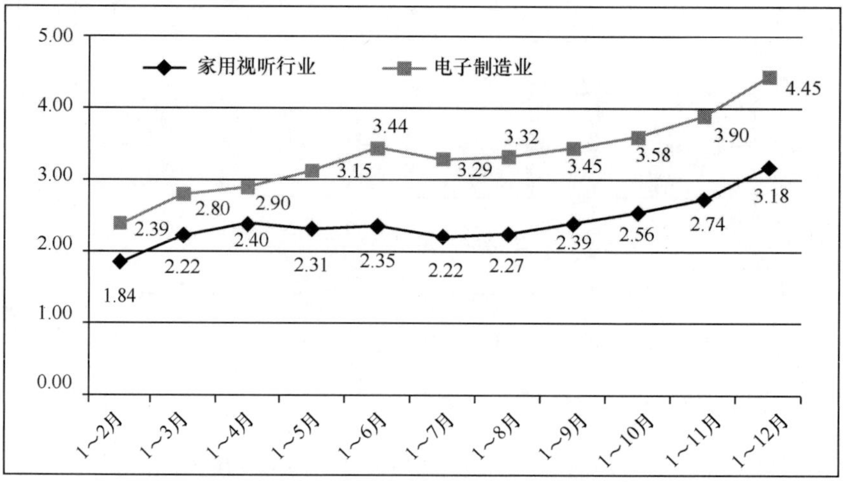

图 3　2013 年家用视听行业与电子信息制造业利润率对比

（四）投资增速震荡上扬

2013 年，我国家用视听行业累计完成固定资产投资 210 亿元，同比增长 23.5%，高出电子信息制造业平均水平 10.6 个百分点（见图 4）。从逐月走势看，上半年呈现快速增长态势，6～9 月出现震荡回落趋势，进入第四季度小幅上扬。2013 年，家用视听行业完成投资额占全行业比重为 1.94%，比 2012 年同期提高 0.17 个百分点。

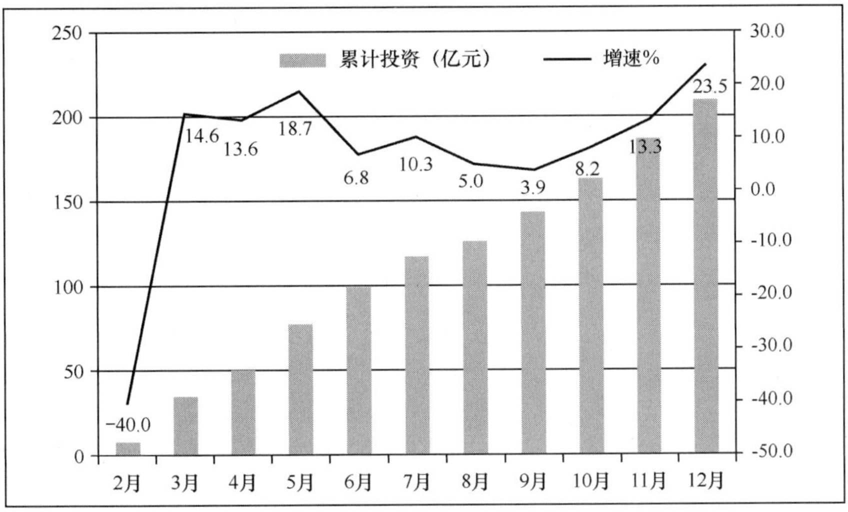

图 4　家用视听行业累计投资完成情况

二、运行特点

（一）内外销市场冰火两重天

2013 年，我国家用视听行业内销市场经历了产业结构加速转型、消费结构加剧升级的阶段，高效节能、绿色环保、智能化、一体化、4K 等高新技术引领行业发展。

2013 年，我国家用视听行业内销市场呈现较快增长，全年内销增速始终保持在 20%以上，其中 5 个月内销增速超过 30%，快于全行业内销平均水平 8～10 个百分点。相反，出口持续低迷。自 2012 年以来，在海外市场需求减少以及国内制造成本上升导致部分订单转移到东南亚等地区因素的综合作用下，我国彩电出口形势不容乐观，全年连续 10 个月出口增速呈现负增长态势。分季度看，前四个季度出口降幅分别为-0.7%、-7.2%、-9.5%和-12.3%，出口降幅日趋加大（见图 5）。

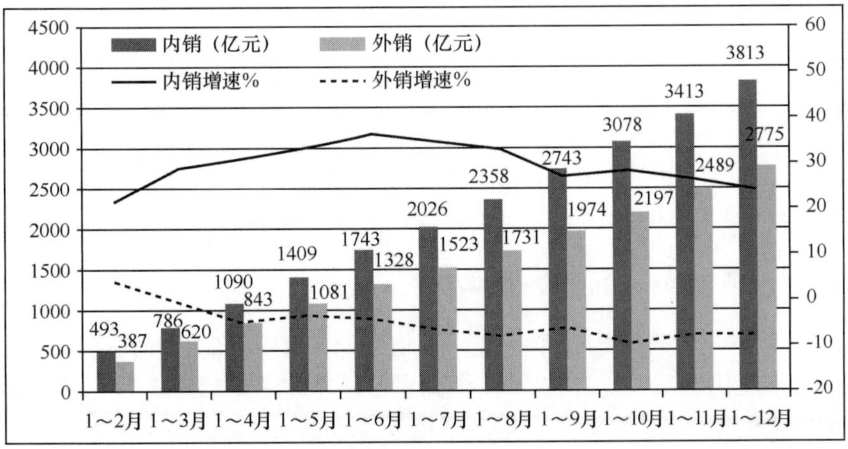

图 5　2013 年家用视听行业内外销对比

内外销比重发生反转。据年度数据显示，2011 年我国家用视听行业内销比重首次超过外销，且 2011—2013 年内销比重逐年攀升，截至 2013 年年底，家用视听行业内、外销产值比达 58:42，内销比重比 2011 年提高 6 个百分点（见图 6）。

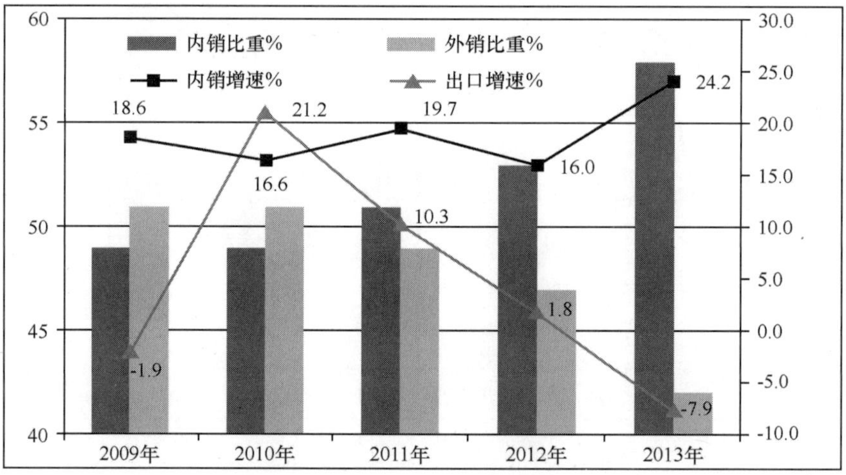

图 6　2009—2013 年家用视听行业内、外销比重及增速情况

（二）互联网企业跨界进入彩电行业

2013 年，随着乐视在北京正式推出 60 英寸超级电视 X60，成为首家推出自有电视品牌的互联网公司，标志着互联网模式正式杀入电视领域，2013 年成为“互联网跨界元年”，随之而来的是以联想、小米等为代表的互联网企业进入彩电领域。彩电行业面临着网络化的巨大变革，我国彩电业正经历着电视制造和互联网服务的相互渗透。

互联网企业的介入对彩电行业的定价体系和营销方式产生了较大冲击。这种近乎“颠覆性的创新”充分刺激了传统彩电企业的变革，给未来彩电业带来了新生机。

（三）线上品牌成为彩电业新亮点

2013 年，电子商务的迅猛发展为彩电行业的快速增长奠定了良好的基础。从 2012 年下半年开始的网购热潮在 2013 年呈进一步扩大化趋势，线上渠道销售在总体销售中的占比逐级提升。据研究机构预测，仅 11 月，彩电线上销售占比达到 16.1%。据彩电企业反映，2013 年电子商务销售收入同比增长超过 700%，线上销售占比超过 8%。

国内各大品牌彩电企业提前布局线上渠道。康佳、海信、TCL、创维、长虹等主流彩电品牌纷纷推出自己的线上品牌。9 月，康佳推出了首个线上品牌“KKTV”，创维也正式发布了其线上品牌“酷开”。这些线上品牌充分体现了传统制造精神与互联网精神的相互渗透。

（四）新产品不断涌现，产品结构加速升级

2013 年，我国彩电行业已经基本完成平板电视对 CRT 电视的替代；未来几年将是平板电视内部格局调整变化的时代。2013 年，全国生产液晶电视 12290.3 万台，占彩电比重达到 96.2%，比 2012 年提高 7.2 个百分点；等离子电视 198.2 万台，占彩电比重不足 2%，比 2012 年下降 0.1 个百分点。

2013 年，随着智能、大屏、UHD、曲面、高色域、OLED 等应用于现实技术对彩电终端结构升级的带动，我国彩电行业呈现出了显著的多元化发展趋势。彩电产品结构主要呈现以下特点：

（1）电视尺寸的提升加剧。据零售市场数据显示，2013 年我国液晶电视 46 英寸以上占比达到 27.8%，比 2012 年提高 9.7 个百分点，其中 50 英寸以上占比达到 9.6%，比 2012 年提高 4 个百分点；60 英寸以上占比达到 1.9%，比 2012 年提高 1 个百分点。

（2）高端电视市场渗透率逐步提高。2013 年，我国智能电视、3D 电视和超高清电视（UHD）在平板电视中的渗透率分别达到 45%、41%和 2%，比 2012 年有不同程度提高。

（五）家电市场将迎来新一轮的“洗牌”

自 2013 年 10 月 1 日以来，平板电视正式启动新能效标准，即液晶电视 1～3 级的能效指数分别由原来的 1.4、1.0 和 0.6 提升为 2.7、2.0 和 1.3；等离子电视能效 1～3 级的能效指数分别由原来的 1.2、1.0 和 0.6 提升为 2.0、1.6 和 1.2。这意味着，平板电视能效要求比原标准提高了 20%。随着能效标准的全面实施，家电市场将面临重新洗牌。

（六）消费理念发生变革

伴随着彩电智能时代的到来，消费者购买从“屏幕选择”单一考量因素扩展到了平台、硬件、软件、服务全方位的考量，厂商将不再靠硬件赚钱，后期服务的竞争将在未来竞争中占据主要地位。

三、存在的问题

（一）生产成本居高不下，企业经营压力加大

彩电企业属于传统劳动密集型企业，平均每个彩电企业的直接员工在 3 万～4 万人，加上下游产业链，整个彩电行业所直接影响的就业人数在数百万人左右，据国内彩电企业反映，对于一线普通工人，工资连同保险支出在 4000～5000 元/月，且用工成本不断增加。

（二）电子商务对企业经营模式提出新挑战

电子商务模式的快速发展，给彩电企业带来了新的增长动力，但与此同时，电子商务企业为了扩张规模，产品定价明显低于线下，在损害了厂商毛利的同时，破坏了产品原本的定价体系，进而对传统销售模式造成了负面影响，因此彩电企业在如何构建线上渠道、如何权衡线上和线下产品比重以及如何确保产品物流配送及售后服务等方面将面临新的挑战。

（三）彩电市场整体需求不足

一方面，受到全球经济不振及代工转移东南亚趋势等因素的影响，彩电海外需求在逐步缩小；另一方面，由于国内城市市场已趋于饱和、农村消费能力有限，加上受刺激政策退市等多方面因素影响，彩电内需市场将明显回落。

（四）行业毛利率进一步下滑

2013 年以来，互联网 IT 企业进军彩电行业，虽然在终端零售量方面未对彩电企业构成太大冲击，但是对彩电行业的定价体系产生了较大冲击。互联网 IT 企业发布的新机型普遍采

取了高配低价的定价策略，直接导致消费者降低了对彩电产品的价格预期，不仅对整机终端企业利率产生冲击，甚至将对整个产业链带来冲击。

四、趋势预测

（一）国际市场

全球制造业呈现强劲复苏态势。从亚洲到欧洲和美国，对世界各地工厂的调查发现，企业互动和就业双双强劲增长，经营环境保持景气，显示 2014 年有望成为全球经济在金融危机过后恢复健康的一年。全球最大经济体美国的制造业活动继续快速扩张，美国制造商正在以自 2011 年 6 月以来最快的速度聘用工人，新订单飙升至 2010 年以来未见的水平；欧元区也显示复苏迹象，工业活动出现自 2011 年以来最快速度的上升。

据研究机构预测，2014 年我国国产品牌电视 2014 年全球市场占有率有望进一步提升至 27%～28%；日系品牌成长薄弱，市场占有率为 18%～19%；韩系两大品牌依旧独占鳌头，市场占有率继续保持在 36%左右。

（二）国内市场

2014 年仍将是我国彩电行业继续深化产品结构调整和产业转型升级的关键一年，市场增长的机会将主要集中在技术升级、线上市场和农村市场的增长。同时，智能电视偏低的保有量加上巨大的更新需求，为智能电视的普及提供了有利条件。但是，考虑到我国宏观经济增速放缓、银行钱荒、股市低迷、房地产增速放缓等不确定因素的存在，未来我国彩电业前景不容乐观。

（三）产品趋势

1．产品尺寸方面

2014 年将呈现由中小尺寸向大尺寸升级的趋势。2014 年 50 英寸及以上的液晶电视渗透率将由 2013 年的 12%上升至 16%左右；40～49 英寸的渗透率将由 2013 年的 18%上升至 23%左右；而主流 32 英寸及以下的渗透率将由 2013 年的 48%下降至 42%。

2．产品技术方面

（1）UHD 电视呈现爆发式增长。UHD 电视的渗透率从 2013 年年初的不足 1%迅速攀升至年末的 5%左右。鉴于国内外面板厂商在各自重点领域主推 UHD 面板，面板价格将持续走低，同时，整机企业将扩大对 UHD 市场的投入，产品形态呈多元化发展趋势，产业链不断完善，2014 年有望出现 UHD 低端机。

（2）曲面电视成为新亮点。曲面电视因其新颖的造型，让消费者直接体验到强烈的科技感。此外，曲面电视包围式弧形设计、修正视距，宽阔的全音影像效果及更好的屏幕边缘表现，使其吸引消费者眼球。

（3）高色域技术将在大尺寸电视领域普及。高色域电视在 DCI 下色域可达到 107%，比普通色域提升 35%，可有效弥补因色域而导致的失真、偏色等缺陷，使色彩更鲜活。目前，此类技术主要集中在中国台湾地区面板厂家，随着技术和工艺的进步，高色域在大尺寸上的表现效果将更加明显，有望成为大尺寸电视标配。

2013年计算机行业发展情况

2013年，受海外市场需求不振、国内经济增长放缓等因素影响，我国计算机行业整体保持低速增长。由于智能手机的井喷式增长，对计算机行业带来较大冲击，市场竞争更加激烈，技术变革将改变原有市场格局，传统PC将向更便携、更具移动化趋势转变，产业结构面临着深层次变革。

一、基本情况

（一）产业规模保持低速增长

2013年，我国计算机行业实现销售产值22401亿元，同比增长5.5%，低于电子信息制造业平均水平5.5个百分点。从各季度销售产值完成情况看，产业规模持续扩大，发展增速震荡回落，销售产值增速连续16个月低于制造业平均水平，且差距呈扩大趋势（见图1），从2013年年初相差1.4个百分点扩大至年末5.5个百分点。2013年，我国共生产微型计算机3.37亿台，同比下降4.9%，其中笔记本计算机2.73亿台，同比增长7.9%。

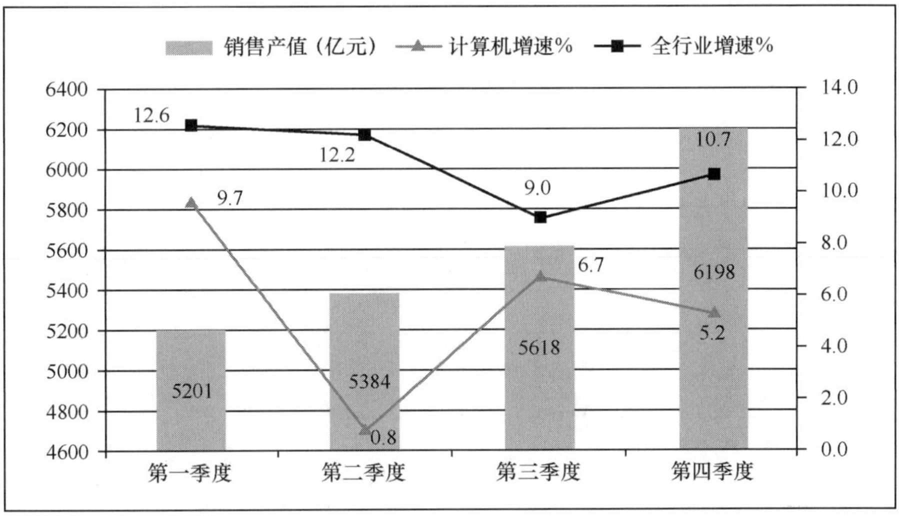

图1　2013年电子计算机行业各季度销售产值完成

（二）外贸出口一路走低

2013年，受全球PC市场持续下滑态势影响，海外市场需求疲软，我国计算机产品出口整体呈现下滑态势。据海关统计，2013年，我国台式微机出口1006.6万台，出口额69.5亿美元，同比增长24.1%；笔记本计算机出口32668.2万台，出口额1108.1亿美元，同比下降2.6%。从全年走势看，上半年行业出口快速下滑，进入下半年基本趋稳，自6月以来连续7个月负增长（见图2）。

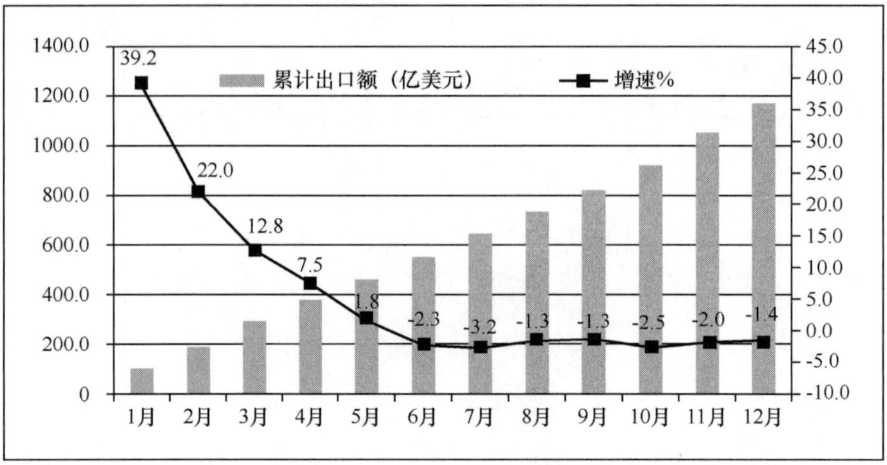

图 2　2013 年我国计算机累计出口额情况

（三）投资增速明显低于行业平均水平

2013 年，电子计算机行业累计完成固定资产投资 810 亿元，同比增长 1.8%，增速低于电子信息制造业平均水平（12.9%）11.1 个百分点。从走势看，行业投资增速从 5 月出现负增长，且持续 7 个月投资增速呈负增长（见图 3）。

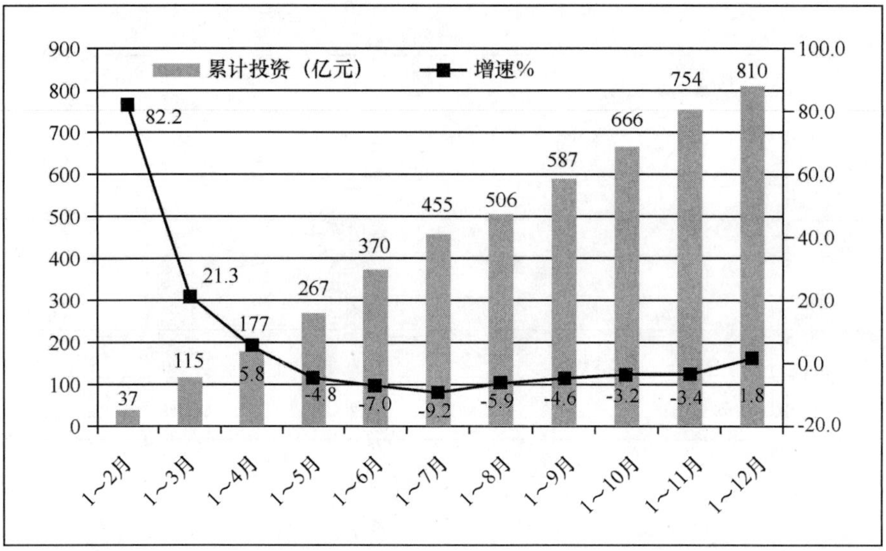

图 3　2013 年我国电子计算机行业投资情况

（四）经济效益保持平稳

2013 年，计算机行业完成主营业务收入 22658 亿元，同比增长 5.4%；利润 732.8 亿元，同比增长 12.0%，. 两个指标增速分别低于电子信息制造业 5 和 9.1 个百分点（见图 4）。计算机行业实现利润率 3.2%，低于电子信息制造业 1.3 个百分点，低于 2012 年同期 0.2 个百分点。

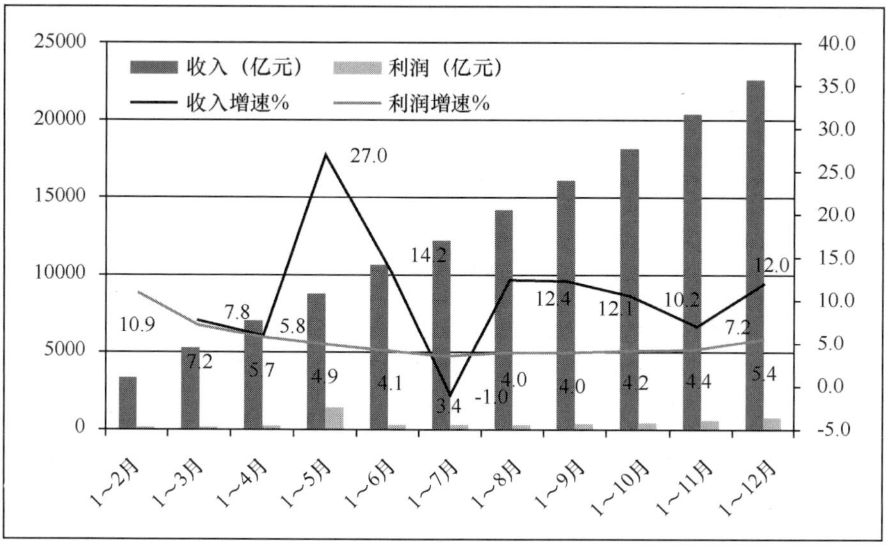

图 4　2013 年电子计算机行业效益完成情况

（五）区域结构进一步调整

2013 年，我国电子计算机行业实现销售产值 22401 亿元，同比增长 5.5%。分区域看，东部地区实现销售产值 17583 亿元，占全国比重为 78.5%，比 2012 年同期下降 7.1 个百分点；中部、西部分别实现销售产值 919 亿元和 3776 亿元，占全国比重分别为 4.1%和 16.9%，比 2012 年同期分别提高 1.6 和 5.5 个百分点；东北部地区占全国比重为 0.5%，产业向中、西部转移趋势明显。同时，各地销售产值增速均呈回落态势，东、中、西部地区销售产值增速比年初分别回落 9.2、23.6 和 3.2 个百分点。2012—2013 年我国计算机市场区域结构如图 5 所示。

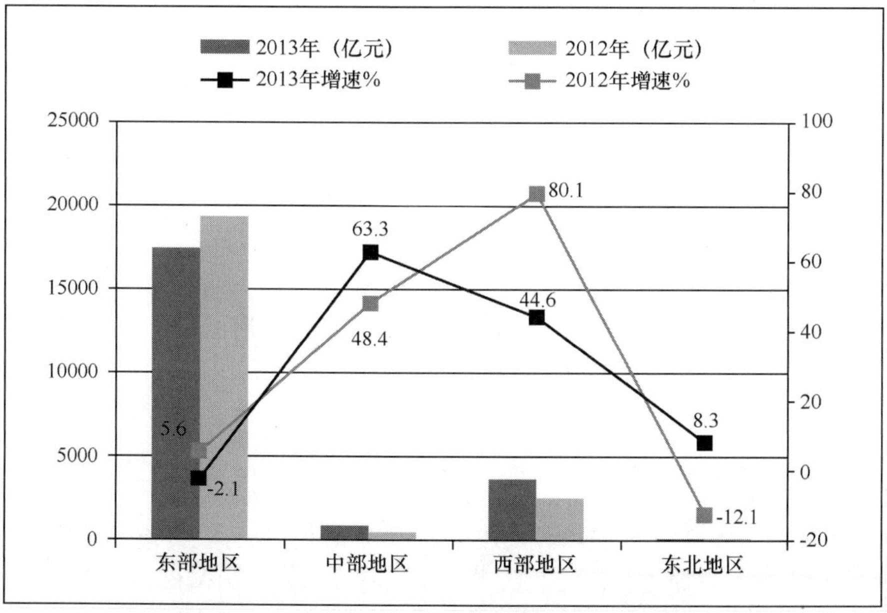

图 5　2012—2013 年我国计算机市场区域结构

二、运行特点

（一）产品发展冷热不均

2013 年，全球 PC 出货量同比下降 10%，创下有史以来最大跌幅。截至 2013 年第四季度，全球 PC 市场已经持续 7 个季度下滑。其中，平板电脑增势喜人，但还是出现明显放缓迹象。2013 年全球平板电脑的出货量同比增长 50.6%，但第四季度增速（28.2%）远低于 2012 年同期（87.1%）增速水平；受智能手机和廉价平板电脑等“超移动设备”快速增长的影响，传统 PC 出货的下滑将持续，这也反映出用户习惯的长期变化。

据国内零售市场监测数据显示，2013 年，我国台式计算机销量同比下滑超过 10%；笔记本计算机销量保持两位数增长；平板电脑销量增速超过 45%。

（二）行业利润急剧缩水，各大厂商纷纷调整业务

根据惠普、戴尔、联想、华硕等顶级 PC 设备厂商产品数据显示，目前 PC 平均售价已经从 2010 年的 615 美元/台下降到 544 美元/台，PC 行业发展持续低迷，企业反映，每台 PC 的利润不足 90 元人民币。各大 PC 厂商积极采取应对措施，纷纷做出战略调整。惠普加快了向综合 IT 服务提供商的角色转换；戴尔于 2013 年 2 月正式私有化后表示将压低 PC 业务，重点转向高利润的软件和服务业，并向端到端的解决方案商转型；东芝作为日系代表，开始发力 B2B 商用市场，积极开拓商务领域；联想则提出了“PC+”战略，即产品覆盖智能手机、平板电脑、个人电脑和智能电视四类终端，以顺应移动互联网时代的发展规律；海尔电脑不断创新，率先将体感、语音等功能加入 PC 中，不断提升品牌形象。

（三）企业积极探讨新型营销模式

随着互联网应用的迅速崛起，电子商务的迅猛发展，网络购物已经逐步走进寻常百姓家，传统制造业企业积极探索营销模式、从线下覆盖到线上，通过与京东、天猫、易购等网络交易平台开展战略合作，实现与用户进行端到端的零距离交互，承接最后一公里配送交付等。海尔电脑联合 Intel、Ecs 等国际厂商，在全球 36 个国家和地区规划建立了 2000 多家电子教室，将投影机、电子白板、教师机、学生机连接在一起，实现互动数字化教学解决方案。

（四）竞争层次日益提高

我国计算机行业早已进入“红海”时代，而当下的市场竞争早已不单单只是终端产品的竞争，在产品同质化现象越来越明显的背景下，PC 厂商单靠硬件已经无法吸引用户，更多的是“平台+软件+内容”的多位一体化的较量。终端的跨界虽然融合了传统 PC 和平板的特性，但一加一却未必能创造出大于二的结果，跨界产品并不仅仅只是二者或多者功能的简单叠加。

（五）自主可控带来新契机

随着“棱镜门”等一系列安全事件的出现，服务器、存储行业终端领域呼吁实现自主可控的声音高涨，IT 国产化成为长期趋势。未来在政府领域，以国家核心、重点、大型、涉密的项目将带动国产软件、硬件、运维、服务全面国产化的进程，为国产软硬件厂商带来商机。华为、浪潮、联想等厂商不断发力，在产品上不断推陈出新，特别是在云计算、大数据等方

面都推出了各自特色的产品和解决方案。曙光、联想、迈普研发的基于国产 CPU 的服务器、交换机等云计算设备已在数据中心和超算中心得到应用。

三、存在问题

（一）行业比重有所下滑，发展后劲不足

在电子信息制造业细分的 11 个行业中，电子计算机行业规模始终位居榜首，但其比重自 2009 年以来连续 5 年下滑，规模呈逐步缩水态势（见图 6）。行业投资持续负增长，产品技术没有明显突破，以上因素都直接反映出行业内生动力不强、发展后劲不足。

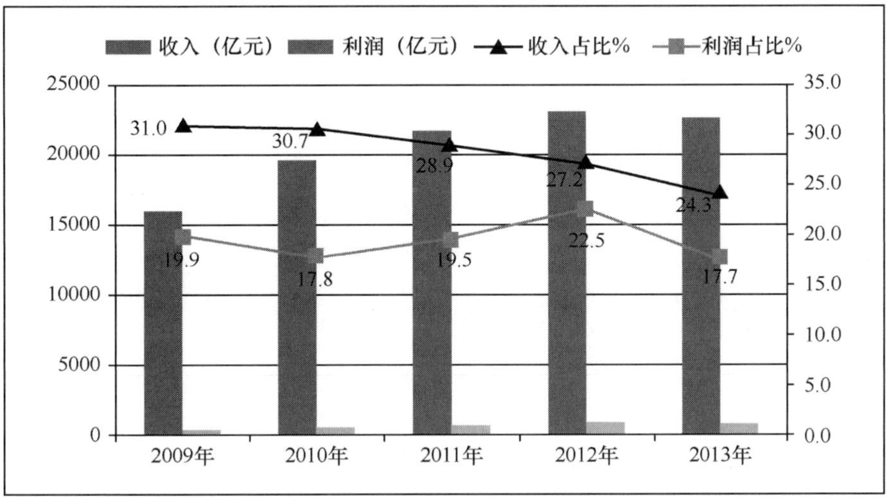

图 6　2009—2013 年电子计算机行业收入、利润比重

（二）由于成本上涨压力，制造业海外转移风险加大

近年来，受我国人口红利优势逐步减弱、融资成本上升、人民币升值等因素影响，我国制造业企业生产要素成本不断上涨，2013 年，我国电子计算机行业每百元收入的单位成本已经达到 93 元，高出电子信息制造业平均水平 4.4 元，高出 2012 年同期水平 5.1 元。销售成本增速与主营业务收入增速几乎持平。

随着发达国家再工业化战略的实施以及东南亚国家投资环境的改善，计算机行业向发达国家回流以及向东南亚国家转移趋势逐步显现。惠普、苹果已计划将部分电脑生产线迁回美国；谷歌自有品牌平板电脑将在其本土生产；富士康、广达等代工企业投资上百亿美元加快在印尼、巴西等地区进行全球生产布局。

（三）资源、能源竞争将成为制约产业发展的重要因素

长期以来，我国经济增长过度依赖低成本要素投入，高投入、高消耗的粗放式发展模式没有实质转变。国内的环境污染问题已经迫在眉睫，推动集约发展、节能环保事不宜迟。同时，随着越来越多的国家进入快速工业化和城镇化阶段，国际资源能源市场争夺将日趋激烈，资源、能源等大宗商品的低价时代将不复存在。资源环境问题将成为制约产业经济发展的重要因素，产业转型升级刻不容缓。

四、趋势预测

（一）国外环境

世界银行最新发布的《全球经济展望》报告称，经过 5 年的全球金融危机后，预计 2014 年世界经济逐步走强，全球 GDP 增长率预计将从 2013 年的 2.4%提高到 2014 年的 3.2%。在发达经济体中，美国经济复苏，预计增长 2.8%；欧元区预计增长 1.1%；发展中国家的经济增长将达到 5.3%。

IDC 预测，2014 年全球 IT 支出将达到 2.1 万亿美元，同比增长 5%。新兴国家的企业和个人将会加大购买新科技产品的支出，以巴西、俄罗斯、印度及中国为代表的新兴国家在新技术产品方面的开支将增加 13%。企业在大数据技术和服务方面的开支将增长 30%，超过 140 亿美元。

（二）国内环境

2014 年，随着《"宽带中国"战略及实施方案》、《国务院关于促进信息消费扩大内需的若干意见》等一系列产业促进政策逐步推进，同时结合移动互联网、云计算、大数据等引发的新一轮信息产品投资热潮，将为我国电子计算机行业带来新的增长空间与动力，我国电子计算机行业增速下滑趋势有望得到扭转。

同时，我国宏观经济中面临的风险却不容乐观。一是随着全国住房信息联网和房地产税的推出，可能导致房地产市场需求出现逆转，由此带来的相关行业需求下降；二是受地方政府债务问题，以及政府职能转变的影响，政府投资的动力在下降。

（三）产品发展趋势

据 IDC 预测，随着企业和消费者开始更换陈旧的 PC，PC 市场有望在 2014 年触底，2015 年开始复苏。预计 2014 年全球 PC 的出货量将继续下降 4%左右；全球平板电脑出货量增长将超过 25%。

平板电脑将成为计算机行业增长的主要驱动力量，推动平板电脑出货量猛增的重要原因如下：一是各品牌厂商积极的出货计划，特别是苹果、三星、惠普、宏基、戴尔、联想、华硕、东芝、索尼、亚马逊 Kindle、Google 和微软 Surface 等厂家均调高生产预期，其中苹果平板电脑有望突破 8000 万台；三星将逐步淡出笔记本计算机领域，平板电脑出货量将超过 4500 万台。二是新兴市场如印度、巴西等地的市场需求将继续高涨。与此同时，各大厂商纷纷下调笔记本计算机出货量的预期，笔记本计算机售价有望提升。据相关机构预测，全球普通笔记本计算机的平均价格将从 2013 年的 667 美元/台上涨至 693 美元/台；超薄笔记本计算机的价格将从 885 美元/台上涨至 936 美元/台。三是行业应用助力平板电脑成长。随着移动互联网络的普及，平板电脑在零售、医疗、制造、餐饮等领域已经迅速发展，未来一些更加细分的市场，如智能交通、快速物流、农业、图书馆、商超连锁等领域将成为新的增长空间。

2013 年手机行业发展情况

2013 年，世界经济延续缓慢复苏态势，全球消费电子市场保持小幅增长，手机市场形势好于 2012 年。市场研究机构 IDC 称，2013 年全球手机出货量达到 18 亿部，同比增长 7.3%，增速比 2012 年明显提高；智能手机的快速增长是带动手机市场增长的主要动力，IDC 称，2013 年全球智能手机出货量首次突破 10 亿部，达到 10.04 亿部，同比增长 38.4%，占手机整体出货量份额达到 55%。与手机市场规模扩张相伴的是行业竞争进一步加剧，手机产业竞争由原先的单纯产品竞争演变为硬件、软件与服务的全方位竞争。面对市场与竞争结构的不断变化，我国手机企业积极应对，加快产品革新，提升服务质量，行业整体平稳运行，产量规模继续扩张，外贸出口稳步增长，效益质量持续提升，对我国电子制造业、软件业及通信业的发展起到了积极的支撑作用。

一、基本情况

（一）产量保持较高增速

2013 年全年，我国手机产量达到 14.6 亿部，同比增长 23.2%，增速比上年提高 18.9 个百分点。据 IDC 发布的 2013 年全球手机 18 亿部的出货量测算，我国产量占全球出货量份额达到 81.1%，比 2012 年提高 10 个百分点以上，我国全球手机生产制造基地的位置得到进一步稳固。从全年产量走势来看，呈平稳较快增长态势，除 3、4 月累计产量增速相对较低以外，其余各月累计产量增速均在 20%以上（见图 1）。

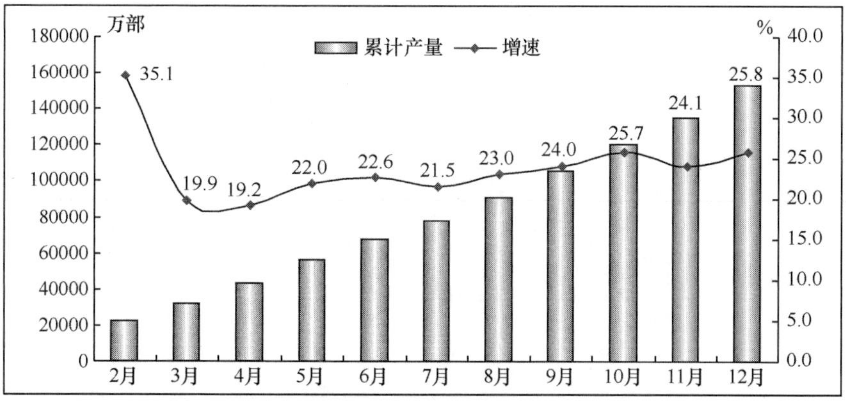

图 1　2013 年我国手机累计产量情况

（二）出口稳步提升

2013 年以来，在全球手机市场规模持续扩张与结构变化加快的带动下，我国手机出口呈现较快增长态势。据海关统计，1～12 月，我国手机出口 11.9 亿部，同比增长 16.9%，增速比上年提高 1.0 个百分点；出口额 951 亿美元，同比增长 17.4%，增速高于电子信息产品平均水平 5.5 个百分点。从全年各季度累计出口额增速来看，波动较为明显，3 月末、6 月末、9 月末和 12 月末，增速分别为 6.5%、16.0%、21.5%和 17.4%，呈逐步走高后又逐渐趋稳态势（见图 2）。

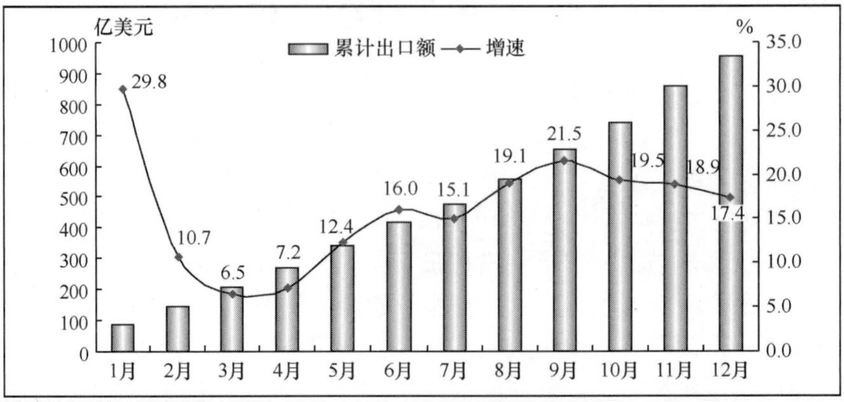

图 2　2013 年我国手机累计出口额情况

（三）效益规模较快增长

2013 年以来，在市场需求快速增长的拉动下，我国通信终端设备制造业经济效益保持较快增长。1～12 月，全行业共实现主营业务收入 10233 亿元，同比增长 30.4%；实现利润总额 355 亿元，同比增长 20.5%；行业收入增速高于电子制造业平均水平 20.0 个百分点；行业平均利润率达到 3.5%，低于电子制造业平均水平 1.0 个百分点，效益质量还有待提升（见图 3）。

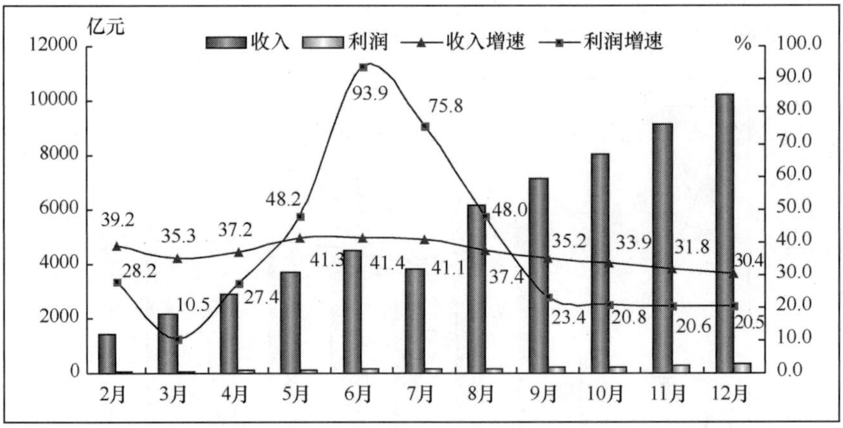

图 3　2013 年以来我国通信终端设备制造业效益情况

（四）行业投资高位运行

2013 年，通信终端设备制造业 500 万元以上项目完成固定资产投资 434 亿元，同比增长 38.8%（见图 4），增速比上年提高 20 个百分点以上，高于电子制造业平均水平 25.9 个百分点。从投资走势来看，上半年增速波动较为明显，全年总体保持在 30%以上的较高水平。从投资领域来看，企业的投资重点从生产环节向上下游转移，主要包括上游的芯片、设计和软件开发以及下游的增值服务等领域。

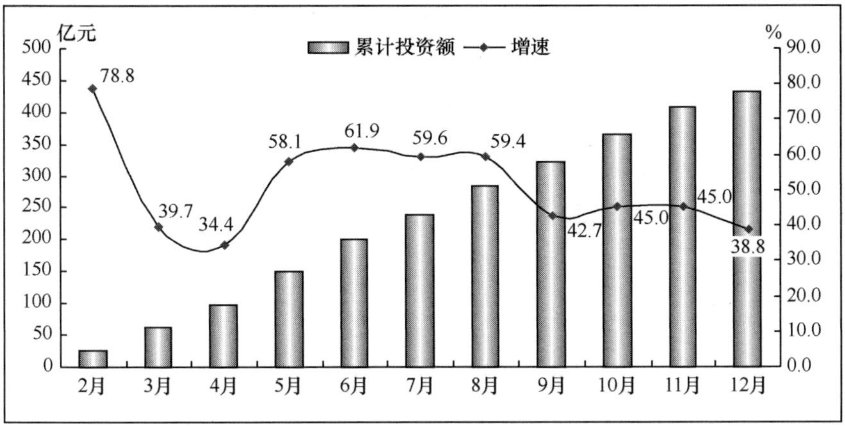

图 4　2013 年以来我国移动通信及终端设备制造业投资完成情况

二、运行特点

（一）整体出货情况

2013 年，国内手机市场累计出货量为 5.79 亿部，同比增长 24.1%。其中，2G 手机出货量为 1.7 亿部，3G 手机出货量达到 4.08 亿部；智能手机出货量为 4.23 亿部，同比增长 64.1%，市场占有率达到 73.1%；Android 手机出货量为 3.98 亿部，占同期智能手机出货量的 94.0%。

（二）新品上市情况

2013 年，国内上市手机新机型 2861 款，同比下降 26.7%。其中，2G 手机新机型 786 款，3G 手机新机型 2055 款，TD-LTE 手机新机型 20 款；上市智能手机新机型 2288 款，同比增长 3.0%，占同期新机型总数的 80.0%；有 2217 款采用 Android 操作系统，占同期智能手机新机型数的 96.9%。

（三）国产品牌发展情况

2013 年，国产品牌手机出货量 4.61 亿部，同比增长 24.9%，占手机总出货量的 79.7%；上市新机型 2691 款，同比下降 27.2%，占手机上市新机型总量的 94.1%。3G 手机中，国产品牌出货量份额分别为：TD-SCDMA 手机 89.0%、WCDMA 手机 52.2%、CDMA2000 手机 75.5%；TD-LTE 手机中，国产品牌占比 54.0%。

三、值得关注的问题

（一）缺乏核心竞争力

近两年，国产手机企业快速崛起，已从贴牌生产进入了核心技术研发层面，在技术开发方面和世界先进水平的距离正在缩短，但由于国内手机生产企业技术积累不足，与众多的外资手机企业相比，总体技术水平仍远落后于外资企业，核心技术几乎全部掌握在外资手机厂商中。在硬件方面，我国手机企业缺乏芯片和射频元器件等关键核心技术，一方面，直接导致我国国产手机缺乏高端产品，市场竞争力弱，利润少；另一方面，导致国产手机产品的同质化现象越来越严重，直接制约了我国手机产业的健康发展。在软件方面，智能手机风靡全球，逐步取代传统功能型手机，而国产手机在智能化领域的拓展明显落后。国产手机操作系统大多基于 Android 及定制业务进行市场开发，真正具有特色的独创性应用很少，国产手机操作系统普遍存在版本升级缓慢，操作系统“补漏”、“增效”的速度明显滞后等问题。从全球智能手机的毛利率看，苹果超过 50%，三星、HTC 维持在 30%上下，而国产品牌的毛利率不到 20%。

（二）品牌建设力度不足

在进入移动互联网时代后，智能手机市场迅猛发展，为国产手机带来了全新的发展机遇，以“中华酷联”为代表的国产手机开始掌握国内手机市场的主导权，利用千元智能机站稳脚跟，夺取更为庞大的市场份额。但是，国产手机企业发展中存在一个共性问题：企业缺乏做强、做大的长远规划，忽视企业品牌的建设。由于众多手机消费者在购买手机时越来越理性，手机品牌对其购买决策影响非常大。国内众多手机消费者之所以选择国外品牌手机，正是看中了其品牌这一关键元素。由于缺乏关键核心技术，我国国产手机制造商被迫放弃高端产品市场转战低端产品市场，并将主战场定位于千元以下的机型，引发价格战，并给国内外消费者留下低端产品印象。此外，国内一些手机制造商为满足市场对新款手机样式的需求，极力缩短手机从研发制造到上市的时间，导致部分产品质量不稳定，返修率较高，用户关于手机质量投诉不断提高。我国国产手机品牌建设之路非常漫长，没有品牌支撑的国产手机在国际竞争中的弱势也将更加暴露无遗。

（三）国际竞争趋于激烈

近年来，印度、越南等发展中国家采取各种优惠政策大力扶植本国产业的发展。由于这些国家拥有非常丰富的廉价劳动力，以及产业链条配套设施日趋完善，手机类电子产品的订单向这些国家的转移趋势越来越明显，正逐步抢占国际手机市场中原本属于我国的订单份额。以三星投资越南为例：自 2008 年开始，三星首次投资 6.7 亿美元在越南北宁省建造了第一家手机工厂；2012 年，三星又投资 7 亿美元在越南北部太原省建立了第二家手机工厂；2013 年，三星再次加码越南投资，拟斥资 20 亿美元在越南建立第三家生产基地，用于制造手机、相机和笔记本电脑。据初步测算，2013 年三星旗下越南工厂的智能手机出货量将达到 2.4 亿部，占其总产量的半数以上，占同期全球智能手机出货量的份额达到 20%左右。可见，我国手机产业发展面临着激烈的国际竞争，更多的发展中国家利用廉价资源、劳动力优势加入手机制造的行业，导致国际竞争不断加大。

四、发展趋势

（一）全球手机市场规模扩张将放缓

据 IDC 数据显示，2013 年，全球手机出货量达到 18 亿部，同比增长 7.3%，增速比 2012 年提高 6.1 个百分点；智能手机的快速增长是带动手机市场成长的主要动力，2013 年全球智能手机出货量首次突破 10 亿部，同比增长 38.4%。针对 2013 年全球手机市场的快速增长，摩根大通对 2014 年全球手机市场形势做出预测，其报告显示，2014 年，全球智能手机的出货量增速将比 2013 年有较为明显的回落。造成这一趋势的主要原因是高端智能手机市场正逐渐饱和，首次购机用户减少；加之现有手机的功能已经足以满足多数用户的需求，对手机的升级需求也在减少。在市场需求逐渐饱和的背景下，手机产品的技术竞争将愈发激烈，多模 4G 芯片、2K 高清屏幕、光学防抖拍摄、NFC（近距离无线通信）、可弯曲柔性屏幕和电池以及双操作系统搭载等几种技术将成为发展趋势。

（二）4G 布局拉动国内手机市场增长

2013 年年末，我国政府向国内移动运营商颁发 4G 牌照，4G 网络上线后，我国 4G 智能手机的出货量预计会在 2014 年达到 1.2 亿部，从而才能满足用户对网络接入的庞大需求。目前 4G 牌照发放的产业推动和宽带战略部署政策的实施，促使 4G 通信业务快速发展，并且远高于 3G 网络部署之初的记录，未来 3 年国内 4G 市场将呈现爆炸式增长态势，而非 3G 初期渐进式增长。

综合上述因素，预计 2014 年，我国手机行业在国内积极因素的支撑和带动下，产销规模仍将保持一定幅度增长，但受全球市场需求趋于饱和以及行业竞争不断加剧等不利因素影响，产销增速与 2013 年相比将略有放缓。

第28届电子信息百强企业发展情况

2014年电子信息百强企业仍以国家统计局批准的2013年全国电子信息产业统计年报数据为基础，根据企业规模、效益、研发及社会责任等指标进行加权评定。地方主管部门负责初审，工业和信息化部最终核定。

本届电子信息百强企业主要特点如下。

（一）规模持续扩大，入围门槛提高

百强企业积极转变发展方式，不断优化经营结构，规模、效益稳步增长，共实现主营业务收入2.2万亿元，比上届增长12.4%；实现利润总额1194亿元，比上届增长40%以上；总资产合计达到2.3万亿元，比上届增长15%；本届百强入围门槛24.7亿元，比上届提高17.6%。

（二）龙头作用突出，企业集中度提升

百强企业积极开拓市场，产销规模快速提高，对行业支撑作用明显增强。以不足全行业0.5%的企业数量，创造出全行业23.6%的收入、28.8%的利润和60.4%的税金，分别比上届提高了0.5个、5.6个和0.4个百分点。本届百强计算机、彩电、手机和集成电路产量占全行业比重分别为8.7%、73.5%、22.0%和38.8%，分别比上届提高0.7个、4.0个、2.8个和6.8个百分点。

（三）盈利水平提升，运营能力增强

百强企业在规模扩大的同时，更加注重效益和质量的提升。实现销售利润率5.4%，比上届提高1.2个百分点，高于行业平均水平1个百分点；其中销售利润率超过10%的企业有17家，比上届增加5家。总资产周转率达到0.9次，存货周转率达到11.3次；资产负债率58.0%，利息保障倍数4.2倍，均好于行业平均水平。

（四）研发投入加大，创新成果显著

百强企业坚持创新驱动，对研发投入和知识产权的重视程度不断提高。研发投入合计1051亿元，比上届增长5.7%，研发投入强度4.8%，高出行业平均水平2个百分点。百强企业累计专利总量15.7万件，比上届增加2.4万件；其中发明专利8.9万件，比上届增长2.1万件，占比超过50%。参与国际标准制定的话语权不断增强，2013年，我国主导提出的涉及液晶显示、传感网络、射频连接器、数字家庭、云计算、物联网、信息安全等领域的12项标准获得ISO/IEC国际组织的批准与发布。

（五）面向全球布局，经营层次提升

百强企业积极推行国际化战略，面向全球市场规划布局，跨国经营的层次与水平不断提升。本届百强共实现出口交货值4575亿元，占行业总量比重达到10%；共出口计算机1632

万台、手机 1.7 亿部、彩电 2956 万台、集成电路 151 亿块，分别占全部出口量的 4.8%、17.9%、49.6%、10.6%。品牌国际影响力不断提高，2013 年，华为首次超越爱立信成为全球最大的电信设备供应商，联想超越惠普成为全球最大的个人电脑供应商。研发与生产的国际化布局全面铺开；百家企业在全球设立了上百个研发创新中心，在部分地区建立了完整的研产销体系，本地化率达 80%以上。

（六）融合渗透加快，结构调整深化

百强企业坚持融合化发展，不断引领垂直整合与开放合作的产业新格局。一是加快产业链上下游的延伸与渗透，整合形成完整产业体系；二是企业经营模式加快转变，制造+软件+服务的融合趋势进一步增强，智能终端与信息技术服务业务的比重快速提升；三是积极推进两化融合，信息技术在传统产业中的应用快速提升。

（七）支柱作用突出，责任意识增强

百强企业拉动税收和就业增长明显，本届百强上交国家税金 1115 亿元，比上届增长 14%，占全行业总量的 60%以上；从业人员 161 万人，比上届增长 9 万人，占全行业比重的 15%，比上届提高 2 个百分点；百强企业在发挥经济贡献作用的同时，积极履行各项社会责任。本届百强中半数以上企业均发布了社会责任报告，向各类公益事业直接捐款近 5 亿元，同比增长 10%。

伴随着信息通信技术的迅速发展和广泛渗透，未来一段时期，我国电子信息产业将加快向网络化、服务化、融合化的方向发展。加快经济发展方式的转变和提质增效升级，促进信息化与工业化融合，对电子信息产业发展提出新的更高的要求。面对新形势、新要求、新任务，电子信息百强企业必须站在新的起点上，加快解决关键技术受制于人、自主创新能力不足、跨界融合壁垒依然存在、信息安全保障基础薄弱等重大问题，认真应对跨国企业通过加快跨界并购、构建产业生态体系等方式带来的挑战，抢占全球技术与产业竞争的制高点，不断提高我国参与国际竞争的综合能力。

附表

2014年（第二十八届）中国电子信息百强企业名单

序号	企业名称
1	华为技术有限公司
2	联想控股股份有限公司
3	中国电子信息产业集团有限公司
4	海尔集团
5	海信集团有限公司
6	中兴通讯股份有限公司
7	四川长虹电子集团有限公司
8	TCL 集团股份有限公司
9	北大方正集团有限公司
10	浪潮集团有限公司
11	比亚迪股份有限公司
12	京东方科技集团股份有限公司
13	创维集团有限公司
14	亨通集团有限公司
15	南京南瑞集团公司
16	同方股份有限公司
17	晶龙实业集团有限公司
18	康佳集团股份有限公司
19	武汉邮电科学研究院
20	四川九州电器集团有限责任公司
21	上海贝尔股份有限公司
22	航天信息股份有限公司
23	宇龙计算机通信科技（深圳）有限公司
24	永鼎集团有限公司
25	江苏宏图高科技股份有限公司
26	震雄铜业集团有限公司
27	通鼎集团有限公司
28	中天科技集团有限公司
29	许继集团有限公司
30	天津中环电子信息集团有限公司
31	富通集团有限公司
32	英利集团有限公司
33	河南森源集团有限公司
34	中利科技集团股份有限公司
35	中芯国际集成电路制造有限公司
36	陕西电子信息集团有限公司
37	惠州市德赛集团有限公司
38	杭州海康威视数字技术股份有限公司

续表

序　号	企 业 名 称
39	浙江富春江通信集团有限公司
40	骆驼集团股份有限公司
41	深圳华强集团有限公司
42	广州无线电集团有限公司
43	润峰电力有限公司
44	歌尔声学股份有限公司
45	铜陵精达铜材（集团）有限责任公司
46	深圳市欧菲光科技股份有限公司
47	株洲南车时代电气股份有限公司
48	福建省电子信息（集团）有限责任公司
49	深圳市普联技术有限公司
50	浙江昱辉阳光能源江苏有限公司
51	上海仪电电子（集团）有限公司
52	紫光股份有限公司
53	大唐电信科技股份有限公司
54	中国四联仪器仪表集团有限公司
55	东软集团股份有限公司
56	大连辽无二电器有限公司
57	侨兴集团有限公司
58	展讯通信（上海）有限公司
59	深圳市兆驰股份有限公司
60	安徽天康（集团）股份有限公司
61	中冶赛迪集团有限公司
62	江苏协鑫硅材料科技发展有限公司
63	大连环宇阳光集团
64	东旭集团有限公司
65	江苏新潮科技集团有限公司
66	普天东方通信集团
67	福州福大自动化科技有限公司
68	深圳市神舟电脑股份有限公司
69	上海华虹（集团）有限公司
70	舜宇集团有限公司
71	双登集团股份有限公司
72	上海斐讯数据通信技术有限公司
73	浙江大华技术股份有限公司
74	哈尔滨光宇集团股份有限公司
75	浙大网新科技股份有限公司
76	风帆股份有限公司
77	昆山龙腾光电有限公司
78	深圳市共进电子股份有限公司
79	横店集团东磁有限公司

续表

序　号	企业名称
80	长飞光纤光缆股份有限公司
81	北京华胜天成科技股份有限公司
82	华润微电子有限公司
83	南通华达微电子集团有限公司
84	中国华录集团有限公司
85	天马微电子股份有限公司
86	红板（江西）有限公司
87	深圳康冠技术有限公司
88	浙江晶科能源有限公司
89	山东鲁鑫贵金属有限公司
90	闻泰通讯股份有限公司
91	河南科隆集团有限公司
92	浙江南都电源动力股份有限公司
93	广东汕头超声电子股份有限公司
94	厦门宏发电声股份有限公司
95	益阳科力远电池有限责任公司
96	浙江长城电工科技股份有限公司
97	河南环宇集团有限公司
98	宁波一舟投资集团有限公司
99	江西合力泰科技股份有限公司
100	宜昌劲森光电科技股份有限公司

注：百强企业从规模、效益、研发与社会责任四个方面进行综合评价。其中，规模包括资产和收入规模；效益包括企业的盈利能力、发展能力、债务偿还能力以及经营能力四个方面；研发能力包括研发投入比例和专利数量两个方面；社会责任主要包括社会责任投入与公益投入等。通过选取具有代表性的指标并赋予适当的权重进行加权计算，得出企业综合评分。

第 27 届中国电子元件百强分析

由工业和信息化部运行监测协调局、中国电子元件行业协会联合举办的 2014 年（第 27 届）中国电子元件百强核准工作在经过近半年大量的收集、核实、整理、分析、论证工作之后终于得以完成，100 家在规模实力、财务状况、研发能力等方面表现突出的企业从众多参与核准的中国电子元件重点骨干企业中脱颖而出，入选今年的中国电子元件百强企业。

2014 年（第 27 届）中国电子元件百强共完成主营业务收入 2161 亿元，实现利润总额 176 亿元，上缴税金总额 83 亿元，出口创汇 90.3 亿美元，拉动就业近 30 万人。在承担经济责任、社会责任方面，中国电子元件百强企业已成为业界不可或缺的中坚力量，起到了极为重要的模范带头作用，为中国电子元件行业的转型升级和电子信息产业的健康发展做出了不可磨灭的贡献。

一、排序规则与 2013 年相同，但未来仍有可能逐渐完善

中国电子元件百强排序活动，经过 20 多年的摸索与调整，一套相对客观公正的规则体系已经逐渐形成。

最近一两年，规则中增加了电子元件业务销售总额和电子元件业务在主营业务收入中的占比两项极为重要的指标。尤其是电子元件业务销售总额，成为影响企业在电子元件百强中排名范围的两项指标之一。这对突出电子元件制造业务在电子元件百强排序中的地位，保持电子元件百强的行业特点，起到了十分重要的作用。

而另一个较大的规则改动则是采用了分组排序的方法，以电子元件业务销售总额和企业利润总额两项最重要的指标为基准，只能两项指标均高于所有参与排序企业的平均值，才能进入总排名靠前的第一组，难度颇大。所以，能进入第一组的企业必然是强中之强、优中之优。

2014 年电子元件百强的排序规则与 2013 年相同，但为了保证电子元件百强的含金量，体现中国电子元件企业在转型升级过程中的成果，未来仍不排除继续对排序规则进行调整、完善的可能。

2014 年（第 27 届）中国电子元件百强核准指标与权重（综合排序阶段）如表 1 所示。

表 1　2014 年（第 27 届）中国电子元件百强核准指标与权重（综合排序阶段）

一级指标	权重	二级指标	权重	三级指标	权重
规模	65%	资产、收入及利润的规模	65%	资产总额	5%
				主营业务收入	55%
				营业利润	5%
财务状况	20%	盈利能力	10%	销售毛利率	5%
				总资产贡献率	5%
		发展能力	3%	资产保值增值率	1%
				总资产增长率	1%
				主营业务收入增长率	1%

续表

一级指标	权重	二级指标	权重	三级指标	权重
		偿债能力	3%	资产负债率	1.50%
				流动比率	1.50%
		经营能力	4%	流动资产周转率	2%
				存货周转率	2%
技术与研发	5%	技术与研发	5%	研发费用/主营业务收入比例	1.50%
				发明类专利	2.50%
				其他类专利	1%
电子元件收入比重	10%	电子元件收入比重	10%	企业电子元件产品的销售总额/主营业务收入	10%

注：①专利数量指标按在国家知识产权局注册并于2013年度生效的电子元件类相关专利统计。②电子元件部分的销售总额通过企业上报的各项细分产品和业务的销售额经审核后相加得到。

二、亨通集团继续“领跑”电子元件百强，微电声器件双雄表现抢眼

亨通集团有限公司以296亿元的主营业务收入遥遥领先于其余诸强，而且其线缆业务的总销售额也为各企业的电子元件类业务收入之首，综合得分在第一组企业中无可争议地排在首位，顺利实现六连冠。

瑞声科技控股有限公司虽然主营业务收入只有81亿元，在主营业务收入排名中仅位于第七名，但其利润总额高达25.8亿元，足以让其坐上2014年电子元件百强亚军的宝座。更难能可贵的是，其主营业务收入几乎全部来自电子元件业务，也就是说，其20多亿元的利润总额含金量极高。

中天科技集团有限公司获得第三名，但其主营业务收入和电子元件类业务收入均仅次于亨通集团，在所有电子元件百强企业中排在第二。

另一家我国微电声器件行业的领军企业歌尔声学股份有限公司位列本届电子元件百强第四名，尽管其利润总额仅少于同行企业瑞声科技，但是其主营业务收入和电声器件的销售额却双双超过瑞声，两家企业的综合实力可以说难分伯仲。尤其是歌尔的主营业务收入已接近100亿元，很有可能成为电子元件百强中最早踏入100亿元大关的非线缆企业。

永鼎集团有限公司、富通集团有限公司、长飞光纤光缆股份有限公司、浙江富春江通信集团有限公司四家光电线缆企业分别位于2014年电子元件百强的第五、第六、第七和第九名。印制线路板用覆铜板企业广东生益科技股份有限公司位居第八名，名次与2013年持平。

尽管主营业务收入仅为20亿元左右，在所有参与排序的电子元件企业中并不突出，但潮州三环（集团）股份有限公司再次凭借优秀的盈利能力跻身电子元件百强前十名（见表2）。

表2　2014年（第27届）中国电子元件百强综合实力前十强

总排名	企业名称	主要产品
1	亨通集团有限公司	光纤光缆、电子线缆
2	瑞声科技控股有限公司	微电声器件
3	中天科技集团有限公司	光纤光缆、电子线缆
4	歌尔声学控股有限公司	微电声器件
5	永鼎集团有限公司	光纤光缆、电子线缆
6	富通集团有限公司	光纤光缆、电子线缆

续表

总排名	企业名称	主要产品
7	长飞光纤光缆有限公司	光纤光缆
8	广东生益科技股份有限公司	覆铜板
9	浙江富春江通信集团有限公司	光纤光缆、电子线缆、光器件
10	潮州三环（集团）股份有限公司	陶瓷插芯、基座、阻容元件、陶瓷材料

值得注意的是，2014 年进入十强的企业与 2013 年完全一致，只是部分十强企业名次有所变化，这说明在 2013 年，这些大企业的经营情况还是比较稳定的。但是按照电子元件百强的排序规则，如果来年经营不顺，尤其是最容易出现波动的利润总额数据较低的话，企业名次将极有可能出现大的下滑。如果被降入第二组甚至第三组，那么就有可能被淘汰出局，所以，大企业保持名次的难度增加了许多。

三、主营业务收入增速略超上届，电子元件业务增速略高于其他业务

2014 年电子元件百强企业主营业务收入总额达到 2161.14 亿元，同比增长 13.8%，略高于上届电子元件百强 13.4%的主营业务收入增速，与上届电子元件百强主营业务收入总额相比，增长 21.3%（见图 1）。

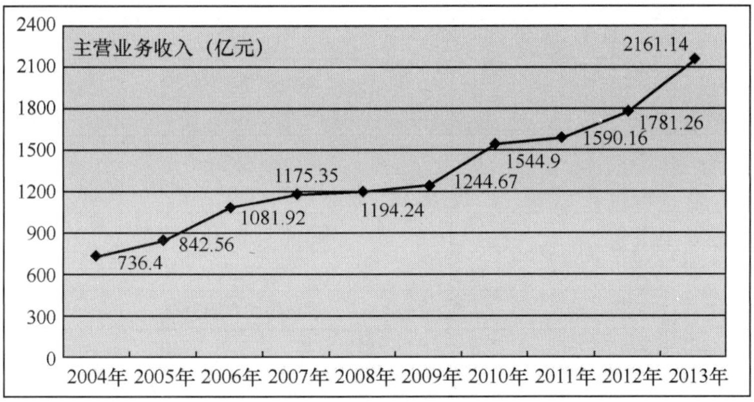

图 1　近 10 年来电子元件百强企业主营业务收入增长图

本届电子元件百强中，有 44 家企业的主营业务收入超过 10 亿元，比上届增加 1 家；有 9 家企业超过 50 亿元，比上届减少 1 家；亨通集团有限公司、中天科技集团有限公司、富通集团有限公司、永鼎集团有限公司、浙江富春江通信集团有限公司五家光电线缆的企业主营业务收入超过 100 亿元。2014 年（第 27 届）中国电子元件百强主营业务收入前十名如表 3 所示。

表 3　2014 年（第 27 届）中国电子元件百强主营业务收入前十名

排名	企业名称
1	亨通集团有限公司
2	中天科技集团有限公司
3	富通集团有限公司

续表

排名	企业名称
4	永鼎集团有限公司
5	浙江富春江通信集团有限公司
6	歌尔声学股份有限公司
7	瑞声科技控股有限公司
8	长飞光纤光缆股份有限公司
9	广东生益科技股份有限公司
10	横店集团东磁有限公司

剔除掉非电子元件制造业务之后，本届电子元件百强企业的电子元件制造业务总额为1677.90亿元，同比增长14.3%，占本届电子元件百强企业主营业务收入的77.6%。说明近几年来，虽然不少企业，尤其是集团性质的大企业已经在多元化发展，但电子元件制造的主体地位仍然基本保持不变，而且电子元件制造业务的整体发展水平还略高于非电子元件业务。

但是，如果从具体企业来看，目前也仅有亨通集团有限公司和中天科技集团有限公司两家企业的电子元件销售额超过了100亿元。2014年（第27届）中国电子元件百强电子元件类业务收入前十名如表4所示。

表4　2014年（第27届）中国电子元件百强电子元件类业务收入前十名

排名	企业名称
1	亨通集团有限公司
2	中天科技集团有限公司
3	歌尔声学股份有限公司
4	富通集团有限公司
5	瑞声科技控股有限公司
6	长飞光纤光缆股份有限公司
7	永鼎集团有限公司
8	浙江富春江通信集团有限公司
9	广东生益科技股份有限公司
10	立讯精密工业股份有限公司

四、整体利润总额有较大程度的增长，但平均销售毛利率却增长不大

新一届电子元件百强实现利润总额达到176亿元，同比增长17.6%，远高于上届电子元件百强8.3%的利润总额增速，这主要归功于瑞声、歌尔等几家利润总额增长较快的企业拉动。

在本届元件百强中，68家企业的2013年利润总额同比实现增长，比上届增加9家，但增长率超过50%的企业仅11家，比上届减少2家。32家企业利润总额同比减少，其中25家企业的利润降幅超过10%，更有11家企业的利润下滑程度超过了50%，而上届仅有5家。2014年（第27届）中国电子元件百强利润总额前十名如表5所示。

数据显示，本届电子元件百强企业的平均销售毛利率约为19.0%，而2013年同期的平均销售毛利率约为18.2%，仅增长了0.8个百分点，这说明，我国电子元件百强企业的利润总额增长，主要还是靠销售规模的增长来带动，产业结构调整的效果还不明显，高档次、高附加值产品的增速还不够快。

表 5　2014 年（第 27 届）中国电子元件百强利润总额前十名

排名	企业名称
1	瑞声科技控股有限公司
2	歌尔声学股份有限公司
3	中天科技集团有限公司
4	永鼎集团有限公司
5	亨通集团有限公司
6	潮州三环（集团）股份有限公司
7	广东生益科技股份有限公司
8	厦门宏发电声股份有限公司
9	富通集团有限公司
10	立讯精密工业股份有限公司

按照电子元件百强的排序规则，企业的盈利能力用销售毛利率和总资产贡献率各占 50%的指标来综合考量。在本届电子元件百强中，第一次参与电子元件百强排序的微型射频连接器生产企业——电连精密技术有限公司成为盈利能力最好的企业，另一家新上榜的企业——湖北瀛通通讯线材股份有限公司名列第二，潮州三环（集团）股份有限公司位居第三（见表 6）。

表 6　2014 年（第 27 届）中国电子元件百强盈利能力最强的十家企业

排名	企业名称
1	电连精密技术有限公司
2	湖北瀛通通讯线材股份有限公司
3	潮州三环（集团）股份有限公司
4	北京元六鸿远电子技术有限公司
5	福建火炬电子科技股份有限公司
6	东莞市大忠电子有限公司
7	四川永星电子有限公司
8	瑞声科技控股有限公司
9	湖北泰晶电子科技股份有限公司
10	湖南艾华集团股份有限公司

五、增收不增利现象突出，综合成长型企业较少

本届电子元件百强中，主营业务收入增长的企业达到 85 家，增幅超过 10%的企业有 52 家，远超上届的 35 家，其中，有四家企业主营业务收入增长幅度超过 50%。但是，在 85 家收入增长的企业中，有 20 家企业的利润总额反而下滑，另外部分企业的利润增幅也不高，在电子元件行业中司空见惯的增收不增利的情况即使在电子元件百强企业之中也很难避免。

从前两年开始，我们开始通过电子元件百强的申报数据挑选成长性十强企业。根据电子元件百强的排序规则，以主营业务收入增长率、资产保值增值率和总资产增长率三项指标各 1/3 的权重考察企业的成长性，实际上也就是同时考察企业收入、利润、资产三项数据的年度增长情况。我们同样采用了以所有参与排序企业的平均值为基准的方法。要成为成长性十强候选企业，必须主营业务收入增长率、资产保值增值率和总资产增长率三项指标均高于所

有参与排序企业的平均值。所以，入围的难度甚至高于进入电子元件百强排序第一组。经过三轮筛选之后，本届成长性十强的候选企业不足 20 家。候选企业出台后，再以主营业务收入增长率进行由高到低排序，取前十名成为成长性十强企业。杭州日月电器股份有限公司在此项排名中斩获桂冠，立讯精密工业股份有限公司和歌尔声学股份有限公司名列第二和第三位（见表 7）。

表 7　2014 年中国电子元件行业成长性十强企业

排名	企业名称
1	杭州日月电器股份有限公司
2	立讯精密工业股份有限公司
3	歌尔声学股份有限公司
4	深圳市和宏实业股份有限公司
5	瑞声科技控股有限公司
6	北京元六鸿远电子技术有限公司
7	中航光电科技股份有限公司
8	汇港控股集团有限公司
9	杭州微光电子股份有限公司
10	厦门宏发电声股份有限公司

六、发明专利远低于上届，研发投入比仅有 3.7%

本届电子元件百强共获得授权专利 2619 项，虽然总数高于往届，但发明专利仅有 457 项，远少于上届的 545 项。

2013 年内，共有 92 家本届电子元件百强企业获得专利授权，高于上届的 85 家。在专利水平的综合排名中，广东生益科技股份有限公司以 74 项发明专利、87 项其他专利的水平摘得第一，成为专利水平最高的电子元件百强企业。瑞声科技控股有限公司名列第二，根据 2013 年度数据，瑞声科技控股有限公司共获得 61 项发明专利和 186 项其他专利。亨通集团有限公司以 18 项发明专利和 265 项其他专利名列第三（见表 8）。

表 8　2014 年（第 27 届）中国电子元件百强专利水平排名前十强

排名	企业名称	发明专利	其他专利
1	广东生益科技股份有限公司	74	87
2	瑞声科技控股有限公司	61	186
3	亨通集团有限公司	18	265
4	中航光电科技股份有限公司	32	95
5	中天科技集团有限公司	23	97
6	贵州航天电器股份有限公司	23	83
7	北京七星华电科技集团有限责任公司	17	89
8	广东风华高新科技股份有限公司	21	25
9	中山大洋电机股份有限公司	15	48
10	深圳顺络电子股份有限公司	16	21

从研发投入比上看，本届中国电子元件百强企业的平均研发投入比仅为 3.7%，但有 27 家企业的研发投入比超过 5%，与上届相比，多了 10 家。山东共达电声股份有限公司、四川华丰企业集团有限公司、贵州航天电器股份有限公司是本届电子元件百强中研发投入比最高的三家企业（见表 9）。

表 9　2014 年（第 27 届）中国电子元件百强研发投入比最高的 10 家企业

排名	企业名称
1	山东共达电声股份有限公司
2	四川华丰企业集团有限公司
3	贵州航天电器股份有限公司
4	新疆众和股份有限公司
5	四川永星电子有限公司（893）
6	肇庆华锋电子铝箔股份有限公司
7	浙江永贵电器股份有限公司
8	电连精密技术有限公司
9	深圳振华富电子有限公司
10	浙江嘉康电子股份有限公司

七、歌尔、瑞声两家企业占电子元件百强出口总额四分之一强

本届电子元件百强企业的出口创汇总额达到 80.3 亿美元，同比增长 10.7%，占主营业务收入总额的约 26%。

本届电子元件百强企业中，94 家企业有出口业务，其中 63 家企业的出口获得不同程度的增长。从各企业的出口规模看，歌尔声学股份有限公司、瑞声科技控股有限公司和广东生益科技股份有限公司的出口创汇额居前三位。

一个 13 亿美元，一个接近 10 亿美元，两家为苹果公司配套的微电声器件大厂——歌尔声学和瑞声科技毫无争议地成为两个超级出口大户，两家企业的出口创汇额占据电子元件百强出口总额的四分之一以上（见表 10）。

表 10　2014 年中国电子元件行业出口创汇十强企业

排名	企业名称	出口创汇（千美元）
1	歌尔声学股份有限公司	1343500
2	瑞声科技控股有限公司	953546
3	广东生益科技股份有限公司	521523
4	立讯精密工业股份有限公司	518113
5	亨通集团有限公司	457696
6	浙江天乐集团有限公司	328450
7	北京中科三环高技术股份有限公司	273530
8	中山大洋电机股份有限公司	271000
9	广东东阳光铝业股份有限公司	247813
10	中天科技集团有限公司	236300

结束语

27 年历史的中国电子元件百强企业见证了我国电子元件行业的发展历程，由于我国拥有大大小小的电子元件生产企业上万家，而且骨干企业的实力也逐渐增强，所以入围电子元件百强的难度越来越大。可以说，电子元件百强的名次升降其实已经并不重要，只要能进入电子元件百强行列，就足以证明企业在整个电子元件行业内的地位。

客观、公平、公正一直以来都是中国电子元件百强企业排序工作所秉承的理念，在中国电子元件行业转型升级的关键时期，如何兼顾规模与效益，在多元化与深耕主业两种经营模式中如何取舍，稳健经营与积极进取两种管理风格孰轻孰重，长期以来，通过完善排序规则来体现时代赋予中国电子元件领军企业的职责，一直是我们努力的方向。

新一轮中国电子元件百强用数字勾画出的产业格局，是多年来企业扎根行业深耕细作沉淀下来的结果。可喜的是，有些业界领先企业的产业结构调整和国际化战略布局已初见成效，初步具备国际化大公司一较高下的资本和实力。令人担忧的是，包括大部分电子元件百强企业在内的众多中国电子元件企业与国外同行大企业相比，不论是规模还是技术实力都还存在着巨大的差距。

无论从事哪类产品，无论是哪种所有制形式，只要成为中国电子元件百强企业，就意味着要肩负起振兴中国电子元件行业，为中国的电子信息产业夯实根基的重担。荣誉称号来之不易，任重而道远，电子元件百强企业需要“且行且珍惜”。

附表

2014年（第27届）中国电子元件百强企业名单

总排名	企业名称	2013年主营业务收入（千元）	主营产品
1	亨通集团有限公司	29610360	光电线缆
2	瑞声科技控股有限公司	8095889	电声器件
3	中天科技集团有限公司	14527713	光电线缆
4	歌尔声学股份有限公司	9748677	电声器件
5	永鼎集团有限公司	12632181	光电线缆
6	富通集团有限公司	13386659	光电线缆
7	长飞光纤光缆股份有限公司	7760000	光电线缆
8	广东生益科技股份有限公司	6479221	覆铜板
9	浙江富春江通信集团有限公司	11081554	光电线缆
10	潮州三环（集团）股份有限公司	2019650	陶瓷插芯、基座、阻容元件、陶瓷材料
11	厦门宏发电声股份有限公司	3341955	继电器
12	立讯精密工业股份有限公司	4591657	连接器
13	北京中科三环高技术股份有限公司	3627885	磁性材料
14	中航光电科技股份有限公司	2601760	连接器
15	江苏俊知技术有限公司	2458000	光电线缆
16	中山大洋电机股份有限公司	2601169	微特电机
17	横店集团东磁有限公司	4868128	磁性材料
18	广东东阳光铝业股份有限公司	4854543	铝箔
19	浙江长城电工科技股份有限公司	3408588	光电线缆
20	杭州富生电器股份有限公司	2632181	微特电机
21	深圳市得润电子股份有限公司	2041551	连接器
22	国光电器股份有限公司	1963223	电声器件
23	江苏中联科技集团有限公司	1771200	电极箔
24	湖南艾华集团股份有限公司	1487452	铝电解电容器
25	南通江海电容器（集团）股份有限公司	1730242	铝电解电容器
26	贵州航天电器股份有限公司	1359564	连接器、继电器
27	汕头超声印制板公司	1745184	印制电路板
28	厦门法拉电子股份有限公司	1302766	薄膜电容器
29	新疆众和股份有限公司	3721660	电极箔
30	浙江天乐集团有限公司	3464010	电声器件
31	四川九洲线缆有限责任公司	2912053	光电线缆
32	广东风华高新科技股份有限公司	2230701	阻容感元件、电子材料等
33	开平依利安达电子有限公司	1718443	印制电路板
34	江苏华威世纪电子集团有限公司	1600614	铝电解电容器
35	深圳顺络电子股份有限公司	1019802	电感器、LTCC射频器件
36	深圳市崇达电路技术股份有限公司	1203516	印制电路板
37	广东江粉磁材股份有限公司	1392409	磁性材料
38	上海京瓷电子有限公司	1459339	MLCC、基座、光器件

续表

总排名	企业名称	2013 年主营业务收入（千元）	主营产品
39	北京七星华电科技集团有限责任公司	1353082	电声器件、阻容元件、晶体器件等
40	东莞美维电路有限公司	1376742	印制电路板
41	合兴集团有限公司	1027916	连接器
42	安徽铜峰电子集团有限公司	1251741	薄膜电容器及薄膜、石英晶体器件
43	江苏上骐集团有限公司	1036819	微特电机
44	湖北瀛通通讯线材股份有限公司	507392	光电线缆
45	成都宏明电子股份有限公司	837788	陶瓷电容器、电阻器
46	中国振华（集团）新云电子元器件有限责任公司	850871	钽电解电容器
47	电连精密技术有限公司	486433	连接器
48	深圳市凯中精密技术股份有限公司	674753	微特电机
49	杭州日月电器股份有限公司	747994	电接插件
50	天通控股股份有限公司	1155691	磁性材料
51	东莞市大忠电子有限公司	603352	电子变压器
52	深圳市和宏实业股份有限公司	665327	电接插件
53	东莞铭普光磁股份有限公司	845101	电子变压器
54	南通万宝实业有限公司	669251	磁性材料
55	汇港控股集团有限公司	573191	继电器
56	福建火炬电子科技股份有限公司	264596	MLCC
57	山东国瓷功能材料股份有限公司	266449	陶瓷电容器
58	绵阳开元磁性材料有限公司	694748	磁性材料
59	杭州微光电子股份有限公司	342070	微特电机
60	深圳市宇阳科技发展有限公司	603150	MLCC
61	新岱电子（深圳）有限公司	384943	印制电路板
62	浙江凯文磁钢有限公司	471726	磁性材料
63	东莞市三友联众电器有限公司	662146	继电器
64	山东共达电声股份有限公司	507409	电声器件
65	四川永星电子有限公司	258663	电阻器
66	浙江永贵电器股份有限公司	224652	连接器
67	普天法尔胜光通信有限公司	561837	光电线缆
68	宁波福特继电器有限公司	406630	继电器
69	湖北泰晶电子科技股份有限公司	206432	石英晶体器件
70	陕西华达科技股份有限公司（853 厂）	502984	连接器
71	宁波碧彩实业有限公司	535015	薄膜电容器
72	金龙控股集团有限公司	414286	微特电机
73	合肥博微田村电气有限公司	412046	电子变压器
74	海宁联丰磁业股份有限公司	396818	磁性材料
75	汕头高新区松田实业有限公司	267700	陶瓷电容器等
76	广东惠伦晶体科技股份有限公司	400288	石英晶体器件
77	扬州升达集团	471409	电极箔
78	信华科技（厦门）有限公司	451693	继电器、电感器、滤波器、开关等

续表

总排名	企业名称	2013年主营业务收入（千元）	主营产品
79	深圳可立克科技股份有限公司	652269	电子变压器
80	深圳市京泉华科技股份有限公司	622875	电子变压器
81	江西联创宏声电子有限公司	360665	电声器件
82	北京元六鸿远电子技术有限公司	367481	MLCC
83	常州祥明电机有限公司	267947	微特电机
84	深圳市海光电子有限公司	500478	电子变压器
85	上海埃斯凯变压器有限公司	310867	电子变压器
86	广州市番禺奥迪威电子有限公司	177307	压电电子元器件、传感器
87	深圳市金洋电子股份有限公司	492760	连接器
88	深圳振华富电子有限公司	240398	片式电感器
89	深圳市豪恩声学股份有限公司	309973	电声器件
90	应达利电子（深圳）有限公司	159709	石英晶体器件
91	浙江五峰电子有限公司	281477	薄膜电容器
92	浙江凯恩特种材料股份有限公司	565959	电解纸
93	杭州航天电子技术有限公司	233982	连接器
94	深圳市麦捷微电子科技股份有限公司	158215	电感器、LTCC射频器件
95	四川华丰企业集团有限公司	476133	连接器
96	浙江嘉康电子股份有限公司	149730	陶瓷频率器件
97	肇庆华锋电子铝箔股份有限公司	253958	电极箔
98	嘉兴佳利电子股份有限公司	215910	微波介质器件
99	江苏江佳电子股份有限公司	278051	陶瓷频率器件
100	浙江东晶电子股份有限公司	244347	石英晶体器件

2013年全国主要省市、计划单列市电子信息产业发展情况

北京市

2013年，北京市电子信息制造业贯彻落实中央和市政府各项宏观调控政策，采取一系列调结构、转方式、促创新、优环境的产业推进措施，在提高经济增长质量和效益，推动企业技术创新，协调保障重大项目建设，完善产业链配套体系布局等工作中取得了积极成效，对北京市工业增长继续发挥了重要支撑作用。

一、2013年电子信息制造业经济运行情况

2013年，北京市电子信息制造业累计实现销售产值2353.9亿元，同比增长6.7%；增加值增速11.9%；主营业务收入2785.3亿元，同比增长4.5%；实现利润总额116.3亿元，同比增长20.2%；实现税金总额93.3亿元，同比增长37%；实现出口交货值1097.5亿元，同比增长4.6%；完成工业固定资产投资72.7亿元。

主要产品中移动手机、显示器、程控交换机产量同比下降，计算机、集成电路产量同比上升。

根据行业月度数据，2013年电子信息制造业延续了2012年下半年的企稳回升走势，全年行业运行高开低走、增幅缓慢下降，逐步保持平稳增速（见图1）。

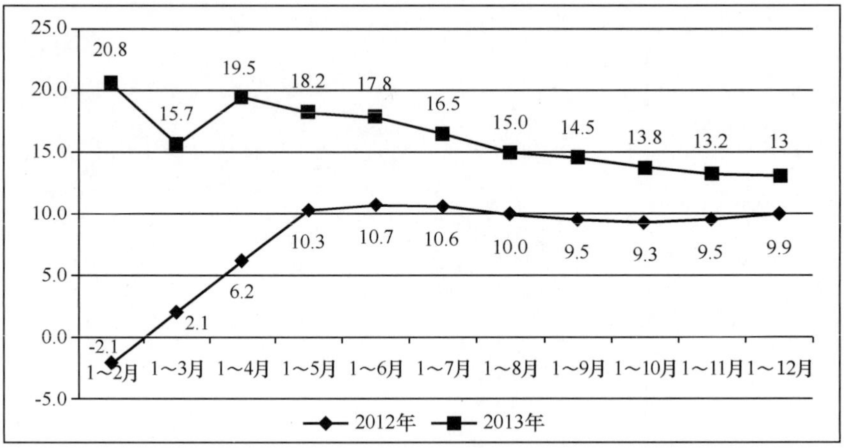

图1 2012—2013年电子信息制造业增加值增速对比

二、经济运行特点

当前我国正处于新一轮的重要结构调整期，在复杂多变的宏观形势面前，北京市电子信

息制造业紧抓信息消费、宽带中国战略等历史性机遇，坚持产业“存量调强、增量促新”，实施重大项目辐射带动、新兴产业重点推进的战略，呈现出产业效益扩总量、重大项目上规模、企业创新增实力的良好发展格局，主要表现为以下特点。

（一）存量企业优化升级，支撑产业稳定向好

以诺基亚、索爱为代表的移动通信产业和以联想、同方为代表的计算机产业一直是北京市电子信息制造业的核心支撑，面临国际 PC 市场萎缩，电子整机制造业向内地梯度转移等诸多不利形势，北京市部分存量企业加快调整转型步伐，积极顺应市场主流需求进行产品转型，优化升级富有成效。2013 年北京市移动通信行业工业产值同比增长超过 10%。诺基亚自第三季度开始止跌企稳，索爱、小米、百纳威尔三家手机厂商高速增长拉动行业整体增速提升，为全行业稳定增长起到基础保障和支撑作用。2013 年，联想电脑销售量超越惠普跃居世界第一，成为全球最大的 PC 生产厂商，占全球市场份额为 16.7%；联想于 2013 年年底分别收购 IBM X86 服务器业务和谷歌的摩托罗拉移动业务，掀起联想 PC+战略的开端。

（二）重大项目进入良性轨道，效益贡献明显

经过近几年的摸索和积累，北京市集成电路、平板显示等重大战略性项目相继进入良性发展轨道，在技术创新、产业规模和产业链带动方面逐步开始为全行业贡献效益。京东方、中芯国际等企业目前在技术能力、市场能力、经营能力方面均有较大提升，整体经营前景向好。京东方继 2012 年以来实现持续盈利，2013 年，京东方实现营业收入 320 亿元，净利润 18 亿元。产品毛利率达 23%，位居全球业内前二。京东方 8.5 代线通过 30K 扩产项目，玻璃基板月产能实现 12 万片/月，产品平均良品率达到 95.8%，并带动康宁、冠捷、住友等一批配套企业进一步提高产能，扩大规模。中芯国际（北京）12 英寸晶圆年产 31.4 万片，全年实现盈利，工艺技术水平进一步提升，产品结构调整优化，国产芯片代工率占比提升，在增强了企业自身发展质量和效益的同时，也通过积极与上下游企业对接，有力支撑了北京 IC 设计业的规模增长。

（三）增量创新不断涌现，为产业注入新活力

互联网的普及带领我们进入了数字化生存时代，催生了一批互联网平台型企业——这些企业创造新的商业模式，同时不断渗入和颠覆各种相邻产业，加速度成长。2013 年，小米共销售手机 1870 万台，同比增长 160%；含税销售额为 316 亿元，同比增长 150%。小米继智能手机取得巨大成功后，又推出小米电视、小米盒子、小米路由器等多元化产品，逐步打造自身产品生态圈。继小米公司坚持创新、企业规模成倍增长，在移动通信领域依靠商业模式创新和管理创新获得市场认可后，北京市另一家互联网企业——乐视又进入电视领域，以对传统家电领域的颠覆和突破带来可观的营业收入规模。小米全面覆盖消费电子各个领域，手机、机顶盒、电视、路由器等每款新产品市场表现都超过预期，也带来了企业规模成倍增长。乐视深耕电视市场，构造“平台+内容+终端+应用”的垂直整合生态体系，产品屡次成为电视行业最畅销机型，也成为未来北京市电子信息制造业新的潜力增长点。此外，以下一代激光显示技术为核心竞争力的环球华影公司 5 月在京发布国内首款 100 英寸激光电视并宣布启

动北京激光显示产业园建设，为北京市提前战略布局新型显示技术，抢占核心产业主导权，引领产业向“中国创造”迈出了坚实的第一步。

（四）产业横向联合促进本地供应链的崛起

北京基于星网工业园、数字电视产业园的电子产业链本地化配套逐渐成熟和完整，竞争实力不断提升。在产业链的多数环节，凭借成本、资源整合以及快速响应优势，北京部分上游企业正在逐步进入市场主流品牌供应链。小米发布的全部采用国产元器件的红米手机，一上市销量就表现突出，半年累计销售近300万部，第四季度推出的小米3代手机，两个月销售超过100万部。随着北京小米、乐视等平台型企业的崛起，产业横向联合、垂直整合的力度加强，小米手机，小米电视，乐视超级电视龙头产品将带动京东方、中芯国际、展讯、RDA等本地配套企业的强大和发展，产业上下游合作将成就本土配套企业的快速崛起。

三、产业面临形势分析

2013年以来，全国电子信息制造业在关键指标方面均呈现高开低走态势，体现出产业受国内外经济整体复苏无力的负面影响仍然明显。再加上北京既面临着躲不开、绕不过的空间、成本压力和不断收窄的资源环境瓶颈，又面临产业结构调整导致的产业外迁的风险，预计未来一段时期，北京电子信息制造业仍将维持低速增长态势。

（一）产业发展进入深水区，难以提供增长动力

当前，计算机市场持续下降，面对智能终端冲击有进一步萎缩趋势。移动通信产业随着4G网络的建设开始进入新一轮的产业技术升级和产品结构调整期，在经过了2013年智能移动终端普及高峰年度后，未来产业增速下降成为业内普遍预期。持续走低的产业投资数据也表明业界对未来市场需求预期不明朗，产能扩充，产线改造投资意愿不高，产业缺乏增长动力。

（二）基础领域技术创新与设备制造有待突破

在国家重大专项和北京市政府扶持政策的推动下，北京新型显示产业、集成电路产业以及专用设备制造业等基础领域实现了一定程度的创新和发展，但仍有待进一步提升和突破。在新型显示领域，大尺寸OLED生产工艺技术尚处于验证期；在集成电路领域，中芯国际已经具备45nm的生产能力，但发达国家集成电路技术已进入20nm工艺，3D制造、3D封装等新结构、新材料和新器件正在加速改变芯片研发和生产进程，对行业提出了新的要求；在专用设备领域，大规模集成电路生产线上部分环节的国产设备虽研发成功，但仍需要在大规模商用、提供配套工艺技术和解决方案方面做出更多突破。

（二）资源环境约束与产业外迁倒逼转型加速

北京市产业发展面临的资源和环境约束更趋强化，劳动力、土地、能源等要素成本进一步上升，尤其是持续的雾霾天气，清洁空气行动计划的出台对北京市大规模建设产业化项目将提出更加严苛的限制。劳动密集型产业、排放较高的配套材料制造产业逐步外迁，

倒逼北京电子信息产业加速转型升级。传统的制造和代工体系，受环境因素、要素成本上升和出口疲软等不利因素影响也将逐渐丧失优势地位。富泰京代工 SONY 手机业务转移至烟台工厂，产值缩减 100 亿元，公司虽然开始业务调整，但新产品产线测试、产能提升及市场订单仍需要一段时间的培育。未来诺基亚、索爱普天等劳动密集型制造工厂也面临这一问题。产业新的经济增长点还在挖掘和培育中，创新驱动尚未真正成为北京市电子信息产业发展的核心动力。

（四）模式创新和政策环境助力产业迎来机遇

随着移动互联网产业正在逐渐向传统产业渗透，移动互联网与传统产业加速融合，互联网平台作用不断强化，促使新型商业模式和服务模式不断涌现。小米科技在智能手机获得巨大成功的背景下进军电视领域，将自主开发智能电视和营销模式深度融合，形成“一机难求”的局面；乐视电视自主设计的智能电视依托“硬件收入+内容收入+应用分成+终端广告”的新型商业模式，在 7 月份的数据统计表明，乐视 TV-超级电视在总计 16 个彩电主流品牌中市场销量第一。两家成功案例表明，培育新型商业模式是突破产业瓶颈的关键点，将为电子信息产业的发展提供良好发展机遇。

此外，政策层面也为产业发展带来重大利好。十八届三中全会公告设立国家安全委员会，完善国家安全体制和国家安全战略。而集成电路、平板显示、北斗导航等战略性产业在国防、公共社会及重点行业安全方面作用巨大，迎来新一轮大发展期。此前关于促进信息消费、宽带中国战略等一系列政策的颁布实施，将进一步推动移动通信、智能电视等领域发展成熟。

四、2014 年产业预测

2014 年产业平稳增长的有利因素有：一是北京企业自主创新能力的持续提升，小米、乐视、环球华影、利亚德等民营高科技企业已成为产业增长的重要力量。二是重大项目建成投产后对产业链的整体拉动作用显现，京东方扩产项目、冠捷数字电视产业基地、中芯国际一期扩产项目投产不仅为企业自身带来产能和技术的提升，也相应拉动配套企业的提升，同时进一步强化和扩展了北京平板显示和集成电路两大基础产业的发展空间。三是第四代移动通信网（中移动 TD-LTE）启动建设和宽带中国计划的实施为北京移动互联网产业中掌握自主知识产权、具备自主创新能力的企业带来广阔的市场空间。

2014 年制约产业发展的不确定因素有：传统“三强”面临挑战，一是诺基亚、索尼两家国际产业巨头进行结构调整和布局重组，对北京市诺基亚通讯公司和索爱普天公司造成诸多不确定因素。二是传统计算机市场需求有进一步下降的趋势，联想计算机整机业务面临进一步萎缩的可能。

结合当前产业发展特点和面临形势，预测 2014 年北京电子信息制造业将维持 2013 年度增速水平，全年可实现工业产值 2370 亿元，同比增长 7.7%，增加值增速 13%。行业投资方面受中芯国际二期项目进入高投资期支撑，行业投资将加速，全年预计将完成投资 105 亿元，同比增长 32%。

天津市

一、2013 年电子信息产业经济运行情况

（一）总体情况

统计显示，截至 2013 年 12 月，天津市电子信息制造业企业实现产值 3647.02 亿元，同比增长 24.2%，占天津市规模以上工业总产值比重达到 13.8%，对工业增长贡献率为 23.3%。利润总额达到 195.73 亿元，比 2012 年同期增长 22.3%。

从总的发展形势上看，前三季度天津市电子信息产业经济运行态势为：电子信息制造业生产规模和收入总量平稳增长，增幅逐渐趋于稳定，经济效益不断提高，项目投资高位增长，战略性新兴领域项目日益增多，聚集效应更加明显，区域发展格局已经形成，重点区域发展迅速。

（二）主要特点

1. 生产和收入总量平稳增长

电子信息产品制造业生产、收入总量都呈现增长势头，增速逐渐平稳。其中，工业总产值总量从 3 月的 77.56 亿元增长到了 12 月的 3788.97 亿元，比 2012 年同期增长 20.4%。

2. 经济效益逐步提高

电子信息产品制造业利润总额从 3 月的 34.91 亿元增长到了 12 月的 195.73 亿元，比 2012 年同期增长 22.3%。

（三）发展原因

1. 重点企业扩张迅速

三星通信及相关手机配套企业的工业总产值同比实现大幅增长，其中，三星通信技术公司增长 44%，三星视界移动公司增长 82%，三星高新电机公司增长 36.2%，三家企业共完成产值 925 亿元，同比增长 51%。

此外，新成立的中环通讯公司完成产值 44 亿元。三星电子有限公司新工厂正式竣工投产，主要生产 LCM（LCD 模块）、电视机、显示器、蓝光 DVD、家庭影院、医疗器械等产品。预计 2014 年年底销售收入可达到 194 亿元，达产后预计产值将超过 400 亿元。

力神公司 20Ah 高能量密度电池产业化项目获工业和信息化部立项，企业逐步完善动力电池产业链，形成动力蓄电池模块化、系列化产品规模生产的能力。预计 2015 年上半年实现量产，产量可达 3 亿安时，累计配套装车可达 2000 台/套。项目完全建成后将形成 7 亿安时的年生产能力。

2. 消费类电子市场增长

2013 年，消费类电子产品内销、出口所占比例各为 50%，其中内销同比增长 77%，出口同比增长 4.3%。这一数据显示国内市场电子产品消费能力增长强劲。

3. 信息产业带动效果初显

电子信息技术已广泛应用于汽车、机械、医疗、金融、电力等行业，目前，天津市工业行业对电子信息产业的技术依存度已经达到15%～20%。根据富士康年产240万台普通服务器、曙光集团年产6万台定制服务器、汉柏科技年产7万台存储设备来计算，电子信息产业的带动作用将是巨大的。政府采购项目截至11月共收到22个项目，合计采购金额3625.34万元。

河北省

一、基本情况

2013年，河北省电子信息制造业入统企业294家，从业人员约14万人，累计完成主营业务收入829.23亿元，实现利税35.21亿元；累计完成出口创汇20.74亿美元；完成固定资产投资60.29亿元。全年进入全国电子信息百强的企业2家，境内外上市公司8家。3个项目获得国家电子发展基金支持，资金合计1500万元；5个项目获得国家技改专项支持，资金合计2579万元；23个项目列入2013年省本级重点技改项目计划，总投资138.34亿元，补贴资金7499万元。

二、发展特点

（一）光伏制造业复苏初显

围绕摆脱过渡依赖国际市场和拓展国内应用市场，国家颁布了《关于促进光伏产业健康发展的若干意见》等若干支持政策，效果已初步显现。2013年，光伏制造业主营业务收入自5月以来降幅持续收窄，11月扭转了下滑局面，全年累计完成主营业务收入202.13亿元，同比增长1.72%;太阳能电池实际完成量3393MW,较2012年同期增加0.53%;全行业亏损26.43亿元，较2012年同期减亏0.73亿元；全行业出口5.83亿美元，同比下降51.07%，光伏制造业主营业务收入占全行业比重已由1/3下降至24.38%，产业自身出现约束性调整。英利、晶龙等骨干企业延伸产业链条，承建或联合建立分布式发电和电站系统，拉动产能释放，并通过建设工程着力提升技术水平，进一步降低制造成本，拓展新的市场。开展光伏制造行业规范条件的实施管理，在工业和信息化部第一批公告的109家企业中，河北省英利集团、晶龙集团等11家企业入围。

（二）通信产业保持稳步前行

宽带网络、三网融合和新一代信息通信产业的发展，不断培育壮大新兴信息消费，有力推动了通信产业持续平稳发展。2013年，通信产业完成主营业务收入131.03亿元，同比增长15.29%；完成利税总额13.48亿元，出口创汇5.32亿美元。四方通信、卫星导航等企业是拉动通信产业增长的主力军，并被列入石家庄市委、市政府着力培育的成长性企业。

（三）平板显示持续快速增长

河北省在液晶材料、基板玻璃、光学器件、显示模块领域有一定优势，整体发展态势良好。2013 年，河北省平板显示产业完成主营业务收入 104.30 亿元，同比增长 63.50%；完成利税 8.41 亿元，同比增长 99.84%，出口创汇完成 2.05 亿美元。龙头企业和大项目的投产拉动明显，东旭集团玻璃基板生产线第二条线顺利投产，直接拉动石家庄市平板显示产业增长，主营业务收入达到 32.42 亿元，同比增长 365.24%。廊坊市依托京东方产业链优势，完成主营业务收入 24.13 亿元，同比增长 112.35%。

（四）半导体照明（LED）产业步入上升期

河北省具备从外延材料、外延片、管芯制造到各种应用灯具生产较为完整的产业链。随着国家对节能环保产业的支持力度加大，半导体照明制造成本的持续下降和发光效率等技术的不断突破，市场由导入期步入快速上升期，2013 年以来下游应用市场需求旺盛，直接带动中游封装和上游外延芯片产能的快速消化。2013 年，半导体照明产业实现主营业务收入 26.85 亿元，同比增长 43.68%；完成利税总额 3.31 亿元，同比增长 2.68 倍；实现出口创汇 4291 万美元，同比增长 61.37%。

（五）应用电子产品结构调整任务繁重

河北省应用电子产品门类多，但品种系列单一，关键材料、核心元器件所占比重小，企业在产业链构成、设计水平、生产能力、制造工艺等方面与国际水平存在差距，2013 年，完成主营业务收入 158.73 亿元，同比增长 14.86%；实现利税总额 16.17 亿元；实现出口创汇 4.73 亿美元，同比增长 173.61%。

三、存在主要问题

当前，河北省电子信息产业发展主要存在以下几个方面的问题。

（一）对电子信息产业的技术支撑作用有待加强

发展电子信息产业是实现加快工业转型升级、实现发展方式转变的重要途径，河北省电子信息产业不同于成熟的传统行业，产业规模小、比重低、结构不合理、制造业企业不足 500 家，又大多从事基础配套环节，缺乏拉动作用大的龙头整机产品，与先进省市相比发展速度不快，有较强市场竞争力的拳头产品、龙头企业和优势产业集群少。

（二）部分行业受市场、政策影响大

2011 年后，受欧美“双反”和国内产能大量释放的巨大冲击，河北省有较大规模的英利、晶龙等光伏龙头企业受影响大，行业整体亏损严重，虽然 2013 年后半年形势有所好转，但目前盈利水平较低。光伏发电、物联网、卫星导航、新能源汽车等新兴产业国内市场开拓滞后，特别是相应的配套基础设施薄弱，直接制约了产业的快速发展。

（三）要素资源支持不够

电子信息产业企业由于多数处于创业发展阶段，企业规模较传统产业偏小，贷款抵押物、信用担保不足，很难得到银行贷款支持。河北省电子信息产业高层次、高水平的研发机构少，高素质创新人才缺乏。特别是由于京津的吸附效应，河北省大量优秀人才流向京津地区，部

分企业还直接把研发机构设在京津和广州、深圳地区，产业发展的内生人才支撑不足。此外，河北省电子信息产业在其他要素资源方面能够得到的支持也较少。

（四）行业统计管理亟待加强

由于行业划分和统计孔径问题，不少企业尚未纳入行业统计管理，在一定程度上存在漏统现象，现有统计数据不能准确反映河北省电子信息产业全貌。

四、2014 年发展思路、目标、举措

（一）总体思路

以科学发展观为统领，以信息消费和市场需求为导向，以产业快速跃升为目标，以项目建设为核心，以招商引资、扶持本地企业为途径，做大产业规模，不断提升比重；转变管理模式，强化服务，推进产业聚集、快速、健康发展。

（二）工作目标

2014 年，全行业主营业务收入等主要经济指标同比增长 15%以上。光伏产业走出低谷，实现稳步增长。半导体照明等新兴领域大幅跃升，实现快速增长，形成局部强势。通信、平板显示产业齐头并进，为信息消费提供支撑。

山西省

一、基本情况

山西省共有电子信息产品制造企业 119 家，含 23 家 LED 企业和 24 家光伏制造企业。2013 年，山西省电子信息制造业总体保持快速增长，电子信息制造业实现主营业务收入 521.6 亿元，同比增长 12.8%。先行先试的转型综改政策优势、生产要素的低成本优势，为山西省承接境外暨沿海电子信息产业梯度转移创造了极为有利的条件。而且传统产业转型升级中，很多企业选择电子信息产业作为重点发展方向，也为山西省电子信息产业跨越式发展提供了有力支撑。可以预见，山西省电子信息产业的后发优势将逐步显现。

二、主要特点

（一）销售产值增幅大幅回落

数据显示，1～2 月、1～5 月、1～8 月、1～9 月、1～12 月规模以上电子信息制造业销售产值同比增幅分别为 188.3%、146.2%、61.3%、43.6%、12.8%，增速呈现逐步回落趋势。

（二）出口交货值增幅大幅回落

数据显示，1～2 月、1～5 月、1～8 月、1～9 月山西省规模以上电子信息制造业出口交货值同比增幅分别为 614.1%、373.9%、108.1%、43.6%、27.7%，出口增速呈现快速回落趋势。

（三）下半年投资增速明显加快

数据显示，第一—第四季度山西省累计完成电子信息产业固定资产投资同比增速分别为6.5%、-18.2%、1.2%、20.3%，下半年投资增速明显，不仅扭转了上半年负增长的态势，而且呈现加速增长态势，全年实现大幅增长。

（四）行业利润进一步收窄

数据显示，2013 年山西省电子信息制造业利润总额为 8.3 亿元，同比减少 65.4%；税金总额 7.2 亿元，同比增长 3.4%，显示出企业效益下滑的严峻形势。

三、面临问题

（一）基础较弱，发展滞后

信息产业尚未形成完整的产业体系，规模优势不突出，集中度不高。从事电子信息产业的企业优势不突出，缺少能发挥辐射带动作用的龙头企业，中小企业活力不够，发展后劲不足。电子信息制造业缺少优势产品，品牌产品不多，多数是产业链中下游产品，科技含量不高，产业配套不足，市场竞争能力较差。山西省信息产业发展落后于中部其他五省。

（二）人才缺乏，创新不足

缺乏高端人才和核心技术，高端人才引不进，中低端人才留不住，人才梯队尚未建立。产业发展虽然迅速，但是人才培养进展缓慢，难以与之相适应。核心技术基本依赖合作方，且知识产权资源质量不高，拥有自主知识产权的产品较少，科技成果转化率低，研发经费投入不足。

（三）规模较小，市场受限

目前已落户和开工建设的重大项目不多，投资少、进度慢，难以达产达效。2013 年，山西省电子信息产业500万元以上项目固定资产投资完成82.7亿元，仅占全国完成总额的0.8%；新增固定资产投资 40.2 亿元，仅占全国新增固定资产的 0.6%。信息产品的市场大部分被外省产品所占领，本省高端产品缺失，低端产品无法立足，严重影响了产业的发展，生存环境堪忧。

（四）政策欠缺，支持乏力

与发达省份相比，山西省信息产业政策前瞻性不足，产业未得到应有的重视，省市缺乏相应的配套支持政策。支持产业发展的政策法规体系、投融资体系、公共服务体系等尚需进一步完善。政府缺乏为企业搭建发展平台的能力，解决不了企业发展中的根本问题。政府没有统 的扶持政策，扶持力度不大，资金少而散，企业难以持续发展。

四、2014 年展望与目标

2014 年，山西省紧紧围绕转型跨越发展中心工作，大力推进战略性新兴产业发展，力争全省规模以上电子产品制造业销售产值突破550亿元。

2014年，山西省将加强对云计算、物联网、新型音视频和北斗等我省具有一定产业基础的新一代信息技术领域的研究，着力培植重点骨干企业，做好重点项目的组织推进工作，在数字音视频、北斗定位导航、LED终端等领域打造重点产品。

黑龙江省

2013年，欧债危机对全球的经济影响持续发酵，对黑龙江省电子信息产业影响较大。面对压力，黑龙江省坚持稳中求进原则，推进企业产品结构调整，加快产业升级；支持企业资源整合，最大限度激活存量，在重点领域取得显著进展。在全省电子信息人的共同努力下，行业经济发展、推进项目建设投达产等各项工作有效落实，保证了电子信息制造业平稳发展。

一、运行情况

2013年，黑龙江省列入统计的电子信息制造业企业53家，完成工业销售产值129.78亿元，同比增长7.1%；主营业务收入137.59亿元，同比增长14.1%；利润总额13.59亿元，同比增长10.9%；主营业务税金及附加1.29亿元，同比增长48.3%；应交增值税1亿元，同比减少62.5%；工业增加值7.24亿元，同比下降44.8%。

（一）突出抓好重点项目建设

一是重点抓好蓝宝石晶体材料产业项目建设。哈尔滨奥瑞德光电技术有限公司蓝宝石晶体材料产业项目是《黑龙江省政府工作报告》确定的重点项目，现已完成总投资1.8亿元，共安装完成单晶炉422台，形成了年产480t蓝宝石晶体材料的能力。黑龙江省在支持和引导哈尔滨奥瑞德光电技术有限公司扩产扩能的同时，积极向下游深加工产业延伸，初步完成切、磨、抛等下游深加工能力建设，并可提供2英寸、4英寸图形化衬底片。目前，该公司蓝宝石晶体材料产能及产销量已经稳居全球第一位，全球市场占有率18%。2013年实现销售收入约4亿元，比2012年增长近70%。

二是推进双鸭山汉能薄膜太阳能电池项目。继2012年50MW生产线试车成功后，2013年完成建设安装250MW生产线，辅助配套设备已安装完成，2014年将全面完成建设规模，形成年产300生产线薄膜太阳能电池能力，按目前价格预测，可实现年销售收入18亿元。

三是大庆佳昌晶能信息材料有限公司已完成安装单晶炉260台，具备了年产60万片2英寸/30万片4英寸砷化镓单晶片的生产能力，位居国内第三。

（二）谋划推进半导体照明产业链条

精心谋划半导体照明产业链条。编制了半导体照明产业链项目推进工作方案，先后在香港活动周和黑龙江—俄罗斯远东区域合作洽谈会上进行推介。建立了省、市（哈尔滨、大庆）、区（哈尔滨高新区）协调工作机制，大力推进半导体照明产业链条。一是支持哈尔滨奥瑞德光电技术有限公司以产业链重要节点为突破口，以企业合作为纽带，引进合作伙伴，开发长寿命、低成本LED产品，目前，该项目一期已基本完成设备安装，将形成年产150万盏球泡灯能力。二是积极推进利用合同能源管理（EMC）方式，启动省内LED替换工作，提前释放黑龙江省公共机构照明市场，拉动产业发展。重点支持企业参与省内各级机关和事业单位照明节能改造工程、公共照明工程。目前，哈尔滨海格科技有限公司已完成医院、超市、高校等30多家企事业单位的半导体照明节能改造工程，替换传统照明灯具8万盏，年节电700万千瓦时。黑龙江爱普照明有限公司积极推进寒地LED应用，已在哈尔滨、大庆、加格达奇等地开展试点工作。

（三）推进盘活资产存量

推动企业合作，盘活资产存量。我国光伏产品相继受到美、欧、印的双反调查，绥化光伏产业遭受严重打击，整个晶体硅太阳能电池产业链全部停产，黑龙江省积极推进绥化光伏产业园盘活资产存量，促成河北吉杰新能源科技有限公司和工大集团兼并绥化宝利光伏材料科技有限公司、绥化中晶新能源有限公司、绥化中晶太阳能电池有限公司和绥化龙晶电子科技有限公司。目前，绥化中晶新能源有限公司和绥化龙晶电子科技有限公司正在做恢复生产准备工作，预计2014年上半年100MW太阳能电池生产线即可投产。哈尔滨广播器材有限公司是从事广播发射设备生产的老企业，长期资金投入不足、技术力量匮乏、营销力量薄弱，黑龙江省选择了资金实力较为雄厚、技术相关度较高、营销渠道广的深圳海能达通信股份有限公司与之对接，双方先后到对方企业考察并交流了有关情况，目前，深圳海能达通信股份有限公司正在就双方合作进入广播领域开展进一步调研和评估。

（四）推进企业产品结构调整

推进产品结构调整，促进产业升级。2013年，黑龙江省反复研判经济运行态势，引导企业加快产品转型升级步伐，光宇集团在压缩铅酸蓄电池产量的同时，实现了磷酸铁锂动力电池20%的快速增长；航天科技和威帝电子在原有汽车导航产品的基础上，积极研发基于北斗卫星导航系统的行车记录仪；瑞兴公司也由单一的铁路信号设备产品实现了向高铁、地铁等领域拓展，产品种类不断增加。

（五）积极推进信息技术应用

推动企业开展信息技术应用，重点推进了半导体照明在农业方面的应用，先后在大棚叶菜、食用菌培养和水稻育秧等方面进行了试验。黑龙江省还组织企业与东北农业大学有关院系对接，研究LED照明在种养殖领域的应用，并先期选定食用菌培养领域开展试验，正在进行试验数据的采集工作。目前，初步试验结果显示，叶菜可增产25%左右。

二、主要特点

2013年，黑龙江省电子信息制造业呈现出以下运行特点。

（一）经济运行基本做到稳中求进

为确保电子信息制造业不拖全省工业后腿，黑龙江省继续加强监控，充分挖潜，促进经济良好运行，保持产业稳步发展态势。2013年，黑龙江省继续坚持每月对运行数据进行分析研究，制作了重点监控企业指标情况跟踪统计表，对上年主营收入超过2000万元的重点企业情况进行跟踪。

（二）项目建设推进有序

2013年，在经济运行压力增大的情况下，黑龙江省努力推进项目建设，大项目建设得到有序发展。按照统一安排，2013年黑龙江省联系县域经济工作的对象仍然是宾县、方正、依兰3个县，共有签约大项目5个、省市挂号的重点项目51个（宾县38，方正10，依兰3）。目前，电子信息制造业重点项目建设都按预期计划有序推进，双鸭山汉能公司的薄膜太阳能电池项目于2013年11月底试产，2014年达产后形成了300MW的生产能力。在项目建设推进中，黑龙江省不仅有专人负责、及时跟踪，还特别注重抓进度和帮助企业解决问题相结合，发挥和利用工作职能和资源，力争帮助企业解决一些实际问题。

（三）新项目达产成为拉动产业增长的新助力

2013年，光宇集团公司蓄电池产业因产业结构调整，主营业务收入明显下降，预计蓄电池产业收入同比下降40%以上，对该公司整体产生很大影响。为减少损失，缩小影响，该公司加快动力电池项目建设进程，并于上半年投产，从一定程度上中止了收入下降趋势。哈尔滨奥瑞德光电技术股份有限公司的蓝宝石扩产项目达产同样对产业发展产生了巨大的推动力，2013年前11个月该公司产值、主营业务收入同比增长均超过20%。双鸭山汉能项目已形成300MW的生产能力，目前已开工生产。

（四）年底收入激增的格局依然存在

虽然有一些企业前11个月的主营收入下降，但并不代表这些企业全年的收入下降，因为这部分企业普遍具有年底集中回款的特点，如瑞兴科技、侨航通信等公司均属此列。从目前情况看，光宇集团、瑞兴科技、侨航通信等企业主营收入均呈下降趋势，但这并非企业的真实情况，只是前三季度回款率低而已，属于“年年如此”的特有情况，但是通过数据对比，黑龙江省电子信息产业年底数据仍低于年初增长预期。

（五）上级支持始终是发展的不竭动力

2013年，黑龙江省及时了解和跟踪国家有关部门的产业政策方向，积极向上争取支持，及时向工业和信息化部电子信息司汇报黑龙江省半导体照明产业发展情况，得到了电子信息司领导的肯定和支持，将黑龙江省奥瑞德光电技术有限公司列为工业和信息化部半导体照明产业链重点支持的15家企业之一，不仅为发展明确了方向，也为企业提供了不竭的动力，激励企业不断创新发展。

三、面临问题

（一）应交增值税和工业增加值继续下降

2013年，黑龙江省电子信息企业产量、销量总体平稳，继2012年利润总额下降后，2013年继续呈现增值税和工业增加值下降的情况，多数企业出现工业总产值、主营业务税金及附加增长，增值税、工业增值下降的情况。2013年，工业销售产值增幅为7.1%，低于主营业务收入14.1%的增幅；利润总额同比增长10.9%，主营业务税金及附加同比增长48.3%，但应交增值税却同比减少62.5%，工业增加值同比下降44.8%，给企业发展带来新的问题，也从侧面反映出部分企业发展后劲还有待进一步挖掘。

（二）受多种因素影响，光伏产业继续处于停产状态

第一，国际市场大幅萎缩。一方面，美国对中国的光伏产品征收“双反”税；另一方面，欧盟对太阳能发电企业进行反倾销调查，造成出口受阻。第二，产品价格大幅下降，利润空间被大幅压缩，甚至出现亏损，如太阳能电池组件，以前售价为每瓦 14 元，现在下跌到每瓦 4.35 元，完全是亏损状态；再如多晶硅，每吨价格仍在 18 万元左右，企业生产即亏损，因此停产。第三，晶体硅产业用电问题仍未得到真正解决。绥化硅基新材料产业园内的企业未得到承诺的电价优惠，这些原因造成企业停产，在恢复生产无望的情况下，已经开始整体出售。

（三）制造业重点监控企业跌多涨少

2013 年，黑龙江省继续对重点企业发展情况进行监控，但从监控的情况看，14 家重点企业中，有 8 家企业产值、主营业务收入下滑，大多数企业应交增值税、工业增加值明显下降，个别企业产值、应交增值税等同比下降 40%以上，也证明了欧债危机影响已经扩大到了黑龙江省。

（四）新兴市场发展缓慢

4G 手机和电动车上市，将带来很大的市场发展空间，相关配套产品都将迎来好的发展机遇，对黑龙江省的光宇集团应该会产生促进或带动作用，但由于市场形成规模不大，暂时还没有对黑龙江省（包括光宇集团在内）的企业形成利好的影响。

（五）资金投入不足

黑龙江省电子信息产业基础薄弱，社会资金总量不足，资本市场发育缓慢，民间投资不活跃，加上地处偏远，吸引外资能力弱，导致产业投资总体规模远远低于沿海发达省份和地区，严重制约了黑龙江省电子信息产业的发展。目前，电子信息企业进行产业结构调整的意愿比较强烈，多数企业表示新增项目或扩能资金紧张，希望得到国家和黑龙江省的支持。

（六）一家独大的局面短时间内难以改变

光宇集团是黑龙江省电子信息产业的龙头企业，其主营业务收入占黑龙江省行业主营收入总额的 40%以上，从发展态势看，这种局面短时间内很难改变，这就造成一种现象，即光宇集团亏则黑龙江省行业难赢，光宇集团主营业务收入波动大，势必影响整个产业指标的升降，因此，光宇集团成为黑龙江省电子信息产业增长与否的关键。

（七）少数企业招工困难

目前，由于一些企业因部分员工来自农村，用工出现了阶段性不足，加之员工跳槽现象相对增多，部分企业招工出现困难。

四、2014 年发展趋势预测

根据 2013 年黑龙江省电子信息制造业企业发展情况，经调查了解，多数企业认为 2014

年市场前景可能略好于2013年，黑龙江省电子信息制造业全年主要指标增长在10%左右。

五、拟采取的具体措施

根据企业发展面临的困难和问题，拟采取以下具体措施。

（一）帮助企业解决实际困难

帮忙协商龙头企业急性贷款困难的问题；加强相关职业学校的沟通协调，为企业牵线搭桥，解决企业招工困难问题。

（二）进一步推动产品升级

一是推动光宇集团持续扩大锂电池比重，实现产品结构全面转型升级，走绿色环保的发展路径；二是推动航天科技汽车仪表产品向数字化、智能化过渡，加快研发汽车综合信息平台等新一代汽车电子产品。

（三）重点项目投达产

一是继续推进双鸭山汉能薄膜太阳能电池项目投达产。二是推进哈尔滨奥瑞德光电技术有限公司长寿命、低成本LED球泡灯封装项目建设，在形成年产150万盏半导体照明球泡灯能力的基础上，继续推进二期工程扩产扩能。

（四）继续盘活存量

及时跟踪国家数字广播产业发展政策，继续推进深圳海能达通信股份有限公司和哈尔滨广播器材有限公司的合作，探讨积极、有效的合作方式，促进黑龙江省无线广播设备产业的发展。

（五）推进无线专用通信产业合作

加快无线专用通信产业基地建设，在数字集群产业化项目的基础上，推进黑龙江省与深圳海能达通信股份有限公司在无线专用通信产业领域的全面合作；支持军用通信产品研发中心建设，争取在黑龙江省实现科技成果产业化，形成产业规模。

上海市

2013年，上海市电子信息制造业领域坚持“创新驱动，转型发展”总方针，大力发展新技术，新业态，新模式，新经济，咬定目标，聚焦重点，突破难点，关注热点，加大推进力度，加快工作节奏，确保产业经济运行平稳。

一、2013年电子信息制造业运行情况

2013年，上海市完成工业总产值6486亿元，比上年同期下降1.8%；完成销售收入6561亿元，比上年同期下降4.4%；实现利润181.7亿元，比上年同期增长19.3%；税金总额351

亿元，比上年同期增长 6.5%。

二、2013 年电子信息制造业运行特点

（一）电子计算机制造业转型发展初见成效

上海市笔记本电脑产量 6188 万台，比上年同期下降 15.2%；电子计算机制造业产值 3336 亿元，比上年同期下降 4.1%，在整个电子信息制造业产值中占比为 51%，较上年同期减少两个百分点；电子计算机制造业实现利润 19 亿元，比上年同期增长 8%。以电子产品组装业为主体的上海市电子计算机制造业主动转型，调整产品结构，拓展高端产品，在产量大幅减少的状况下，工业总产值小幅下滑，而利润出现大幅提高。

（二）集成电路产业继续向好

2013 年，上海市集成电路产业实现销售收入 730 亿元，其中集成电路设计业销售收入 210 亿元，较 2010 年翻一番。上海市芯片制造业工艺技术水平与国际先进水平的差距进一步缩小。上海中芯国际先进工艺开发及产业化快速推进，45/40nm 先进工艺已进入量产，32/28nm 工艺也开发成功；华力微电子 55nm CMOS 工艺进入量产，45/40nm CMOS 工艺已通过质量认定，40nm 高性能工艺已开始研发。在国家科技重大专项的有力支持下，上海市设计企业的设计技术不断提升，部分重点企业已完成 28nm 产品的设计，预计 2014 年可进入商用阶段；芯片产品门类更加丰富，高端产品不断涌现，如高压 IGBT 产品已完成研发并通过技术论证，即将走向产业化应用。

（三）新型显示产业稳中有升

2013 年，上海市新型显示产业完成工业总产值 586 亿元，同比增长 4.1%。LED 以应用带产业的发展策略取得实效，如上海亚明承接上海中心智能照明工程；上海三思运用 LED 应用技术研究所的技术成果，技术水平不断提高，成功承接了上海地铁 6 号线、11 号线、16 号线等多条线路的 LED 综合节能照明工程，百联又一城购物中心 800 平方米室外全彩 LED 显示屏等大型项目，产业规模逐年递增。另外，LED 在农产品种植补光灯、医用紫外激光产品等方面的应用取得突破。在核心器件方面，映瑞光电项目产能继续扩大，目前外延片产能 3.6 万片/月，同时开展倒装、硅衬底、垂直结构、图形衬底 LED 技术的研发。在中小屏显示方面，AM-OLED 4.5 代、5.5 代两条生产线开工，TFT-LCD 中小尺寸屏全球市场占有率超过 10%。在制造装备方面，中微半导体、理想能源、中晟光电的 MOCVD 设备都已研发成功并试销，上海微电子装备的光刻机在上海蓝光试用并取得较好的效果。新型显示产业成为战略性新兴产业新一代信息技术领域的又一亮点。

（四）下一代网络加快转型发展

TD-LTE 进入产业化阶段，市场份额不断扩大。TD-LTE 核心芯片（五模基带、射频、功放等）的技术水平和产业化进度继续领跑，TD-LTE 模块全国市场占有率达到 20%，测试仪器（矢量网络分析仪、信道模拟器）的研发在国内率先取得突破。上海市成为国家下一代互联网示范城市，网络设备产业向 IPv6 演进取得阶段性成果，产业链日趋完善，在 LTE 与 Wi-Fi 融合终端、网络优化、PON 及芯片、企业路由器和工业交换机等领域涌现一批专精特优中小

企业。上海市 PON、EoC、WLAN 等一批重点产品形成全国领先优势。启动实施终端品牌化战略，从“品质保障、使用体验、工业设计、智能制造”等方面，推进手机企业从代工设计向自主品牌转型升级。

（五）汽车电子和车联网产业、应用能级进一步提升

2013 年，上海市汽车电子产值规模达到 900 亿元，同比增长 10%，国内市场占有率在 30%，继续保持国内汽车电子产业龙头地位。把汽车动力总成和底盘电子作为汽车电子高端自主技术的突破口和标志点，推进具有自主知识产权的产品在批产配套上形成突破。组织推进车联网在智能公交上的推广应用，协调推动上海巴士、浦东公交近 200 条线路和 2300 辆公共车辆进入集群调度，对 1500 多辆车载终端进行信息化升级改造，进一步促进汽车电子产业与车联网应用的深度融合。车联网产值约 120 亿元，居国内领先地位。

（六）物联网应用市场和产业链初具雏形

应用示范工程初具规模，累计培育出 5 个百万终端规模的应用示范工程。一批民生密切相关的物联网服务品牌逐渐被老百姓认可和接受。同时，在车联网、智能交通、农业、消防等细分领域，涌现出一批上亿元规模的物联网系统集成商和服务运营商，在行业背景、解决方案、业绩和商业模式等方面初步形成领先优势和核心竞争力。在物联网核心技术和基础产品领域，突破了一批核心技术，形成了完整的产品系列，并在智慧城市、电力等大型行业市场进行规模化应用，技术水平达到国际先进。

三、面临的问题

（一）重点企业经营波动对产业发展带来巨大影响

上海市通信设备制造业实现工业总产值 651 亿元，比 2012 年同期下降 11.8%，远低于该行业全国两位数的增长。究其原因，主要是重点企业发展出现大幅波动而引起的。受公司营销策略、渠道通路以及贸易壁垒等因素影响，上海市某品牌手机生产商全球市场占有率大幅下滑，仅美国市场两年来市场占有率由 20%下跌到 9%，对整个通信设备制造业带来巨大影响。该公司目前虽决策定位高端发展，但前景不容乐观。

（二）产品的多功能化发展对传统行业带来深刻冲击

上海市家用视听设备制造业完成工业总产值 164 亿元，比 2012 年同期下跌 19.2%，整个行业出现衰退现象。一方面，由于受限于统计方法，松下等离子公司虽在 2012 年第四季度已关闭但仍计入 2012 年同期数；另一方面，由于随着智能终端和单反相机的盛行，传统摄像机类产品滞销，该下滑趋势还将持续。

（三）全球经济发展低迷，跨国公司战略调整的连锁反应

上海市电子信息制造业 90%的产值来自外商投资企业，受欧债危机等影响，外方战略不甚清晰，全球战略调整不甚稳定和顺畅，影响了部分中外合资企业的发展。例如，松下集团在 2012 年撤离等离子业务，关闭上海松下等离子后，再度调整策略，缩减半导体业务。

（四）产业结构调整转型发展的成果未能完全体现

随着制造业和服务业的深度融合，企业尤其是企业集团在原有制造线的基础上全力发展生产性服务业。因目前统计方法仍为在地法人企业单独上报报表，使企业集团中非制造业务和海外业务无法在工业统计中体现。从当前产业发展而言，电子信息制造企业正积极开展结构转型，开展新业务、新模式的探索，但受制于现有统计方法，未来工业统计可能仅仅反映狭义的单纯制造企业产品制造的统计数据。

四、2014 年电子信息制造业发展面临的环境

2014 年，上海市电子信息制造业将继续面临复杂多变的内外部发展环境。从国际看，一是国际金融危机的深层次影响还在不断显现，世界经济下行压力和潜在风险加大，经济低迷成为全球经济新常态。二是全球产业竞争更趋激烈，发达国家抓住第三次工业革命机遇，加快“再工业化”和“制造业回归”，贸易保护措施扩大，对上海市电子信息制造业转型升级和结构调整构成较大挑战。三是外需乏力将导致出口增幅进一步下降，对产业发展以及产业链上下游发展带来影响。

从国内看，一是国家将继续实施积极的财政政策和稳健的货币政策，促进经济结构调整，经济发展稳中求进。二是要素成本不断上升，投资和需求放缓，传统产业产能过剩与新兴产业发展不确定性将长期并存。战略性新兴产业受市场、政策、制度、配套等多种因素影响，形成新的经济增长点将是一个长期过程。

从上海市看，在上海市主动加大产业调整转型的背景下，上海市电子信息制造业经济稳增长压力仍然较大。然而，一是上海自贸区建设将给上海产业转型带来重大机遇，将有利于企业创新发展。集成电路设计企业将摆脱“境外一日游”带来的困境，缩短周期，提高资金使用效率。二是积极推进二三产业融合发展，将促进制造业和服务业的紧密结合，提高二三产业耦合度。三是大力推进信息消费发展，将进一步夯实上海市信息产品基础，各类新业态、新模式将缤纷呈现，形成新一轮经济发展契机。

2014 年，上海市将紧紧抓住上海自贸试验区建设机遇，以信息消费发展为契机，继续积极落实产业政策，推进重大项目建设，促进产业链垂直整合，聚焦发展战略性新兴产业新一代信息技术领域，全面促进转型升级，创新发展。

江苏省

2013 年，面对错综复杂的国内外经济形势、产业运行下行压力加大以及产业转移等不利因素影响，江苏省电子信息产品制造业紧紧围绕“六大行动”决策部署，努力推进转型升级，基本保持了产业平稳发展。

一、产业发展基本情况

（一）产业规模进一步扩大

2013 年，全行业共实现主营业务收入 22578 亿元，同比增长 6.7%；规模以上企业 5096

家，比上年同期增加 298 家；资产总计 17458 亿元，同比增长 7.3%；全行业实现利税 1364 亿元，同比增长 12.2%。

（二）投资规模居全国前列

近年来，江苏省新型显示、集成电路、半导体照明以及光纤光缆等战略性新兴产业领域保持较高的投资强度，投资规模在全国的比重一直保持在 20%以上。2013 年，受上年同期较高基数影响，全行业固定资产投资 2222 亿元，同比增长 1.7%。

（三）行业效益有所好转

2013 年，全行业实现利税和利润增速维持在 10%左右。全年共实现利税 1364 亿元，同比增长 12.2%，其中利润 937 亿元，同比增长 9.1%。全行业亏损面稳步降低，全年为 20%，比年初降低 12.5 个百分点。亏损企业亏损总额同比下降 15.9%，比年初降低 18.4 个百分点。平均利润率逐步提高，从年初的 2.4%提高到 4.5%。

（四）苏中、苏北地区发展提速

2013 年，苏中、苏北地区保持 20%左右的发展增速。苏中地区共实现主营业务收入 4683 亿元，同比增长 20.5%，占全省的比重由 2012 年的 15.2%提高到 17%；苏北地区实现主营业务收入 2503 亿元，同比增长 18.1%，占全省的比重由上年的 8.3%提高到 9.1%；苏南地区维持在 5%左右的低速增长，全年共实现主营业务收入 20325 亿元，同比增长 3.7%，占全省的比重由上年的 76.5%下降到 73.9%。

（五）内销增速快于出口

2013 年，全行业出口交货值始终呈现负增长，内销保持在 16%以上的增长速度。全行业共实现内销产值 15382 亿元，同比增长 16%，占全行业的比重达到 55.4%，比上年同期提高 4.1 个百分点，对全行业增长的贡献率为 110.5%；全行业实现出口交货值为 12398 亿元，同比下降 1.6%，出口依存度由上年的 48.7%降低到 44.6%。

（六）内资占比持续提高

2013 年，内资企业发展好于三资企业，产值增速快于三资企业 10 个百分点以上。全年，内资企业共实现产值 9951 亿元，同比增长 15.2%，对全行业增长的贡献率达到 66.9%，占全行业的比重由上年的 32.7%提高到 35.1%；三资企业共实现产值 18410 亿元，同比增长 3.7%，其中中国港、澳、台资和外资企业分别增长 5.6%和 2.9%。

（七）科技创新步伐加快

截至 2013 年年末，江苏省电子信息产业拥有国家技术创新示范企业 2 家，国家认定企业技术中心 6 家，江苏省认定企业技术中心 102 家，重点骨干企业的创新能力明显提高。在国家科技重大专项的推动下，无线通信系统、汽车电子、智能电视等领域关键技术取得重要突破，形成了宽带无线通信系统的射频芯片、器件与模块，IMT-Advanced 增强 MIMO 技术以及面向终端应用的高性能低功耗嵌入式 DSP 等一批全国领先的创新技术和产品。2013 年，国电南自、亨通集团被工业和信息化部、财政部评为 2013 年国家技术创新示范企业。

（八）重点产品产量涨跌互现

2013 年，重点监测的 8 种主要电子信息产品产量 4 升 4 降。产量增长的有：显示器 3837 万台，同比增长 18.2%；手机 3020 万台，同比增长 19.6%；集成电路 286 亿块，同比增长 14.7%；光缆 9733 万芯公里，同比增长 54.4%。产品产量下降的有：个人电脑 7521 万台，同比下降 8.8%，其中笔记本电脑 6832 万台，同比下降 8.8%；彩电 1059 万台，同比下降 11.4%；数码相机 1283 万台，同比下降 50.5%；半导体分立器件 1507 亿只，同比下降 2.7%。

二、值得关注的问题

（一）产能转移影响逐步显现

近年来，以跨国公司为主的三资企业为寻求更低的生产成本和更优惠的扶持政策，部分产能向中西部以及东南亚地区转移。同时，由于消费者青睐于更为便捷的智能手机和平板设备，面向个人的电脑产品产销低迷。受此影响，江苏省个人电脑产量自 2011 年以来持续下滑，虽然 2013 年总量趋稳且规模仍居全国第一位，但是占比下降。

（二）外需不振，出口回升乏力

全球经济复苏步伐虽有所加快，但基础依然脆弱，外需总体仍处在较低增长水平。2013 年，江苏省电子信息产品制造业出口交货值降幅虽有所收窄，但自第三季度以来，复苏动力有所减弱，9、10、11、12 月同比增速分别为-1%、-1.2%、-1.2%、-1.6%。全年增速始终处于负增长状态，增速低于全国近 7 个百分点，也低于江苏省规模以上工业近两个百分点，对江苏省工业经济及电子信息产业的增长呈负向拉动。

（三）企业经营压力仍然较大

从成本来看，2013 年，全行业每百元主营业务收入中成本为 90.3 元，要高于工业平均水平约 4 元。企业职工薪酬较快增长，全行业应付职工薪酬同比增长 12%，职工薪酬占主营业务成本比重达到 6%，同比提高 1 个百分点。从利润率来看，全行业平均利润率较年初虽有所好转，但仍低于工业平均水平 1.4 个百分点。另外，年底企业应收账款和项目垫资增长较快，支出刚性有所增强，企业流动资金紧张。

三、2014 年经济运行预测

从全球看，新一轮科技革命和产业变革正在世界范围内孕育兴起，信息技术领域新技术、新产品、新业态层出不穷，其创新性、融合性、渗透性在促进自身快速发展的同时，对国民经济的推动力和贡献率不断增强。据高德纳（Gartner）预计，2014 年全球以物联网、信息通信、新型显示技术为代表的新一代信息技术将继续保持加速发展态势，全球相关产业同比增长将高于 2013 年，达到 12%以上。同时，世界经济复苏依然存在不稳定、不确定因素，一些国家宏观政策调整存在变数，新兴经济体面临新的困难和挑战，全球经济格局深度调整，国际竞争将更趋激烈。

从国内看，经济发展已经到了加快提质、增效、升级的重要时期，在国家政策的引领推动下，工业化、信息化、城镇化和农业现代化将深度融合，以集成电路、新型显示、物联网、云计算和大数据为代表的战略性新兴产业有望继续成为投资热点，为电子信息产业带来巨大的内生动力和创新空间。同时，当前支撑国内经济快速发展的要素条件也在发生深刻变化，深层次矛盾凸显，正处于结构调整阵痛期、增长速度换挡期，到了爬坡过坎的紧要关口，经济下行压力依然较大。根据工业和信息化部的分析判断，今后两年全国电子信息产品制造业年增长将处于10%～12%的中低速增长区间。

从江苏省看，电子信息产业是江苏省的重要支柱产业，在经历近 10 年的高速发展后，产业发展积累的深层次问题和结构性矛盾逐渐显现，传统比较优势有所削弱，发展增速逐步放缓至个位数增长区间，下行压力逐渐加大。江苏省省委、省政府高度重视电子信息产业发展，省内各地也将新一代信息技术产业的持续快速发展作为转变经济发展方式、推进产业结构调整升级的重要着力点和突破口。2014 年，苏州地区 100 个重点工业项目中，电子信息领域占比约为 30%，在各行业中排名第二位。

综合以上因素，结合 2013 年下半年以来的工业和电子信息产业经济运行走势，预计 2014 年江苏省电子信息产品制造业将实现主营业务收入 24400 亿元，同比增长 8%。

浙江省

2013 年，浙江省电子信息产业围绕发展新一代信息技术产业，加快推动“两化”深度融合和“智慧浙江”建设，全省电子信息产业总体运行良好，呈现“稳中有升”的发展态势。生产、效益稳步上升，生产增速高出全省工业水平；创新发展势头良好，新品开发、研发投入等创新指标高于工业；软件持续快速增长，信息技术服务引领增长；龙头企业带动性增强，综合竞争力不断提升，总量规模继续居全国第五位。

一、2013 年产业发展总体态势和主要特点

根据工业和信息化部统计数据，2013 年浙江省规模以上电子信息制造业完成销售产值 3639.6 亿元，同比增长 6.1%；出口交货值 1375.9 亿元，同比下降 3.3%；实现主营业务收入 3611.8 亿元，同比增长 5.2%；利润总额 271.6 亿元，同比增长 21.4%，税金总额 101.9 亿元，同比增长 15.1%。软件产业实现业务收入 1940.6 亿元，同比增长 33.2%。2013 年浙江省电子信息产业发展主要特点如下。

（一）生产稳中有升

2013 年，浙江省电子信息产业总体呈现稳中有升的发展态势，全行业生产同比增长 10.1%，占全省 GDP 比重为 5.9%，比上年提高 0.08 个百分点，人均增加值达到 18.4 万元。其中，浙江省规模以上电子信息制造业增加值同比增长 9.6%，占全省规模以上工业增加值比重为 8.53%；软件和信息服务业增加值同比增长 33.3%，成为带动浙江省电子信息产业稳步增长的重要力量。

2013 年，浙江省电子信息制造业生产稳步上升，增速高于全省工业平均增幅。1～12 月生产同比增长 9.6%，增速高出全省规模以上工业 1.1 个百分点，比 2012 年同期提高 3.2 个百分点。11 月、12 月增速明显加快，12 月增速达到 14.8%，高于全省规模以上工业增速 6.8 个

百分点，创年内最高水平。

从行业分类看，40 个子行业中，2013 年有 23 个子行业生产增幅高出全行业，其中通信、计算机整机、广播电视、光纤光缆、锂离子电池、音响设备、印刷电路板、电子信息材料和电子专用设备分别增长 26.5%、11.8%、50.3%、11.4%、21.7%、22.4%、14.1%、13.1%和 13.6%，明显高出全行业水平，而计算机外部设备、半导体分立器件和光电子器件分别下降 13.1%、3.9%和 2.9%。光伏设备及元器件随着光伏行业市场的回暖呈现恢复性增长，同比增长 7.2%。

从地区分布看，11 个地市全部实现增长，但区域增速差距明显，7 个地市生产增幅高于全行业水平。舟山（312.6%）、衢州（29.6%）、嘉兴（19.4%）、湖州（15.9%）、台州（13.4%）、绍兴（12.1%）和杭州（11.4%）增速高于全行业水平，而金华（6.5%）、丽水（6.2%）、温州（5.8%）和宁波（0.4%）增速低于全行业水平。嘉兴、湖州、台州、衢州增速明显加快。

（二）软件规模超过 1900 亿元，增速居全国主要省市前列

1. 软件产业持续高速增长

2013 年，浙江省软件产业发展势头良好，连续 8 个月超过 30%以上并高出全国平均水平，全年实现软件业务收入 1940.6 亿元，同比增长 33.2%，高出全国近 8.2 个百分点，位居全国主要省市前列。其中，杭州 2013 年实现软件业务收入 1650.6 亿元，同比增长 33.7%，约占全国软件收入规模（3.1 万亿元）的 5.32%，增速列全国 15 个副省级中心城市的前列。

2. 信息技术服务呈跨越式增长

2013 年，浙江省信息技术服务达到 734.4 亿元，同比增长 46.4%，高出全行业增速 13.2 个百分点，规模、增速均居行业首位，占全国信息技术服务收入的比重达到 8.4%。2013 年软件服务收入占全部软件收入的比重达到 37.8%，对浙江省软件业务收入的贡献率达到 48.1%，拉动全行业增长 16 个百分点。

（三）内销贡献突出，出口逐步回升

2013 年，电子信息制造业内销增速始终高于全省规模以上工业，并保持在 9%～11%的合理增长区间。2013 年，浙江省规模以上电子信息制造业内销产值同比增长 10.4%，高出全省规模以上工业内销增速 2.1 个百分点，也高出同期出口交货值增幅 13.2 个百分点。内销产值比重持续上升，达到 70%，内销对全行业增长的贡献率继续增强，拉动全行业增长 7 个百分点。

出口波动较大，但跌幅不断收窄。2013 年，浙江省规模以上电子信息制造业完成出口交货值 1375.9 亿元，同比下降 3.3%，比 1～11 月缩小 0.4 个百分点，比 1～10 月缩小 1 个百分点，但仍低于全省规模以上工业 5.5 个百分点。其中电子元件、电子器件、电子机电和数字视听行业出口分别下降 4.8%、5.4%、9.7%和 9.8%。宁波、温州和绍兴电子信息产业出口分别同比下降 8.2%、20%和 9.6%，其中宁波出口占到全行业出口比重为 41.3%，对全省出口增长影响较大。

（四）行业发展质量效益向好，龙头骨干企业带动增强

1. 盈利水平不断提升

2013 年，浙江省电子信息产业发展质量、效益向好，盈利水平好于全国平均水平，全省

规模以上电子信息制造业利税、利润增幅逐季提升，尤其是第四季度增长明显。1～12 月利税和利润分别增长 15.8%和 17.5%，分别比上个月高出 5.8 和 8.3 个百分点。尤其 12 月效益明显提升，12 月利税和利润分别增长 51.8%和 73.6%，创年内最好水平。企业盈利能力增强。2013 年规模以上电子信息制造业销售利润率 7.52%，比 2012 年（6.88%）提高 0.64 个百分点，比全国电子信息行业高 3.07 个百分点，比浙江省规模以上工业高 2.32 个百分点，盈利水平居全国规模前十省市的首位，分别高于广东（4.42%）、江苏（4.15%）、上海（2.06%）、山东（5.98%）、北京（4.17%）和四川（4.86%）等主要省市。企业亏损面、亏损额双下降。2013 年规模以上电子信息企业亏损面为 15.9%，12 月比 11 月收窄 2 个百分点；亏损额达到 33.5 亿元，同比下降 12.9%；亏损企业数比年初减少了 612 家。

2．龙头骨干企业带动明显

2013 年浙江省电子信息制造业 30 强企业实现主营业务收入 1278.8 亿元，利润总额 147.5 亿元，分别占全省规模以上电子信息制造业的 35.4%和 54.3%。软件十强企业实现软件业务收入 759.7 亿元，利润总额 389.9 亿元，分别同比增长 48.2%和 60.8%，其收入和利润分别占全省软件行业的 39.1%和 71.2%。以移动通信、计算机、安防电子、信息技术服务、金融软件、工业自动化、新型电子元件等新一代信息技术为主的龙头骨干企业增长势头良好。2013 年浙江省百亿元企业达到 7 家，其中电子信息制造业 5 家，软件企业 2 家。宁波奇美、富通集团、富春江通信、海康威视、华三通信、淘宝商城和淘宝软件 7 家企业主营业务收入超过百亿元，海康威视主营业务收入首次突破百亿元。截至 2013 年年底，浙江省电子信息行业（制造业和软件业）收入超过亿元的企业达到 337 家，收入超过 10 亿元的企业达到 81 家，超过 50 亿元的企业达到 17 家；利润总额超过亿元的企业达到 78 家，超过 10 亿元的企业达到 9 家。

（五）行业创新动力和活力继续增强

1．新产品产值及产值率屡创新高

新产品产值持续快速增长。2013 年浙江省规模以上电子信息制造业新产品产值同比增长 21.8%，高出全行业总产值增速 15.9 个百分点，占全省规模以上工业新品产值的 15%。新品产值率屡创新高，2013 年达到 43.3%，连续 7 个月超过 40%以上，高出全省规模以上工业新产品产值率 17 个百分点。嘉兴、杭州、金华和绍兴 4 个地市的新产品开发速度明显加快，2013 年新产品产值率分别增长 57.1%、52.4%、48.2%和 44.7%，高于全行业平均水平。

2．技术研发经费支出占比不断增大

近年来，浙江省电子信息行业科技活动经费支出占销售收入比重逐年提高，已从 2007 年的 1.44%提高到 2012 年的 2.42%，同期分别比浙江省规模以上工业高 0.25 和 1.21 个百分点。2013 年行业科技活动经费支出占主营业务收入的比重达到 2.67%，高出全省规模以上企业 1.47 个百分点。2013 年电子信息制造业完成科技活动经费支出 150.7 亿元，占浙江省规模以上工业的比重为 21%，同比增长 16.1%。

（六）主要子行业、热点产品增长不均

通信、广播电视和电子专用设备等主要子行业增势较好，家用视听、电子计算机行业小幅增长，光伏行业开始恢复，光电子及半导体器件等行业出现下滑。

1. 通信设备行业成为全行业增长主动力

受益于移动互联网和信息消费的爆发式增长，以手机制造为主的智能终端呈现迅猛增长态势，通信设备行业收入增速始终保持在 20%～25%的区间，高出 2012 年同期平均水平 20 个百分点，成为带动全行业增长的主要力量。2013 年通信设备行业分别实现主营业务收入、出口交货值和利润 471.5 亿元、89.5 亿元和 72.4 亿元，分别增长 21.9%、33%和 40.1%，分别高出全行业增幅 16.3、35.8 和 22.6 个百分点。移动通信手机生产量和出口量明显增加。2013 年浙江省移动通信手机生产 4026 万部，同比增长 78.9%，其中 3G 手机 1407.9 万部，同比增长 117%；移动通信手机出口 1766.6 万部，同比增长 72.3%，其中 3G 手机出口 233 万部，同比增长 247.2%。闻泰通讯、德景电子、中兴通讯和宁波麦博韦尔等企业生产情况良好，闻泰公司的手机产量已占浙江省手机产量的 2/3 左右。闻泰通讯、德景电子成功实现了向智能机设计生产转型，形成了手机方案设计、制造服务和无线终端系列增值服务的完整产业链，目前主要为小米、华为、联想等公司提供手机方案设计与制造。

2. 家用视听行业小幅增长

2013 年家用视听行业实现业务收入 168.4 亿元，同比增长 1.3%；出口交货值 91.2 亿元，同比下降 9.8%。2013 年液晶电视行业收入、利润和出口分别下降 4.9%、13.8%和 16.28%，拖累整个家用视听行业增长。

3. 电子器件行业出现下滑

2013 年电子器件行业实现业务收入和出口交货值分别为 804.4 亿元和 515.4 亿元，分别下降 1.4%和 5.4%。其中受宁波奇美电子影响，光电子器件行业业务收入、出口交货值分别下降 4.3%和 8.9%。2013 年浙江省液晶显示模组生产 5680 万套，同比下降 5.6%。

二、2013 年经济运行中存在的主要问题

2013 年浙江省电子信息行业总体运行平稳良好，但受世界经济缓慢复苏和外需疲软乏力等因素的影响，电子信息行业增长回升的基础尚不稳固，不确定性因素依然存在，有效需求不足、产业结构调整滞后等是影响当前行业经济运行的主要原因，主要表现在以下几方面。

（一）出口增长持续低迷，走势不容乐观

2013 年浙江省电子行业出口在上半年实现增长后，第三、第四季度又接连出现回落，全年出口增速低于全省规模以上工业 5.5 个百分点，直接影响全行业销售回落了 0.9 个百分点，出口增长乏力仍是影响行业较快增长的主要因素。多数企业虽普遍反映出口订单好于 2012 年同期，但国际市场总体疲软，存在较大变数；人民币快速升值使得出口加工型的微利企业"雪上加霜"，浙江省多数电子出口企业利润在 5%以内，市场、汇率因素进一步挤压企业效益。贸易保护主义形势严峻，近期美国对我国通信设备、欧盟及美国对我国光伏电池发起反倾销调查等事件不断增多，对电子信息行业出口增长造成重要影响。

（二）产业层次偏低，高端、核心、品牌整机类产品较少

近年来，浙江省电子信息产业结构调整升级步伐相对滞后，仍以低附加值等基础类配套电子产品为主，而带动性大、高附加值的投资类、整机类产品较少，软件产业则偏重行业应用软件，与广东、江苏、上海、北京和山东等省市在抢占新技术制高点、加快产业结构升级

步伐方面存在较大差距。浙江省在移动通信手机、笔记本电脑、智能家电等领域多为贴牌加工，自主品牌尤为缺失，产业竞争力较弱。

（三）产业缺少重特大项目，发展后劲不足

2013 年，浙江省电子信息行业完成 500 万元项目固定资产投资 415.5 亿元，同比增长 8.3%，分别低于全国电子行业和全省规模以上工业增速 4.6 个和 7.6 个百分点，总量规模居第 10 位、增速居第 19 位，均在后移。由于缺少政府强有力的扶持和引导，浙江省民间资本对电子信息产业的投资，尤其是投资规模 10 亿元及以上的重特大项目意愿不强，近年来，已鲜有电子信息行业重特大项目落户浙江省。

三、积极把握 2014 年行业发展形势

2014 年是全面贯彻落实党的十八大精神的开局之年，是全面落实浙江省十三次党代会精神、加快推进“两富”现代化浙江建设的重要一年，也是实现“十二五”规划目标的关键一年。正确把握当前行业发展的机遇和挑战，是推进 2014 年电子信息产业加快发展的关键所在。

（一）国际经济逐步回暖，但不确定性依然存在

从国际形势看，世界经济逐步回暖，全球贸易增长预期好转，特别是发达经济体加快回暖。根据世界银行最新发布的《全球经济展望》报告显示，预计 2014 年世界经济会逐步走强，全球 GDP 增长率预计将从 2013 年的 2.4%提高到 2014 年的 3.2%。在发达经济体中，美国经济复苏，预计增长 2.8%；欧元区经济预计增长 1.1%；发展中国家的经济增长将达到 5.3%，发展中国家和高收入经济体的增长率逐渐走出谷底。总体而言，预期 2014 年国际经济环境稍好于 2013 年，世界经济低速增长。同时，世界经济下行风险持续存在，仍存在一些区域性的不确定性因素。巴西、印度和南非等新兴经济体近期增速明显放慢，为近年来的低点，发达国家的政策调整带来的不确定性，以及国际地缘政策的风险仍然存在，这些因素也可能影响我国经济发展。

（二）我国经济基本面依然较好，政策取向将更积极

从国内形势看，党的十八届三中全会对构建开放型经济新体制做出了新部署，给我国改革、开放、发展和经济转型注入新的强大动力，预计 2014 年我国经济运行将进入比较稳定的中速增长期；全国各地先行先试，抢抓改革发展战略机遇期的积极性日益高涨；科学发展观进一步落实，全国结构调整、转型升级的步伐进一步加快；随着开放的扩大，用开放带动改革、推动转型的力度将不断加大，2014 年经济发展的国内环境会比 2013 年略好。近期国家部署的各项改革将进一步释放改革红利和市场活力，国家工业化、信息化、城镇化、农业现代化的进程加快，以及信息技术发展带动流通创新，这些都将进一步释放消费潜力并激发新的消费需求。内需增长仍有广阔空间。从消费方面看，对文化、教育、医疗、养老和旅游等服务类需求增长迅猛，智能手机、平板电脑、信息家电等已形成新的消费热点，住房汽车等消费持续增长。网购等新兴业态的发展则有力地促进消费潜能的释放。从投资看，我国继续加大在城市轨道交通、环境治理、城市排水、保障房和农村基础设施等方面的投资力度，这些为 2014 年的经济增长提供了良好基础。

（三）行业发展和技术趋势融合进一步凸显

我国电子信息产业发展仍具备较好的基本面，依然有较大的发展空间和潜力。从行业发展情况看，随着经济全球化深入发展，电子信息产业转移趋势不变，硬件制造代工和软件服务外包发展迅猛，企业并购、重组浪潮愈演愈烈，有利于我们“走出去”和“引进来”。但贸易和投资保护主义、贸易摩擦等不确定因素的增加，以及国内沿海各省市都把发展电子信息产业作为调整产业结构、转变发展方式的战略举措，致使国际、国内竞争更趋激烈。从技术趋势看，信息技术升级、转型、融合步伐加快，数字化、网络化、智能化趋势进一步发展，产业链分工与整合日趋深入，推动着产业发展孕育新的重大变革。2014 年随着国家促进信息消费、集成电路产业和加快宽带中国战略等政策的实施，以及移动互联网、大数据、物联网、智能家居等新兴产业引发的新一轮信息产品投资热潮，将为我国电子信息产业带来新的增长空间与动力。

综上所述，2014 年浙江省电子信息产业将会延续 2013 年以来的发展态势，继续保持稳步增长，预计 2014 年浙江省电子信息产业全行业主营业务收入增长 10%左右。

福建省

一、基本情况

2013 年，福建省围绕“十二五”信息产业发展规划确定的“万千百”发展目标（万亿产业规模、6 个千亿产业集群、25 个百亿龙头企业），推动产业平稳增长。全省电子信息产业完成销售收入 6923 亿元，同比增长 15.3%。其中，信息产品制造业完成销售收入 4462.8 亿元，同比增长 13.3%；软件及系统集成实现销售收入 1260 亿元，同比增长 15.8%；累计完成出口交货值 1963.4 亿元，同比增长 5.8%。外商及中国港、澳、台投资企业累计完成产值 3027.8 亿元，同比增长 6%。新型显示、计算机和网络、新一代宽带移动通信、LED 和太阳能光伏、软件、物联网等信息产业六大集群分别实现产值 1450 亿元、1000 亿元、550 亿元、500 亿元、1260 亿元、480 亿元。2013 年，宸鸿、戴尔、友达、捷联、华映、联想移动、冠捷显示、达运精密 8 家企业产值超过百亿元规模，冠捷科技等 30 家重点企业年销售收入占行业比重达到 46%以上。

二、主要特点

（一）六大产业集群发展良好

1．新型显示产业集群

2013 年，福建省新型显示产业集群实现产值 1450 亿元，主要发展情况如下：一是模组和整机等中下游产品规模继续居全国前列，2013 年生产液晶显示器 3332 万台，液晶电视 874 万台，液晶显示模组 3177 万套，液晶显示屏 11218 万片，拥有宸鸿、友达、捷联、冠捷、华映、达运 6 家百亿级企业。二是产业链上游关键环节得到进一步完善，厦门天马微电子投资 70 亿元建设的国内首条、全球第二条第 5.5 代低温多晶硅面板及彩色滤光片生产线于 2013 年正式投产并实现产值 2.4 亿元，园区还规划预留了 OLED 生产线用地；欧浦登公司与美国康宁公司形成合作伙伴，拥有了先进的电子玻璃基板等上游关键产品的加工生产能力。三是触控产业得到进一步提升。宸鸿科技继续保持全球触控组件生产企业的龙头地位；科立视触控显示屏材料器件生产线、宸鸿集团平潭触控屏生产线、冠捷集团福清中小尺寸平板显示触控屏生产线等一批项目正抓紧建设，将成为福建省触控产业新增长点。

2. 计算机及网络产品集群

2013年，福建省计算机及网络产品集群实现产值1000亿元，受信息消费的培育和推动，在原有整机制造优势的基础上，产品升级换代加速，呈现良好发展生机。一是产品由低附加值向高附加值转型，产品门类和功能日益丰富，万利达新推出的系列移动智能终端、星网锐捷研发生产的智能终端和网络产品等都较好地满足并引导了市场需求。二是继续保持整机规模化生产优势，2013年福建省生产计算机1610万台，笔记本电脑855万台。

3. LED及光伏电子产业集群

福建省LED产业形成了涵盖衬底、外延、芯片、封装、应用产品等较为完整的产业链，2013年实现产值400亿元，拥有企业300多家。一是自主研发技术培育有新进展。福建省重点LED企业通过自主研发和市场运作已申请专利超过500多项，其中MCOB（多杯结构、集成封装）技术、LED智能照明控制技术、全彩LED显示屏技术等已实现突破并推向市场。二是重点项目持续投建增强产业发展后劲。厦门三安新型MOCVD生产线改造、三安安溪光电产业园蓝宝石衬底生产线、开发晶首期MOCVD生产线、连城鑫晶刚玉150公斤级蓝宝石衬底生产技术和全套设备、华联电子高效LED光源组件生产线等重大项目的建设进一步强化了福建省LED产业链中上游环节。三是示范应用有序开展。2013年，云霄、连城、城厢三个县（区）创建福建省首批LED照明示范县，福建省首个闽台高速公路隧道LED照明示范工程福永高速已建成投入使用，闽台LED产业在标准互认、示范工程建设、共建研发设计平台、联合组建EMC（合同能源管理）公司等方面开展了先行先试的有效合作。

4. 新一代宽带移动通信产业集群

2013年实现产值550亿元，重点推进的"三大工程"均取得进展：一是通信设备和元器件增长较快，适用TD-LTE的小型化天线、发射设备、网络优化设备的研发生产均取得新突破，随着TD-LTE网络覆盖范围进一步加大，以泉州为代表的微波通信产业持续增长。二是新型终端产品及北斗卫星导航产品有新进展。联想移动新推出的智能手机因性价比高，持续保持国内市场占有率第二位；厦门北斗卫星导航区域运营服务中心已启动建设。三是数字对讲机芯片实现商用产业化。联拓研制的我国第一枚数字对讲机芯片已经实现商用产业化，并获准主导国内标准制定，随着泉州数字对讲机国家新型工业化产业示范基地的建设，将进一步推动福建省对讲机产业转型升级。

5. 软件和信息服务业产业集群

2013年实现销售收入1260亿元，同比增长15.8%。福建省上市软件企业18家，进入中国软件业务收入前百家企业5家，进入国家规划布局内重点软件企业和集成电路设计企业19家，39项产品技术在相关细分市场领域居全国第一位乃至全球领先地位。软件和信息技术服务深入各个行业，成为福建省经济增长的助推器和发展新产业的孵化器。高端应用软件方面，在通信、金融、电力、医疗、企业信息化、移动互联等领域具有一定的优势；新兴信息服务业方面，在高端电信服务、银行业IT解决方案等细分行业均居全国第一位；在信息安全、工业控制、手机新媒体动漫和网页游戏等领域，成为全国的聚集地和先导区。

6. 物联网产业集群

2013年，福建省物联网产业实现产值480亿元，有一定规模的物联网企业已超过150家，一批技术、市场在国内乃至国际领先的骨干企业快速发展壮大，如新大陆研发出技术达到国际先进水平的第二代二维码解码芯片；慧翰微电子车联网产品无线蓝牙传输模块国内汽车后装市场占有率居第一位；信达物联电子标签通过国际权威检测，入选沃尔玛贴标计划（国内仅3家企业）。此外，福建省的智能POS机、工业控制系统、智能停车引导系统、智能家居系统、车载移动数字终端、防灾减灾自动测报等产品市场占有率全国领先，农业精细生产、食品溯源、安全监控等领域的物联网产品技术和市场也处于国内前列。

（二）重点企业规模稳步壮大

2013年，福建省信息产品制造业30家重点企业累计完成工业产值2477.6亿元，占行业比重的55.52%，产值比上年同期增长11.2%。有8家企业实现产值100亿元以上，比2012年增加1家，分别是宸鸿科技（厦门）、戴尔（中国）、友达光电（厦门）、联想移动通信、福建捷联电子、冠捷显示、华映、达运精密（2013年新增）。30家重点企业中，受益于智能手机的持续热销，联想移动实现高速发展，产值突破220亿元，同比增长33.4%，在中国手机市场占有率排第二位；同样受益的还有万利达公司，通过为中国联通生产定制智能手机，实现产值50亿元以上，同比增长64.7%；达运精密（厦门）公司产能大幅提升，产值首次突破100亿元大关，同比增长42.9%；收购了飞利浦液晶显示器生产线的冠捷显示（厦门）公司产值突破120亿元，同比增长15.1%；受益于触控组件一条龙项目的逐步投产，华映光电实现产值80多亿元，同比增长11.8%；随着锂离子电池生产线的逐步建成投产，宁德新能源公司实现产值30多亿元，同比增长53.6%。民用照明市场的启动，带动漳州立达信产值同比增长120.6%，产值达25亿余元。其他增速较快的重点企业还有景智电子、龙净环保、飞毛腿电子和厦门TDK等，分别比上年同期增长74.1%、33.5%、30.2%和19.5%。随着国家一系列扶持光伏产业政策的出台，2013年下半年以来，光伏行业出现回暖，市场对光伏产品需求较旺，泉州阳光大地、金保利等几家光伏企业订单增长，出货明显增加。

（三）重大项目增强产业发展后劲

厦门天马微电子投资70亿元建设的国内首条、全球第二条第5.5代低温多晶硅（LTPS）TFT-LCD及彩色滤光片（CF）生产线于2012年年底全线贯通点亮，并于2013年年底达到设计产能，开发晶照明、建松电子技术改造等项目进度任务，弘信电子高端挠性印制电路板产业化项目二期已开工建设；光莆高反射率胶框项目技术改造厂房第四季度开工建设。由华映光电控股股东华映科技投资的科立视材料公司触控显示屏材料器件项目首期投资1.7亿美元，主体工程已完工，并已完成全段制程运行调试，即将投产。福建兆元光电公司LED生产线项目总投资30亿元，累计完成总投资3.98亿元，第一批4台MOVCD设备已进场安装。宁德新能源公司正在建设二期项目，该项目用地2700亩，总投资约9亿美元，目前厂房、仓库、员工宿舍等陆续完工并投入使用。阳光大地已完成6条共计240兆瓦生产线设备订购，2条生产线已运行投产，20兆瓦金太阳发电示范项目正在进行设备安装、调试、运行。海西光电科技创新基地项目入驻福建泉州（湖头）光电产业园，总投资20亿元，已吸引中下游封装应用企业入驻该产业园，产业链日趋成熟。福建先创通信公司TD-SCDMA增强型室内分布系统项目目前已进入研发后期，即将完成商用化产品的研制，进入批量化生产阶段，届时将形成年产 7000 套以上的生产能力。鑫晶刚玉公司采用自主开发设备建成了 80 公斤级蓝宝石晶棒生产线，且已进入量产，150～200 公斤级蓝宝石生产设备进入中试阶段。

（四）企业创新能力不断增强

新大陆电脑公司牵头起草的行业标准《面阵式二维码识读头通用规范》获工业和信息化部立项。星网锐捷公司的宽带接入产品、交换机分别在国内市场保持占有率第一位和第二位。日立数字映像（中国）有限公司的 MMP（多媒体投影机）产品连续 6 年保持国内市场占有率第一位。三安光电继续保持全国 LED 芯片占有率领先地位。福光数码公司院士专家工作站利用院士专家资源优势开展“大口径光学望远镜中的核心部件——改正透镜”的研制”。德泓光电与中科院上海微系统与信息技术研究所合作氮化镓同质衬底材料研发和生产项目。万邦光电与中科院海西院合作，采用 MCOB 封装工艺生产 LED 光源。立达信、阳光恩耐、光莆、东林等应用产品重点生产企业通过技术创新和系统设计，开发出高性价比的 LED 照明产品。

三、存在主要问题

（一）传统优势企业发展放缓影响行业增长

由于计算机、液晶显示产品等市场需求趋于饱和，且产品单价不断下降，相关产业的龙头企业增长乏力。2013 年戴尔（中国）公司、友达光电公司的完成产值分别下降－1.7%和-7.5%，捷联电子受传统桌面式液晶显示器需求下降的影响，产值同比下降-4.4%。3 家公司都是福建省产值超过百亿元的传统优势企业，如 2014 年不能很快扭转产值下降的不利局面，将影响福建省信息产品制造业的增长。

（二）新增长点项目尚未投产达效影响产业增速

受制于新的增长点项目未能形成生产能力，以及生产要素成本上涨、自主创新投入不足等因素，福建省信息产品制造业月度增速在 5 月达到 13.6%后，呈逐月走低趋势，影响了福建省的产业发展速度。

（三）部分企业仍未能有效借助信息化手段实现管理升级

虽然近年来不断加大两化融合力度，但福建省不少信息产品制造业企业信息化程度仍然不高，影响了企业的发展质量。2013 年福建省就闽东电机企业应用信息化水平开展抽样调研，结果显示，规模上亿元的企业应用信息化不到 15%，实现管理信息系统、办公自动化系统的电机企业所占的比例还不足 2%，信息化在生产运营过程中的缺失，容易导致产品交货期延误、生产反应缓慢、库存难以精益管理，影响了企业生产效率的提高。

（四）高端及适用人才相对缺少影响产业发展后劲

一是高层次专业技术人才、领军人物、行业带头人缺乏现象未有效改善。二是技能型人才不足，随着新生代劳动者对职业预期不断提高和“人口红利”的逐渐消失，同时由于新建园区大多在郊外，相关配套建设距 80 后、90 后年轻人的要求有一定差距等原因，企业员工队伍稳定性下降、离职率攀高现象明显。

四、2014 年展望与目标

近年来，世界经济仍在缓慢复苏中，我国经济进入结构调整和产业转型升级期，已将 GDP 增速适当下调。随着国家发展政策调整，如先后出台了《关于促进信息消费扩大内需的若干意见》、《关于促进光伏产业健康发展的若干意见》等文件及有关配套细则，福建省的相关贯彻政策也在逐步落实，福建省信息产业的发展环境有望进一步优化。随着信息消费需求不断增加，冠捷显示、万利达、捷星显示等福建省信息终端产品重点生产企业预计将继续保持较快增速；厦门天马微、科立视触控组件、厦门开发晶、三安安溪光电产业园、宁德新能源锂离子电池等一批重点项目的产能将扩大，预计 2014 年全行业将保持平稳增长，全行业预计将实现产值 7960 亿元，同比增长 15%左右。

江西省

一、产业现状和特点

（一）总体概况

2013 年，江西省电子信息产业坚持以做大总量、调优结构、提升竞争力为目标，认真贯彻落实江西省政府《关于深入实施工业强省战略加速推进新型工业化的意见》及八个配套文件精神，各项工作不断推进，实现了全行业持续健康快速发展。2013 年，江西省电子信息制造业实现主营业务收入 1992.3 亿元，同比增长 18%；实现利税 206.4 亿元，同比增长 52.9%。

1．产业步入加速发展阶段

江西省电子信息产业规模以高于全国平均的速度持续快速增长。2013 年，江西省电子信息制造业规模以上企业完成销售产值 1881.9 亿元，同比增长 15.8%，高于全国 4.8 个百分点；实现利润 148.1 亿元，同比增长 61%，高于全国 39.9 个百分点。

2．产业结构不断优化

近年来，通过大力发展通信终端、车载电子等整机产品，产业结构调整取得初步成效，整机产品的规模不断提升。2013 年，江西省手机产量 5223.67 万部，同比增长 17.67%；各类尺寸触控屏累计生产 1.97 亿片，同比增长 133.77%；车载视听产品累计生产 378.12 万套，同比增长 24.89%。

3．产业集聚初步显现

江西省电子信息制造业已初步形成了半导体照明、手机通信和数字视听三大产业集群，三大产业集群实现主营业务收入占全行业比重达到 71.8%。重点培育南昌高新区光电及通信产业集群、南昌经开区光电产业集群、井开区通信终端设备产业集群、吉州区通信传输系统产业集群、吉安县数字视听产业集群、泰和县液晶电子产业集群等 9 大特色产业集群。

（二）运行特点

1．三大骨干产业保持较快增长

面对全国经济总量增速放缓、外销市场不畅、综合经营成本上升等不利因素，特别是在全国电子信息制造业增速持续下滑的情况下，江西省半导体照明、手机通信和数字视听三大主导产业仍取得了较好的增长。1～12 月，半导体照明产业规模以上企业实现主营业务收入 150 亿元，同比增长 25%，完成利税 13 亿元，同比增长 10.36%；通信终端产业实现主营业务收入 280 亿元，同比增长 21.74%，完成利税 18 亿元，同比增长 31%；数字视听产业实现主营业务收入 180 亿元，同比增长 38%，完成利税 17.5 亿元，同比增长 16.67%。

2. 主要电子信息产品产销两旺

2013 年，江西省智能手机累计生产 5514.37 万部，同比增长 24.2%，销售 5488.5 万部，同比增长 24.4%；触控屏累计生产 1.97 亿片，同比增长 133.77%，销售 1.51 亿片，同比增长 96.91%；LED 芯片累计生产 212.2 亿粒，同比增长 24.8%，销售 212 亿粒，同比增长 13.4%；车载视听产品累计生产 378.12 万套，同比增长 24.89%，销售 344.73 万套，同比增长 26.68%。

3. 重点企业发展比较迅速

晶能光电公司在继续扩大 LED 芯片生产的同时，积极地向产业链中下游延伸，总投资 2 亿元的硅衬底大功率 LED 封装技术开发及产业化项目已建成一条生产线并已投产，年产能达到 1.44 亿粒，1～12 月，该公司实现主营业务收入同比增长 31.37%。南昌欧菲光科技有限公司 1～12 月累计生产各类触控屏 1.5 亿片，同比增长 1.5 倍，完成主营业务收入同比增长 33.3%。吉安航盛电子有限公司新项目竣工投产，车载视听产品产能继续扩大，1～12 月累计生产 370 万套，完成主营业务收入同比增长 29%，实现利税同比增长 26%。

4. 触控显示成为产业发展新亮点

江西省触控屏产业已拥有规模以上企业 6 家，2013 年实现主营业务收入 114.96 亿元，同比增长 213.16%；各类触控屏累计生产 1.97 亿片，同比增长 133.77%，销售 1.51 亿片，同比增长 96.91%。

（三）主要优势和主要差距

一是具备较为雄厚的产业基础。经过数十年的自我发展和近年来的承接转移，已形成一定的产业规模，产品门类较为齐全，在一些子产业领域打造了较为完善的产业链，引进项目开始注重产业链完善和配套能力建设，初步形成了通信终端产业链、触摸屏产业链、半导体照明产业链。在半导体照明、手机通信、数字视听等产业中，涌现出晶能光电、联创光电、赛龙通信、兴飞科技、欧菲光、红板、航盛电子等代表性骨干企业。

二是具有承接沿海地区产业转移的比较优势。江西省处于珠三角和长三角地区两大主要电子信息产业基地之间，具备承接产业转移、形成产业配套的区位优势，在资源要素上，土地价格低、人力资源成本相对便宜，成为中西部地区极具比较资源优势的产业承接地。

三是形成了一批各具特色的产业基地。重点推进数字视听产品、触控屏、手机等特色产业发展，加快形成较为完整的产业链，壮大产业规模，努力把赣州信丰、南昌经济开发区和九江共青城打造成电子信息特色产业基地。大力培育省级产业基地，壮大了一批具有较强竞争力和良好市场信誉的骨干企业，2013 年吉安电子信息产业取得了突破性进展，产业规模突破 400 亿元，吉安电子信息已获批国家新型工业化产业示范基地。

四是具有产、学、研、用良性互动的创新环境。依托南昌大学自主研发的硅衬底 LED 技术，已形成完整的半导体照明产业链，打开了自主发展的空间，具有巨大的产业价值。南昌黄绿照明公司依托南昌大学、国家硅基 LED 工程技术研究中心，实现了 MOCVD 关键装备的重大突破，为产业化奠定了良好基础。

同时，与发达省份相比江西省电子信息制造还存在以下主要差距。

一是产业规模偏小，缺乏带动性较强的龙头企业。江西省电子信息制造业规模 1992.3 亿元，仅占全国的 2.14%。缺乏大企业、大集团，尚没有规模超过百亿元的企业。在全国电子信息百强企业中，2013 年仅有赛龙通信和省电子集团二家企业入围。

二是核心自主技术基础薄弱，已有自主技术优势也未转化为产业优势。与沿海地区甚至周边省份相比，除了硅衬底 LED 技术以外，江西省具有产业化和市场前景的自主技术较少，已引进的重点企业（如欧菲光、赛龙等）技术研发能力也尚未转移至江西。

三是产业集群化程度较低，产业配套还不完善。江西省内电子信息制造业园区多但雷同性高，同一园区内企业相似度高而专业化水平低，园区之间、企业之间竞争有余而合作不足。产业上中下游有机联系不强，尚未建立起良好的配套关系。

二、开展的主要工作

（一）深入开展调查研究，形成了《江西电子信息产业发展研究》等一批研究成果

为了深入剖析江西省电子信息制造业发展现状、特点和优势，明确目标，优化布局，进一步理清发展思路和重点，制定发展举措，江西省在充分调研的基础上，形成了《江西电子信息制造业发展研究报告》。与工业和信息化部电信研究院共同开展了江西省电子信息产业发展专题研究，形成了《江西省电子信息产业发展研究》。开展了专题调研，撰写了《江西省触控屏产业发展调研报告》、《关于推动晶能光电公司进一步做大做强的报告》和《关于 OLED 技术和应用有关情况的汇报》等专报。

（二）认真贯彻落实《江西省人民政府关于深入实施工业强省战略加速推进新型工业化的意见》及八个配套文件精神，切实做好各项服务工作

对重点骨干企业，在江西省战略性新兴产业引导资金上给予支持；帮助欧菲光公司享受进口设备退税政策；推荐共青城赛龙通信技术有限公司、江西省电子集团有限公司成功申报 2013 年（第 27 届）中国电子信息百强企业；推荐欧菲光公司成功获得“全国电子信息行业最具发展潜力企业”称号，赛龙通信获得“全国电子信息行业最具社会责任企业”称号。江西省工业和信息化委员会拨专款支持 8 家重点骨干企业组团参加工业和信息化部举办的首届中国电子信息博览会，提升了骨干企业的形象和影响力。积极推进产业集群发展和产业基地建设，先后授予南昌经开区省级光电产业基地、共青城省级手机产业基地；认定宜春高安、吉安吉州 2 个战略性新兴产业配套基地；指导吉泰走廊电子信息产业发展规划的编制并组织专家论证，并积极向工业和信息化部有关司局汇报，获得有关司局大力支持，批复吉安电子信息为国家新型工业化示范基地。狠抓重大项目建设，积极培育产业发展新的增长点。不断完善项目库，掌握各设区市电子信息制造业拟建和在建项目；认真做好项目立项备案、初审、推荐工作；做好在建项目的跟踪服务，督促早建成、早投产、早见效。

（三）做好与工业和信息化部有关司局、院所和协会的对接汇报工作，努力争取国家更多的支持

加强与工业和信息化部电子信息司、财务司、运行监测协调局和电子发展基金管理办公

室的联系汇报工作，积极承办2013年度电子发展基金项目管理培训会，会务工作得到了充分肯定，获得基金管理办公室的书面致谢。2013年江西省推荐的晶能光电（江西）有限公司的“硅衬底氮化镓基LED材料及大功率芯片技术”项目，荣获中国第十二届信息产业重大技术发明，这是江西省电子企业首次获此殊荣。精心组织年度电子发展基金项目申报工作。2013年共推荐11个项目申报国家电子发展基金，其中2个项目共获得电子发展基金1100万元。加强与中国电子学会、中国半导体照明/LED产业与应用联盟和工业和信息化部直属研究院所的联系，寻求他们的指导和帮助，充分利用其资源和人才优势，助推江西省电子信息制造业的发展。

（四）积极做好战略性新兴产业推进活动的协调工作

按照江西省战略性新兴产业推进活动的统一部署，江西省在吉安市举办了江西（吉安）电子信息暨绿色食品产业现场推进会。推进会为宣传当地产业发展成果、推进产业合作和产业结构优化升级搭建了良好平台，推进会现场签约项目22个，总投资额达到143.6亿元。

三、2014年产业发展趋势展望

（一）有利因素、不利因素

2014年电子信息制造业面临的不确定性因素仍然很多，国际经济形势还不明朗，当前外需不振以及生产要素成本上涨等问题都制约着电子信息制造业的发展，同时电子信息产业正处于变革突破、融合创新的新阶段，以高端芯片、新型显示、智能终端等为代表的新一代信息技术正加速发展并掀起新一轮的产业革命浪潮，新兴市场需求以及电子信息产品的更新替代周期加快，信息消费蓬勃兴起，百姓对智能电子产品需求日趋旺盛，成为市场热点，移动互联网的快速发展和互联网业务拓展将进一步促进电子信息产业的快速发展。

（二）发展趋势判断

随着信息消费等一系列政策的出台以及电子信息技术的发展，电子产品不断更新换代，2014年江西省电子信息制造业仍将延续快速发展的态势。

四、2014年产业发展目标

2014年，江西省电子信息制造业发展目标：规模以上企业实现主营业务收入1020亿元，同比增长24%；实现利税总额85亿元，同比增长23%。

山东省

2013年，山东省信息技术产业（含制造业、软件业）统计内规模以上企业共3650家，实现主营业务收入11333亿元，实现利润592.71亿元、利税880.45亿元，分别同比增长19.16%、18.81%、16.82%，分别高于全省工业6.66、6.38、5.25个百分点。山东省软件业统计范围内企业共2172家，累计完成软件收入2263亿元，是2009年的4.7倍，同比增长30.2%，2009年以来，平均增速超过30%，高于全国5个百分点，利润总额86.3亿元，同比增长15%，利税总额 172 亿元，同比增长 15.3%。

一、主要特点

（一）信息技术制造业平稳增长，产值规模稳居全国第四位

信息技术制造业依然延续了平稳、较快的增长态势，规模和效益同步提高。2013 年，山东省信息技术制造业规模以上企业为 1388 家，实现主营业务收入 8230 亿元，同比增长 16.45%，比山东省规模以上工业同比增速高出 3.85 个百分点；实现利润 506.44 亿元，同比增长 19.48%，比规模以上工业利润增速高出 7.05 个百分点；实现利税 708.19 亿元，同比增长 17.17%，比规模以上工业利税增速高出 5.6 个百分点。根据工业和信息化部公布的数据，山东省信息技术制造业销售产值仅次于广东省、江苏省和上海市，居全国第四位，且最近 3 年一直居全国第四位，和上海市的差距逐渐变小。

重点调度的产品中，产量实现同比增长的分别为：手机产量 5096.7 万部，同比增长 23.94%；半导体分立器件产量 136.1 亿只，同比增长 16.03%；液晶电视机产量 1526.7 万台，同比增长 7.57%；服务器产量 17.1 万台，同比增长 16.33%；光电子器件产量 226.3 亿片，同比增长 18.98%；电子元件产量 136.7 亿只，同比增长 15.16%；打印机产量 604 万台，同比增长 1.04%。产量同比下降的有：移动通信基站产量 1309.5 万信道，同比下降 11.23%；笔记本电脑产量 96.7 万台，同比下降 58.60%。

（二）软件产业增长迅速，呈现全面、综合发展态势

软件产业深入实施“名城、名园、名企、名品”战略，保持了快速发展势头。2013 年，累计完成软件业务收入 2263 亿元（是 2010 年的 2.5 倍以上），首次突破 2000 亿元大关，同比增长 30.2%。山东省软件产业结构由传统软件开发模式走向软件和信息技术服务业全面、综合发展的格局。信息技术服务类收入 1194.3 亿元，同比增长 31.1%，占比为 52.8%。其中，集成电路设计实现收入 29.6 亿元，同比增长 38.9%，增速比 2012 年同期提高 21.4 个百分点，超过全行业 8.7 个百分点，成为山东省软件业中增长最快领域；数据处理咨询服务和信息系统集成服务分别实现收入 283.1 亿元和 463.2 亿元，同比分别增长 38.2%和 34.7%。嵌入式系统软件和信息技术咨询服务增速放缓，增速分别比全行业低 6.8 个和 7.6 个百分点。

（三）产业转型创新加速，竞争优势显著提高

山东省集成电路、云计算、数字家庭、新型电子材料等新一代信息技术领域的创新成果不断涌现，产业规模逐步壮大，成为带动产业发展的重要力量。通过实施核高基等重大创新专项，“面向互联网应用的服务器核心软硬件研发”、“动态随机存储器产品研发及产业化”、“大尺寸碳化硅单晶衬底”等一批关键技术实现了重大突破。海信液晶电视产销继续领先；浪潮关键应用主机及操作系统、数据中心等产品增速较快，服务器产量增长近 14%，继续保持国产服务器品牌国内市场占有率第一位，并首次进入国际市场前 5 位；华芯富创投产我国首条大尺寸 OGS 触控屏生产线，进一步拓宽产品领域；天岳先进材料凭借其在碳化硅衬底领域的技术优势发起成立了中国宽禁带功率半导体产业联盟。随着各种新业态的普及和信息消费模式的创新，山东省新一代信息技术产业软硬件产品不断推陈出新并逐步产业化，在两化融合和产业升级过程中将发挥更大作用。

（四）产业布局日益优化，骨干企业带动作用不断增强

经过多年的发展，山东省信息技术产业聚集效应明显，产业布局日益优化。2013 年，烟台、青岛和威海的信息技术制造业产业规模持续保持在山东省前三位，三市合计占全省的 66.7%，成为我国重要的信息技术产品制造业基地。济南、青岛分别完成软件业务收入 1300.3 亿元和 701.3 亿元，同比分别增长 28.6%和 32%，两市合计占山东省软件业 88.8%的比重。

骨干企业规模和效益逐年攀升，海尔、海信、浪潮、歌尔声学、北洋电气、山东鲁鑫贵金属 6 家企业入围全国电子信息百强，比 2012 年多出一家，6 家企业的收入和利润约占全行业的 30%。海尔、浪潮、海信、中创、东方电子、威海北洋 6 家企业入围全国软件百强，其中海尔、浪潮分列第 2、第 3 位，6 家企业利润占山东省软件利润的近 70%。7 家企业入围国家规划布局内重点软件和集成电路设计企业。

（五）对外出口持续低迷

受国际形势和人民币汇率的影响，山东省信息技术产业出口持续低迷。全省信息技术制造业实现出口交货值 1649.5 亿元，同比下降 1.31%，占全省规模以上工业出口交货值的 20.08%。12 月出口交货值同比下降速度减缓，山东省电子产品出口压力仍然较大。山东省软件出口持续低迷，且月度波动反复特征明显，软件业务出口已持续两年处于逐步回落态势，2013 年山东省实现软件业务出口 7.4 亿美元，同比增长 3.3%，增速分别低于 2011 年和 2012 年 13.1 个和 34.8 个百分点，下行压力较大。

二、信息技术产业发展面临的形势

从政策环境看，国务院《关于印发进一步鼓励软件产业和集成电路产业发展若干政策的通知》深入实施，带动软件产业和集成电路产业快速发展。国务院印发的《关于促进信息消费扩大内需的若干意见》，从 5 个方面提出了促进信息消费的主要任务。信息消费成为继汽车、房地产之后的新一轮消费热点，也成为当前经济发展的重要突破口，为信息技术产业发展提供了巨大的发展机遇。

从技术趋势看，云计算、物联网、智慧城市、移动互联网、大数据等新兴技术发展迅速，工业和信息化部对 4G 牌照的发放，标志着我国正迎来新一轮信息技术发展的高速增长期和产业转型期，社会经济发展对信息技术的需求越来越大，信息技术产业创新、融合、转型的速度越来越快，深刻影响着国内信息技术产业格局。

从山东省情况看，尽管 2013 年山东省信息技术产业增长较为稳定，但总体来看，山东省产业整体上处于价值链的中低端，产业优势主要集中在加工组装及配套环节，如电子元器件、光伏、半导体照明等领域多是直接引进国外先进技术、关键电子设备和现代化生产线进行生产，且多为低端产品，技术含量不高。关键核心器件、集成电路、基础软件、高端通信设备等领域产品相对较少，核心竞争能力不强。随着产业规模的不断壮大，再加上出口及投资放缓等因素制约，产业增长速度趋缓。

从未来发展趋势看，信息技术产业必将伴随城镇化进程有更大发展。山东省传统产业占比为 65%，转方式、调结构正加快推进，改造提升传统产业将为信息技术产业发展提供难得的机遇。山东省“两区一圈一带”区域发展板块加快崛起，为信息技术产业集约集聚发展提

供了载体条件。山东省各类经济园区数量全国最多，软件产业方面拥有全国第2家中国软件名城济南，拥有在全国具有较大影响力的齐鲁软件园，青岛市软件产业近年来发展较快，也拥有海尔、浪潮等骨干企业，都将有力支撑信息技术产业快速发展。

三、2014年主要工作任务及措施

2014年目标：力争全年实现全省信息技术产业（含信息技术制造业、软件业）业务收入1.4万亿元左右，同比增长15%，其中软件业务收入突破2700亿元，同比增长25%以上。重点做好以下5个方面的工作。

（一）强化调查研究，加强服务保障，营造更加良好的产业发展环境

深入实施“十二五”发展规划，大力促进信息消费，进一步引导集成电路设计企业、光伏企业等通过国家相关认定，享受国家有关优惠政策。提升济南中国软件名城综合服务平台功能，完善济南市小微软件企业互助合作基金联保体运作模式并适时扩大试点范围。发挥山东省软件和信息服务业协会、电子学会以及各类产业联盟的桥梁纽带作用，积极探索为产业发展服务的更好的方式方法。做好经济运行统计监测，加强对重点行业、骨干企业、重点产品的运行监测。

（二）促进信息消费，坚持以用兴业，推动信息技术产业创新转型

积极推进软件服务、数字家庭、智能手机等信息消费产品的研发与产业化，加快在山东省建设数字家庭应用示范产业基地，进一步丰富信息消费产品和内容。积极探索建设山东软件和信息服务交易所（中心），为社会提供软件和信息服务交易和服务的公共平台。引导软件服务企业把握当前“软件+应用”这一信息消费主要形态，进行模式创新与产品、服务创新。围绕轻工、纺织、机械、化工、冶金、建材六大传统产业的转型升级，加大智能化研发力度，遴选并推广一批面向行业的优秀解决方案。推动信息技术及产品与节能减排、工业控制、装备制造等领域的融合互动。

（三）实施“四名”战略，强化公共服务，进一步做大做强软件和信息服务业

深入实施“名城、名园、名企、名品”战略，放大济南市名城效应，推进济南创新谷以及“中国航天科技园（济南）暨航天工业软件研发基地”建设。协调并积极争取工业和信息化部软件服务业司对青岛市软件产业发展的指导与扶持，抓好青岛市千万平方米软件园等载体建设，适时启动青岛中国软件名城创建工作。支持海尔、浪潮、海信、中创、北洋等软件百强企业进一步激发企业活力，加强自主创新，拓展国际市场。适时发布需重点突破和掌握的关键软件技术以及面向工业领域和信息消费领域通用软件技术指导目录，加快安全可信关键应用系统集成创新和推广，推动云计算广泛落地应用。

（四）加强顶层设计，拉长产业链条，拓展信息技术产业发展空间

依托济南、青岛、烟台、潍坊、淄博、济宁、东营等地产业基础与环境优势，着力打造一批高端软件、云计算、服务器、家用电子、应用电子、计算机、新型电子元器件等领域的特色优势产业高地。积极推进惠普国际软件人才及产业基地（济宁）建设。对省级信

息技术产业园区、省级软件园区进行摸底调研并考核，积极培育并适时认定一批省级产业园区。实施好基础电子产业跃升、整机价值链提升和工业应用电子开发应用三大工程，推动 LED、光伏、集成电路、云计算设备、平板显示五大产业链的整合提升。推动 LED 背光源、液晶模组生产企业同海尔、海信等整机企业的联合研发及产品配套，推进大尺寸 OGS 触摸屏生产线建设。

（五）强化自主创新，做强龙头企业，提高产业核心竞争能力

整合省内外研发创新资源，以行业龙头企业、省级工程技术中心为依托，以产业联盟为平台，大力构建面向信息技术产业的区域研发创新服务体系，完善以企业为主体的产学研协同创新机制。进一步加强省级集成电路设计中心、半导体照明工程技术中心、软件工程技术中心等建设，培育并认定一批在特色领域具有较强创新能力的工程技术中心，形成技术优势和品牌优势。通过重点项目实施，努力突破高端软件，高性能存储、金融 IC 卡等高端通用芯片，碳化硅等关键基础电子材料，IGBT、微型电声器件等核心电子器件，基于国产 CPU 的高端服务器等一批关键核心技术，提升信息技术产业自主可控发展水平。

河南省

2013 年，在河南省经济总体呈现出稳中趋升、稳中有进、稳中向好的态势下，在信息化建设全面深化、承接产业转移及布局优化调整的作用下，河南省电子信息产业保持快速增长势头，是调结构、促转型、稳增长，带动河南省外向经济发展的重要引擎。富士康集团智能手机产能的集中释放仍是拉动河南省电子信息行业快速增长的主要动力。

一、基本情况

2013 年，河南省电子信息制造业实现主营业务收入 2724 亿元，同比增长 36.1%，居中部六省首位；利润总额 106 亿元，同比增长 79.7%；税金总额 22 亿元，同比增长 8.4%；出口交货值 1930 亿元，同比增长 45.4%。

总体看来，2013 年河南省电子信息制造业呈现持续上升态势。

二、主要特点

（一）产业规模持续扩大

2013 年，河南省电子信息制造业发展呈持续快速增长态势，主营业务收入居中部六省首位，增速居全国第 6 位。近年来，省辖市中郑州市增长最为突出，由 2010 年郑州市电子信息产业规模仅相当于合肥、武汉的 25%，跃升至 2011 年的 50%，2012 年更是达到 80%；2013 年郑州市电子信息产业规模在中部六省省会城市中列第 3 位。

（二）全省富士康项目继续保持快速发展的良好势头

2013 年，河南省富士康项目继续保持快速发展的良好势头，初步形成了“一核带动、多点发力”的格局，郑州手机、济源机构件、南阳投影仪等项目产能不断扩大，鹤壁镁合金项目正式量产，校企合作实训基地项目有望落地生根。截至 2013 年 12 月 31 日，富士康郑州项目共布局手机生产线 104 条，生产苹果手机 9373 万部，同比增长 37.8%，完成产值 271.2 亿美元；自 2011 年 3 月投产之日起，郑州园区累计生产苹果手机 1.82 亿部。此外，生产投影仪 19 万台，手机机构件 1.33 亿套，IT 线缆及插接件 45 亿件，镁合金 3C 部件 248 万件。河南省富士康项目共实现产值 1744 亿元。

（三）集聚发展趋势显现

郑州市电子信息产业形成了以航空港经济综合实验区为主的东部板块、以高新区为主的西部板块、以金水区为主的中部板块，三大板块的电子信息销售收入占郑州市的 90%以上；同时，形成了航空港经济综合实验区智能终端（手机）生产基地、高新区国家级信息安全基地等多个特色产业集聚区。国家（许昌）电力电子系统产业园已发展成为国内综合实力最强的电力装备供应基地之一；正在建设中的中原电气谷，将成为输电保护、风电光电以及民用电气制造核心区，也将成为河南省经济新的增长极。信阳工业城以智能终端（手机）产业园和 IT 产业园成功引进为标志，在集群引进上取得重大突破。漯河规划建设了沿京港澳高速的电子信息产业带。鹤壁市汽车电子产业集聚效应明显。

（四）对外贸易持续增长

河南省电子信息产业对外贸易继续活跃。出口交货值 1930 亿元，同比增长 45.4%，增速与 2012 年同期相比虽有回落，但仍保持快速增长态势，增长动力主要来自富士康项目。2013 年 1～11 月，河南省富士康项目共完成进出口额 311.3 亿美元。

（1）郑州项目。完成进出口 306.4 亿美元，同比增长 18.5%，占河南省进出口总额的 58.2%，对河南省外贸贡献率达 75.8%；自 2011 年投产至今，累计实现进出口 677 亿美元。

（2）南阳项目。完成进出口 4000 万美元，同比增长 306%；自 2012 年投产，累计实现进出口 4739 万美元。

（3）济源项目。完成进出口 1.5 亿美元，自 2012 年投产，累计实现进出口 4.5 亿美元。

（五）骨干企业不断增多

2013 年，河南省共有 5 家企业入围第 27 届电子信息百强企业，比 2012 年增加 2 家。河南省 5 家电子百强企业 2013 年主营业务收入达到 371 亿元，同比增长 7%。同时，河南省有 19 家企业被评选为全国电子信息行业优秀企业。

三、存在的主要问题

河南省电子信息产业虽然保持了快速发展，但与电子信息产业强省相比，还存在较大差距。

存在的主要问题：一是产业基础薄弱，产业总体规模小。河南省电子信息制造业仅相当于广东、江苏的 1/10，不到山东的 1/2，缺乏具有较强竞争力的、带领产业发展的龙头企业。二是创新能力不强，关键核心技术受制于人。产业总体上仍处价值链中低端，代工制造和加工贸易所占比重较高，技术附加值低。企业研发投入普遍不足，缺少领先水平的关键技术，产品更新换代慢，难以应对电子产品快速升级带来的冲击。三是区域发展不平衡，主要还是聚集在郑州、洛阳、新乡、许昌、信阳等地。对个别企业的依存度过高，产业发展存在一定风险。四是政策、资金扶持力度不够。缺少资金、融资渠道窄、技术与人才引进困难阻碍企业快速发展，本土化企业发展速度过慢。

四、2014 年展望与目标

针对产业基础薄弱、总体规模偏小、核心竞争力不强等问题，河南省电子信息制造业将坚持龙头带动、高端引领、集群发展，2014 年要重点发展以智能手机、平板电脑等为代表的智能终端产业，带动新型显示、集成电路、半导体照明等产业发展，力争实现主营业务收入 4000 亿元，增速达到 30%左右。

五、下一步发展重点

（一）大力发展智能终端产业

围绕河南省编制的智能终端（手机）产业链图谱，以郑州航空港经济综合实验区为中心，全力构建主导突出、功能完备、配套齐全、协同有力的智能终端（手机）产业链条。引导推进鹤壁、信阳、洛阳、新乡等省辖市依托本地基础与优势实现差异化发展，加快培育形成特色产业板块。持续推动富士康智能手机整机项目扩大产能；积极推进中兴、酷派、天宇、创维等智能手机生产、配套、研发、总部基地项目引进；引导骨干企业进一步抓好手机屏幕的研发生产；提升手机电池、外壳、摄像头、扬声器、耳机等周边设备的供应配套能力。

（二）加快新型显示技术产业化

加快发展 TFT-LCD（薄膜场效应晶体管液晶显示屏）、立体大屏幕、OLED（有机发光二极管）显示产品及材料。加快推进郑州旭飞光电高端平板显示玻璃基板产业化，进一步提升产品品质，增加产品种类。瞄准全球知名企业的液晶模组、面板、整机、包装等技术和产品进行招商，延伸液晶显示产业链。加快偏振型和裸眼型 LED（发光二极管）立体大屏幕关键技术的研发与产业化，打造三维高科技产业园。加快引进 OLED 关键技术、材料、设备及研发团队，积极推进 OLED 技术研发与产业化。

（三）积极促进新型节能光源产业发展

引导资源集聚，实施重点突破，开展试点示范工程，提高关键技术研发能力，培育龙头骨干企业，加快推动郑州华阳、恒基光电、生茂光电等企业做大规模，完善链条。着力提高器件封装的取光效率、荧光粉效率和散热性能，增强功率型 LED 器件的封装能力；推进景观照明、液晶显示背光源以及室内商业照明等 LED 应用；加快 LED 外延片芯片制造等相关核心技术研发和产业化，填补河南省产业空白，完善 LED 产业链。

（四）完善汽车电子产业链

顺应汽车向安全、环保、节能方向发展的趋势，坚持整车带动，依靠自主创新，突破关键技术和关键产品，逐步建立配套体系，扩大市场规模。依托宇通客车、海马（郑州）、东风日产等企业，发展提升传统汽车动力电子控制、底盘电子控制、车身电子控制系统和新能源汽车动力电控系统等核心汽车电子控制产品；依托天海集团、航盛电子等企业，加快发展车载视听娱乐系统、汽车仪表等车身汽车电子产品。加快新能源汽车电子技术开发，大力发展动力电池、高效功能电池、新型电池材料等产品。

湖北省

2013 年，湖北省电子信息产业抢抓战略机遇，按照着力调结构、推转型、促发展的工作思路，积极推进产业发展，行业经济指标快速增长，产业结构进一步优化，创新能力明显提升，集聚效应不断增强，产业发展再上新台阶。

一、基本情况

湖北省委、省政府高度重视产业发展，专题召开推进产业发展工作会议，制定出台“加快发展意见”及“行动方案”，将电子信息产业作为引领湖北省战略性新兴产业快速发展的重点予以打造，为产业发展营造了良好环境。

全年实现主营业务收入 3048 亿元，工业增加值 951 亿元，利润总额 191 亿元，利税总额 283 亿元，分别比上年增长 36.66%、48.34%、37.06%和 40.78%。其中，制造业主营业务收入 2339 亿元，同比增长 25.55%；软件业务收入 709 亿元，同比增长 92.74%。产业从业人数从 2012 年的 37.9 万人增加到 2013 年的 44.1 万人，同比增长 16.36%。

二、主要特点

（一）产业结构进一步优化

一是软件业增势强劲，产业发展“软化”趋势显现。2013 年软件业务收入 709 亿元，同比增长 92.74%，占全行业的比重从 2012 年的 16%提高到 2013 年的 23%，产业规模居全国第 11 位，中部地区第 1 位，在全国排名中前进 2 位。二是企业结构明显改善。湖北省现有规模以上企业 3491 家，其中，主营业务收入超过百亿元的企业 3 家，比上年增加 1 家；超过 50 亿元的企业 7 家，比上年增加 4 家；超过亿元的 493 家，比上年增加 120 家；被评为全国电子百强企业 4 家，比上年增加 1 家。三是产品不断升级换代。智能手机、平板电脑、中小尺寸显示屏等新兴优势产品产量增速均超过 25%，逐渐成为拉动行业发展的重要力量。四是部分市（州）加速发展。襄阳、荆州、孝感、黄石、仙桃等市的电子制造业增速均在 24.6%以上。

（二）创新能力明显提升

一是企业重视技术创新，加大研发投入。2013 年，规模以上企业研发投入占销售收入的比重达到 4.3%，创历史新高。二是行业重视创新平台建设。围绕培育战略性新兴产业，积极推进企业、高校、科研院所之间的产学研合作，支持成立了数字家庭、移动互联、3D 打印等产业创新联盟，促进了产业自主创新和企业核心竞争力的提升。三是产业技术创新成果丰硕。武汉电信器材和武汉光迅科技 2 家企业参与完成的“高速半导体激光器制备、测试与耦合封装技术”项目获国家技术发明二等奖。武汉光迅科技和武汉邮科院的“拉曼光纤放大器的研发及产业化”、武汉高德红外和华中科技大学的“高性能红外成像关键技术研究及其应用”、烽火通信和武汉邮科院的“分组多业务传送与感知关键技术及应用”3 个项目获湖北省科技进步一等奖。武汉光谷科威晶、湖北戈碧迦光电 2 家企业获湖北省科技型中小企业创新奖。滨湖机电、华工激光等分别成功研制并产业化全球最大的粉末床类激光 3D 打印机、全国首台紧凑型 4000W 轴快流二氧化碳激光器。

（三）集聚态势不断增强

一是不断加大固定资产投资，增强产业发展后劲，全年完成投资 613 亿元，同比增长 37%，新增固定资产 243 亿元，同比增长 10.6%。其中，富士康台式机生产线等扩产项目 65 亿元、武汉天马中小尺寸液晶显示器件及滤光片量产项目 20 亿元、联想产业基地新投产项目 10 亿元、雅图中国·光影城新投产项目 10 亿元、武汉软件新城新投产项目 20 亿元、武汉邮科院通信设备及软件 30 亿元等。二是大力开展招商引资，推进产业集聚发展，联想、雅图、百度、菜鸟、京东电子商城等一批知名企业纷纷落户湖北省，仅联想公司就为湖北省带来了 175 亿元的新增产值，雅图等企业也成为湖北省产业新的经济增长点。三是围绕“武汉·中国光谷”国家光电子产业基地建设、“武汉中国软件名城”和湖北国家数字家庭应用示范产业基地创建，加快重点基地园区建设，强化产业集聚发展，健全企业服务平台，促进重点产业链加速发展，形成了以光电子、移动通信、数字家庭、集成电路和软件为特色的电子信息产业发展格局，建成了全球最大的光纤光缆生产基地和全国最大的激光产业生产基地。武汉地球空间信息及应用服务创新型产业集群入选科技部第一批创新型产业集群试点。

（四）重点企业带动作用明显

重点企业充分发挥引领支撑和带动发展作用，无论在技术创新还是效益创收等方面都是湖北省电子行业的领头羊。武汉邮科院、长飞连年被评为全国电子百强企业，骆驼集团、劲森光电也于 2012 年进入了全国电子百强企业的行列；长飞和泰晶电子被评为第 26 届中国电子元件百强企业；武汉滨湖电子被评为中国电子质量管理小组活动先进单位。武汉邮科院积极研发创新，全年产值比上年净增 35 亿元；武汉联想自建成投产以来，当年新增产值 175 亿元，并迅速成长为湖北省电子信息产业进出口贸易的一支重要新军；武汉天马中小尺寸液晶显示器件及滤光片项目量产，全年实现主营业务收入 51 亿元，同比增幅达到 107.91%；鸿富锦全年销售产值 343 亿元，自建成投产以来，产业规模在湖北电子信息企业中连续多年位居第一。以武汉联想、精伦电子、雅图、安通等企业为重点的数字家庭产业联盟，以扩大信息消费为引领，有力推动了湖北省电子信息产业发展。

（五）对外贸易态势良好

鸿富锦等重点企业进出口贸易对湖北省进出口贸易起到了重要支撑作用。有 8 家电子信息企业名列全省进口前 20 位，1～12 月累计进口 23.6 亿美元，占湖北省外贸进口总额的 17.41%。其中，长飞和新芯的进口平稳增长，天喻则出现大幅增长。有 6 家电子信息企业名列全省出口前 20 位，1～12 月累计出口 38.58 亿美元，占湖北省外贸出口总额的 16.89%。其中，鸿富锦精密工业（武汉）有限公司 1～12 月累计出口 27.04 亿美元，冠捷显示科技（武汉）有限公司 1～12 月累计出口 4.19 亿美元，名幸电子和随州波导的出口平稳增长，武汉烽火国际则出现大幅增长。联想自 2012 年建成投产以来，迅速成长为湖北省电子信息产业进出口贸易的一支重要新军。湖北省出口超过千万美元的电子信息企业28家，其中，鸿富锦精密工业（武汉）有限公司、冠捷显示科技（武汉）有限公司、联想移动通信（武汉）有限公司、名幸电子（武汉）有限公司、武汉烽火国际技术有限责任公司全年累计出口金额分别名列湖北省出口企业的第1、第4、第8、第12、第13位。

（六）软件业增长势头强劲

软件业呈现快速发展态势，软件业务收入全年累计709亿元，同比增长92.74%。其中软件产品收入307亿元，信息系统集成服务收入141亿元，信息技术咨询服务收入54亿元，数据处理和存储服务收入135亿元，嵌入式系统软件收入、集成电路设计收入共计72亿元。软件业的利润和税金较上年均有明显提高，实现利润总额108亿元，实现税金总额42亿元。全年新认定软件企业73家，累计有效认定软件企业824家；新登记软件产品1012件，累计有效登记软件产品3809件。截至目前，湖北省获得计算机信息系统集成资质的单位共153家，其中一级4家，二级26家，三级106家，四级17家。软件从业人员22万人，较2012年同期11.1万人增长98.2%；软件业在电子信息产业中所占份额逐年加大，占全行业比重由2012年的16%提高到2013年的23%，为湖北省电子信息产业快速增长做出了重要贡献。

三、存在的主要问题

（一）部分重点企业出现利润下滑

受市场不景气及生产成本上升等因素影响，部分企业的利润出现了明显滑坡，而有的企业则出现了大幅下降。截至2013年12月，武汉邮科院主营业务收入同比增长12.89%，利润总额同比增长只有0.18%；宜昌劲森光电主营业务收入同比增长18%，利润总额却出现零增长；更为明显的是，随州波导主营业务收入同比增长24.9%，利润总额却同比下降108.5%；华灿光电主营业务收入同比增长12.47%，利润总额却同比下降185.02%；富士康的利润总额也同比下降了44.85%。

（二）部分主要产品产量明显下降

2013年1～12月，台式微型计算机、集成电路、显示器、电子元件的产量均出现下滑，同比出现负增长。受市场需求萎缩的影响，台式微型计算机的产量近年来连续出现下滑，在2012年同期同比下降1.13%的基础上，2013年同期又下降了5.8%；集成电路的产量下降了27.67%；显示器和电子元件的产量分别下降1.3%和35.1%。虽然2013年下半年以来，欧盟对我国光伏产业双反高额征税有所缓解，但湖北省多晶硅产品生产的回暖迹象仍然不够明显，南玻自2012年停产以来至2013年10月才恢复生产，产品产量与2012年同期相比下降79%。

四、2014年展望与目标

2014年，产业发展的有利条件是：自党的十八大明确提出大力推进两化深度融合、确定四化同步的发展战略以来，国家又连续出台《国务院关于促进光伏产业健康发展的若干意见》和《关于促进信息消费扩大内需的若干意见》等利好政策，进一步加大产业发展扶持力度。从省内发展环境看，产业呈现你追我赶、竞相发展的良好局面，湖北省大多数地方都十分重视电子信息产业的发展，都把发展电子信息产业作为经济建设转型升级的重要方向，在政策和资金等方面给予大力支持，多个市（州）呈现出可喜的增长势头；湖北省政府“关于推进电子信息产业等六个重点产业加快发展的意见”及湖北省经信委制定的“关于加快电子信息产业发展的行动方案”为湖北省电子信息产业发展提供了明确的指导政策，这些都为湖北省电子信息产业提供了良好的发展环境。从产业新的增长点来看，据各市（州）初步调查数据显示，2014 年湖北省电子信息产业将新增产值约 588 亿元，主要是前期投产或扩产项目的建成达产等因素的带动效应。以上各种有利条件必将进一步推进湖北省电子信息产业发展。

但是，产业发展依然面临要适应环境紧约束的压力，还面临人力成本、原材料采购成本和能源成本等大幅上升以及产品销售价格大幅下降的负面影响。加之全球经济复苏缓慢、需求萎缩、订单不足，企业生产能力得不到充分发挥。部分企业还面临较大的资金压力，出现了融资渠道受限、融资难度明显加大的情况。

综合分析以上多方面因素，湖北省电子信息产业具有良好的发展基础和条件，发展氛围逐步形成，进一步快速提升可以期待，尤其是软件产业快速增长的态势更为明显，只要充分利用好各种有利条件，抓住机遇，就能促进湖北省电子信息产业大发展。

预计 2014 年湖北省电子信息产业各项主要指标将继续保持较快增长的态势，调控目标可确定为：实现主营业务收入 3400 亿元，实现增加值超过千亿元，力争增速均达到 20%以上。

湖南省

2013 年，在湖南省委、省政府的正确指导下，湖南省电子信息制造业系统按照“稳中求进”的总基调，积极应对复杂、严峻的经济形势，全力以赴稳增长，坚定不移调结构，湖南省电子信息制造业保持了平稳、快速的增长态势，已经上升为湖南省工业支柱行业之一。

一、基本情况

2013 年，湖南省规模以上电子信息制造业企业有近 500 家，共实现主营业务收入 1735.53 亿元，同比增长 41.2%；完成工业增加值 653.39 亿元，同比增长 33.8%。产业增速较前两年有所回落，但仍保持快速增长态势。

二、主要特点

（一）产业保持快速增长

据工业和信息化部运行监测协调局数据，2013 年，湖南省规模以上电子信息制造业实现主营业务收入 1735.53 亿元，同比增长 41.2%。规模居全国第 13 位，较 2012 年上升一位；增速居全国第 3 位，较 2012 年上升两位。完成出口交货值 489.44 亿元，同比增长 130.8%，增速居全国第 3 位，中部地区第 1 位。另据湖南省统计局测算，2013 年湖南省规模以上电子信息制造业完成工业增加值 653.39 亿元，同比增长 33.8%，已连续 4 年领跑全省各主要行业。对湖南省规模工业的增长贡献率达到 16.22%，居各大类行业之首，累计拉动规模工业增长 1.88 个百分点，工业增加值占全部规模工业的 6.7%，在全省主要工业行业中位列第 6，电子信息制造业已经成为湖南省工业支柱行业之一。

（二）结构调整进一步优化

一是龙头企业增长强劲。蓝思科技集团全年主营业务收入达到300亿元，连续第2年入围全国民营企业制造业500强。衡阳胜添主营业务收入达到270亿元，成为湖南省第2家规模超过200亿元的企业。中电48所实现主营业务收入60亿元，同比增长9.4%，是国内运转良好的光伏骨干企业。介面光电产能释放，实现主营业务收入36.1亿元，同比增长5.2倍。华磊光电订单充裕，实现主营业务收入10.15亿元，同比增长3.8倍。二是集聚发展态势强劲。长株潭三市和衡阳市占全省总量的71.36%；其中，长沙、衡阳两市累计比重达到52.56%，增速分别为41.8%和51.4%。三是对外贸易快速增长。湖南省电子信息制造业出口交货值增速居全国第3位，中部地区第1位；其中蓝思科技股份、蓝思科技长沙、衡阳胜添电子、欧姆龙精密电子分别位列湖南省重点加工贸易企业第1、第2、第5和第7位，电子信息产业成为湖南省工业出口的主力。

（三）效益质量稳步提升

湖南省规模以上电子信息制造业全年实现利润83.26亿元，同比增长27.3%；上缴税金55.47亿元，同比增长38.9%。2013年，湖南省电子信息企业共获得20多项行业荣誉称号。蓝思科技、威胜集团作为湖南省创新企业典型接受习近平总书记考察；南车时代电气、益阳科力远继续入围2013年中国电子信息百强企业，艾华集团入围全国元器件行业百强，蓝思科技入围2013年全国民营企业500强；中电48所、蓝思科技等13家企业获全国电子信息标杆企业、优秀创新企业，国科微电子获第八届“中国芯”最具投资价值企业。

（四）项目建设扎实推进

2013年，湖南省电子信息制造业完成固定资产投资490.8亿元，居全国第9位。蓝思科技后劲十足，榔梨基地一期已建成28万平方米厂房，榔梨基地二期、浏阳基地三期建设启动。南车株洲所大功率IGBT产业基地和8英寸IGBT芯片生产线项目正式通电。基伍智能手机终端产业基地在浏阳经济开发区开工建设。科力远新能源投资4.5亿元年产6万台套的镍氢汽车动力电池生产线10月底正式投产，到2018年计划产能将达到30万台套。

（五）科技创新取得新成绩

南车时代电气相继研发出具有完全自主知识产权的系列高压IGBT芯片，填补了国内空白，达到国际先进水平；国防科技大学天河二号超级计算机蝉联世界超算冠军，这两项成果均被列入我国2013年信息产业6项关键技术突破。威胜集团、华自科技分别建立我国首家能源计量与能效管理、水利水电自控领域院士专家工作站。国科微电子“高清音频处理芯片GK1107”获第八届“中国芯”最具潜质产品奖。新亚胜科技魔幻舞台系列LED显示屏获得2012年中国LED创新产品和技术奖，继伦敦奥运会后，再次闪耀索契冬奥会。

三、面临的问题

湖南省电子信息制造业面临的不利因素仍然较多。一是产业规模仍然偏小。虽然近年来湖南省电子信息制造业保持40%以上快速增长的态势，但由于基础薄弱，总体规模仍然偏小。

2013 年产业规模占全国比重仍仅有 1.86%。二是行业利润率不高。2012 年湖南省电子信息制造业利润率为 4.99%，比全省规模工业平均水平要低 0.02 个百分点，处于较低水平。三是企业运营成本高。劳动力成本增加、产品价格下跌、原材料价格上升是影响企业生产经营最突出的问题。四是劳动力趋紧。新一代工人对薪酬待遇、工作环境、劳动强度等要求提高，招得来、留得住是困扰当前不少企业用工的两个难题。五是投资增速放缓。湖南省 2013 年累计完成固定资产投资 490.8 亿元，投资总额居全国第 9 位，但 10.2%的投资增速相比 2012 年同期下降 96.3 个百分点。投资额与投资增速在中部 6 省中均列第 5 位，分别仅高于山西省和江西省。

四、2014 年展望与目标

从国际看，2014 年世界经济复苏步伐有望略有加快，国际货币基金组织预计 2014 年全球经济增长 3.6%，比 2013 年高 0.7 个百分点。但影响全球经济复苏的因素依然较多，金融风险、经济风险、市场风险、贸易保护主义等问题依然突出。综合看，2014 年我国电子信息产业总体仍将延续低速增长的格局。

从国内看，随着我国全面深化改革的不断推进，市场在资源配置中的决定性作用不断加强，民营经济和中小企业发展环境持续优化；两化深度融合、信息消费促进、4G 和宽带中国建设、网络信息安全保障加强等，都将为我国电子信息产业带来巨大的发展机遇和市场空间。我国电子信息制造业虽然面临较多不确定、不稳定因素，但运行环境总体上可能会有所好转。

从湖南省内看，全球智能移动终端产业仍将保持高速增长态势，湖南省蓝思科技、介面光电、宇顺电子等相关配套企业作为其全球产业链中的一环，将继续保持快速增长。蓝思科技 2014 年产值预计增长 30%，达到 400 亿元；衡阳胜添（富士康）受益于国家促进信息消费等政策，2014 年产值预计将超过 300 亿元；国家关于促进集成电路产业发展的纲要文件已出台，集成电路产业获得十年来最强扶持政策，湖南省 2014 年投产的南车时代电气 IGBT 芯片、创芯集成电路项目将赶上这一前所未有的发展机遇；中电 48 所等光伏企业在 2014 年全国光伏产业复苏的趋势下也将实现新的增长；应用电子、电子元器件、电池及电子材料、电线电缆等产业稳步发展，湖南省内相关骨干企业，如长城信息、艾华集团、益阳科力远等将保持稳健增长。

总体上看，湖南省电子信息制造业 2014 年预计将继续保持稳定增长。2014 年产业发展目标是继续保持 26%以上的增速，规模达到 2200 亿元以上。

广东省

2013 年，广东省坚持以提高经济增长质量和效益为中心，以提高全要素生产率为出发点，推进两化深度融合，促进转型升级，电子信息产业规模稳步增长，产业结构不断优化，创新能力显著增强，新兴产业快速发展，有力促进了广东省社会经济的又好又快发展。

一、基本情况

（一）主要经济指标稳步增长

据工业和信息化部统计，2013 年，广东省规模以上电子信息制造业实现销售产值 2.68

万亿元，同比增长 10.0%，占全国比重为 28.6%；实现出口交货值 1.63 万亿元，同比增长 4.0%，占全国比重为 33.7%；新增固定资产 584.8 亿元，同比增长-21.5%。企业盈利能力不断提升，效益持续改善，全年实现主营业务收入 2.59 万亿元，同比增长 7.6%，占全国比重为 27.8%；利润总额 1145.06 亿元，同比增长 27.4%，占全国比重为 27.6%，税金总额 523.66 亿元，同比增长 21.7%，占全国比重为 28.4%；主要经济指标稳步增长，连续第 23 年居全国首位。

（二）骨干企业竞争能力持续提升

2013 年，广东省共有 22 家企业入围第 27 届全国电子信息产业百强。通信领域的华为、中兴在 2013 年度全球五大电信设备制造商中占据两席（华为、爱立信、阿尔卡特朗讯、诺基亚西门子和中兴通讯），华为超越爱立信排名全球第一；华为、酷派、中兴进入全球智能手机出货量前十位（IDC 统计）。彩电领域，TCL、创维、康佳位列全国平板电视六大品牌商（TCL、创维、康佳、长虹、海信、海尔），同时 TCL 首次跻身全球彩电销量第 3 名；华星光电投产第二年便跻身全球第五大液晶电视面板提供商。

（三）产业结构不断优化

据广东省统计局统计，2013 年广东省手机产量 8.1 亿部，同比增长 34.2%，光电子器件产量 1694.1 亿只，同比增长 52.4%，彩色电视机产量 6691.1 万台，同比增长 4.3%；传统低端电子产品产量持续下降，传真机产量同比下降 36%，数字激光音、视盘机产量下降 16.2%，组合音响产量下降 10.5%。科技创新、内需消费等成为驱动产业发展的主要因素，产业增长更加注重质量和效益。劳动密集型、传统型、低附加值电子信息产品制造业逐渐淘汰或向外转出，技术含量高、附加值高的电子信息产业项目加快发展，产业空间布局和产品结构日趋合理。

二、主要特点

（一）抓重大专项，推动彩电产业转型升级

2013 年，广东省重点扶持的两大面板项目均取得重大进展。深圳华星光电 8.5 代液晶面板项目通过专家验收评审会。华星光电项目自建设以来，注重自主创新和集成创新，成功走出一条自主创新发展的新路。截至 2013 年年底，华星光电共申请专利 2179 项，获得授权发明专利 52 项，取得 16 项关键技术突破。特别是通过垂直整合产业链协作，华星光电项目助力 TCL 2013 年液晶电视销量达到 1766 万台，全球市场份额上升至第 3 位。广州乐金显示 8.5 代液晶面板项目通过广东省财政专项补助专家审核会。通过乐金显示与创维的强强联合，有效带动了本地显示产业链的壮大。目前项目 4 家上游配套厂商（大成气体、电气硝子、科美、易安爱富）已陆续建成投产，下游乐金显示（广州）有限公司模组和创维公司整机已完成生产线扩产建设。在广东省平板显示专项的支撑下，广东省成功打造深圳—惠州和广州—佛山两大平板显示产业集群，实现彩电产业的平稳增长，广东彩电产量从 2010 年的 4495 万台提升到 2013 年的 6691 万台，全国比重从 2010 年的 38.0%上升到 2013 年的 47.7%。

（二）抓骨干企业，推动光伏产业健康发展

为应对光伏欧美双反与产业发展中存在的产能过剩、内需不足等诸多问题，广东省通过培育骨干企业、加强自主创新、扩大光伏应用，促进了光伏产业的平稳、健康发展。2013年3月，推动成立了广东省光伏产业促进会，搭建了省内光伏企业、研究与检测机构和高等院校等的合作平台，促进各企业、组织携手谋划未来光伏产业出路。《国务院关于促进光伏产业健康发展的若干意见》出台后，迅速组织调研广东省光伏产业发展情况，征集企业和相关组织意见，起草并出台落实意见，明确了未来广东省光伏产业发展的重点领域和扶持政策。工业和信息化部《光伏制造行业规范条件》出台后，广东省以此为契机，推动光伏产业淘汰落后产能，强化自主创新，扶持骨干企业脱颖而出，3家企业入围首批公示名单。截至2013年年底，广东省光伏发电总装机容量达到380MW，占全国光伏发电装机总量的3%左右。2013年8月，广东省三水工业园、从化明珠工业园、深圳前海获批首批光伏分布式示范区。

（三）抓智能终端，推动通信制造业快速增长

抓住4G商用、信息消费等热点，着力提升广东省通信产业，特别是与信息消费密切相关的移动互联智能终端的制造能力。围绕深莞惠手机产业创新圈，积极筹备“中国手机创新周”、手机质量品牌提升等活动。2013年，广东省手机产量达到8.1亿部，同比大幅增长34.2%，约占全国的55.6%。龙头企业中，华为以4660万部的销量排在三星与苹果之后，居全球智能手机第3位。华为、中兴、酷派、TCL列2013年全球手机终端出货量前十位。

三、面临的问题

（一）投资不足，驱动能力减弱

由于近几年全球经济持续低迷，广东省外向型经济发展减缓，同时新增固定资产投资增速下降，发展后劲明显不足。而随着国家发展和外商投资的战略中心向中部地区转移，江苏等地发展势头迅猛，特别是近几年，江苏省电子信息制造业新增固定资产是广东省的2～3倍，例如，2013年，江苏省电子信息制造业新增固定资产1658.5亿元，是广东省的2.8倍，高出广东省近1100亿元。尤其是在用地指标方面，江苏省相比广东省具有较大优势，后续发展更强劲。

（二）企业经营成本持续增大

近几年，除了主要原材料价格持续上涨和人民币持续升值等原因外，人工工资也持续上升，成为企业经营成本增长的主要因素。“十二五”以来，广东省企业工人年平均工资涨幅在10%～30%，而且工人还难以寻找和稳定。企业面临低端劳动力供给减少、高技术管理复合人才供给不足和机器代替工人生产困难等现实矛盾。

四、2013年重点工作

（一）抓平板显示重大项目建设，促进转型升级

1. 推进重大项目建设，做优做强新显示

重点继续跟进广州乐金显示8.5代液晶面板项目，做好服务与协调工作，督促企业保障建设进度，确保乐金显示项目按期投产；围绕深圳华星光电及广州乐金显示8.5代液晶面板

生产线项目，同步支持相关装备、材料等配套产业建设，提升自主创新能力和核心竞争力。

2．加强区域协作，推进一体化发展

加强与广州、深圳、惠州等地的沟通和协作，培育彩电重点企业，支持智能产品研发，加强平板显示产业基地建设，推进平板显示上下游产业整合和协作，推进产业一体化发展。

（二）推进深莞惠手机创新圈，提升智能终端制造

1．举办“中国手机创新周”，深入推进深莞惠手机创新圈

争取工业和信息化部支持，广东省经济和信息化委员会、惠州市人民政府和中国电子信息产业研究院联合举办“中国手机创新周”活动，鼓励各地创新，促进手机研发、设计、制造、营销及应用全产业链协同和区域协调发展。培育手机重点企业，加强手机产业基地建设，推进上下游产业整合和协作，提升产业价值链，提高手机等智能产品国际竞争力，争当智能制造产品排头兵。

2．推进4G大规模商用，提升信息消费水平

推动手机整机企业与运营商之间的合作，营造环境、树立品牌、服务国内、营销全球，提高中国制造，特别是广东制造的影响力，以此带动全产业链的价值提升，支撑工业和信息化部提出4G手机商用目标，提升信息消费水平，把4G手机及应用培育成信息消费新的增长点。

3．支持触控屏产业发展，提升自主配套能力

发挥广东省电子信息制造业基础优势，培育触控屏骨干企业，支持触控屏科研机构和公共服务平台建设，推动技术交流和产业协作，开展关键技术协同攻关，提升我国手机、平板等智能终端产品触控屏的自主配套能力。

（三）培育光伏骨干企业，促进产业健康发展

1．培育光伏骨干企业

引导和支持广东省内从事光伏装备、材料、光伏电池、系统集成及电站建设、运营和服务等领域的战略性新兴产业骨干（培育）企业、重点企业继续做优做强。支持光伏骨干企业与科研院所、高等院校等合作建设光伏领域的国家级和省级研发机构，推进自主创新，促进成果转化。

2．支持公共服务平台建设

支持广东省公共服务平台建设，创新服务模式，推动产业链企业开展技术交流和产业协作，开展市场行情分析预警，探索开展产业专利态势分析预警，支撑光伏应用及产业健康发展。

（四）做好工作衔接，保障落实到位

1．强化部省对接，争取重大专项，提升核心竞争力

结合4G、平板显示、太阳能光伏、数字家庭等重点领域，支持有实力的行业龙头企业牵头申报“核心电子器件、高端通用芯片及基础软件产品”国家科技重大专项、电子信息产业发展基金等项目，争取国家重大专项落户广东，增强企业核心竞争力。积极推动部省基地共

建，引进建设国家工程实验室、国家工程研究中心以及央企在广东省建设企业研究中心，提升产业自主创新能力。

2. 加强地方对接，引导产业发展

强化与地方政府的沟通联系，协助各地结合本地产业优势开展专业化招商引资引智，重点配合以电子信息为主导的新兴产业，引进符合广东产业政策导向并与当地产业转型升级紧密结合的战略性新兴产业重大项目或创新团队。协助各地加强与已落地的电子信息重大项目建设方沟通协调，争取项目建设的后续项目或引进产业链配套项目，围绕已落户重点项目完善产业链配套，打造产业集聚区。

重庆市

2013 年，重庆市电子制造业保持快速增长，产业规模跃居重庆市第一位，成为重庆市经济高速发展的支柱行业之一，为重庆市工业稳健增长和转型升级做出了重要贡献。

一、基本情况

（一）产业规模不断扩大

2013 年，电子制造业实现销售产值 2280 亿元，同比增长 41%，增速全国第五。累计生产计算机 5593 万台，同比上升 34%；打印机 1943 万台，同比上升 115%；显示器 995 万台，同比上升 23.2%；手机 3546 万台，同比增长 224%。

（二）招商引资硕果累累

1. 引进了 SK 海力士“半导体芯片封装项目”

经过艰苦努力，韩国 SK 海力士集团于 5 月 10 日与重庆市签订协议，在渝投资建设半导体后工序加工服务（包括封装、测试、模组）生产线。SK 海力士项目总投资 12 亿美元，其中，首期投资 5 亿美元，建成达产后可实现产值 65 亿美元。

2. 引进液晶面板配套企业

重庆市邀请近百家知名液晶面板配套企业高层来渝考察，最终促成福华电子、河北捷盈光电子、吴江腾达包装等 9 家企业于 7 月 17 日签约两江新区，协议投资总额 28 亿元，建成达产后可实现产值 50 亿元。

3. 引进法国液化空气集团电子气体项目

经主动跟踪、洽谈，法液空于 10 月 30 日与重庆市签订投资协议落户西永微电园，首期主要为重庆爱思开海力士半导体、京东方配套生产氮气、氢气和氧气等大宗气体，投资 1 亿美元。同时，计划未来在电子大宗气体和电子特气、大工业气体和通用工业气体等领域追加投资。

（三）基金项目成绩良好

2013 年，重庆市积极组织市内企业参与国家和市级的项目专项扶持资金申报。推荐山外山、大龙网、国虹等9个项目申报国家资金项目。由上海普华软件牵头、重庆市部分企业参与申报的“国产汽车电子基础软件平台产品研制及产业化”、重庆山外山申报的“血液透析机及其关键控制技术产业化”已获得国家核高基课题立项。2013年重庆市电子产业共获国家资金支持项目2个，支持资金2000万元。

二、主要特点

（一）增长带动作用明显

2013年，电子行业产值同比增长41%，在全市工业行业中排名第一，超过重庆市工业平均增速27个百分点，拉动工业增长4.4个百分点，增长贡献率为26%，已成为重庆工业第一增长动力。

（二）行业地位日益提升

2013年，重庆市电子制造业产值占全市工业比重达到23.7%，较上年提高3.7个百分点，成为全市主要支柱产业；占全国电子制造业工业总产值的2.4%，排名第11位，比年初上升了1位。

（三）生产效率持续提高

2013年，重庆市规模以上电子制造业共耗电154124万千瓦时，度电产值190元，同比提升4.3%；全员劳动生产率为134万元/人·年，同比增长9%。

（四）社会贡献进一步增大

2013年，重庆市规模以上电子制造业从业人员达到20万人，比上年增长33%；上缴税金3.7亿元，同比增长85%。电子制造业在重庆市国民经济中的重要性不断提高。

三、存在的问题

（一）增速呈下降态势

受产业基数增大、缺乏新增长点等因素影响，重庆市电子制造业2013年末累计产值增速比2012年下降了33个百分点。12月单月增速29%，比年初下降了39个百分点。

（二）行业结构尚不平衡

计算机产业一枝独秀，占全行业比重高达64%，增长贡献率达到79%，处于行业支柱地位。电子制造业对计算机产业依赖度较高，抗风险能力不强。

四、2014年展望与目标

把握重要战略机遇期，以产业集群为主攻方向，以龙头产品为牵引，以龙头企业为依托，力争实现重庆电子制造业销售产值3000亿元的目标，同比增长30%以上，保持重庆主要支柱产业地位。

四川省

一、基本情况

自“十一五”以来，四川省电子信息产业始终坚定不移贯彻“加快发展”的工作基调，坚持开放发展和创新发展“双轮”驱动，奋力对外开放，抢抓发展机遇，把做大总量作为发展重点；着力夯实基础，着眼长远谋划，坚持结构调整，突出创新发展，电子制造业迅速崛起。“十一五”末，位居全国第 9，中西部第 1；“十二五”前 3 年，产业继续高位增长。2013 年，四川省电子信息产业完成主营业务收入 5030.96 亿元，同比增长 24.8%，其中，电子制造业完成主营业务收入 3430.96 亿元，同比增长 26.1%，总量排名全国第 6 位，增速在总量排名全国前十位省份中排名第 2 位；软件业完成主营业务收入 1600 亿元，同比增长 22.1%。

二、主要特点

（一）产业持续增长，效益大幅提升

2013 年，四川省电子信息产业完成主营业务收入 5030.96 亿元，同比增长 24.8%，其中，四川省电子制造业完成主营业务收入 3430.96 亿元，同比增长 26.1%，总量排名全国第 6 位，增速在总量排名全国前十位省份中排名第 2 位，软件业完成主营业务收入 1600 亿元，同比增长 22.1%。

2013 年，电子制造业完成工业增加值 783 亿元，同比增长 20.1%，占全省规模以上工业增加值 7.2%，比重比上年同期提高 0.6 个百分点，对规模以上工业增加值增长的贡献率为 12.1%，软件业完成增加值 744.6 亿元，同比增长 20.4%。

2013 年，四川电子制造业规模以上企业实现利润 166.56 亿元，同比增长 29.9%，利润增速超过主营业务收入 3.8 个百分点。

（二）“中国软件名城”建设取得积极成效

四川省坚持以“中国软件名城”建设为产业发展抓手，规划先行，创新为本，加快园区与公共服务体系建设，提升产业发展的支持能力，为云计算、大数据、移动互联网、物联网、数字内容及娱乐等新业态发展提供良好的发展环境。形成了以国家软件产业基地（成都）、国家集成电路设计成都产业化基地、国家信息安全成果产业化基地（四川）、国家数字娱乐产业示范基地和武侯科技工业园、青城山软件产业基地、双流物联网产业园为主要载体的软件产业发展聚集区，同时辐射周边，绵阳软件与信息服务业正蓄势待发，雅安、攀枝花等地利用智慧城市建设等契机，逐步做强做大软件与信息技术服务业。成都市 2013 年全年完成软件业务收入 1549.6 亿元，总量在副省级城市中名列第 5 位。

（三）基础设施建设加快，产业承载能力增强

截至 2013 年年底，四川省长途光缆线路长度 54524 公里，本地网光缆线路长度 1017407 公里，本地固定电话用户 1314 万户，移动电话用户 6283 万户，固定电话普及率 16.3%，移动电话普及率 78.1%。互联网宽带用户 835 万户，移动互联网用户 6283 万户。中国电信云计

算基地、中国移动（四川成都）数据中心基地、中国联通 IDC（成都）基地三大数据中心的建设，IBM 西南云计算中心项目的实施等为产业发展与转型提供了更大承载能力。

（四）固定资产投资恢复增长

2013 年，四川省电子信息产业固定资产投资扭转 2012 年全年下降 1.9%的态势，500 万元以上项目完成投资额 599.8 亿元，同比增长 34.8%，总量居全国第 7 位，增速居全国第 6 位。

（五）出口保持增长

2013 年，四川省电子制造业规模以上企业完成出口交货值 2069.45 亿元，同比增长 37%，总量排名全国第 4 位，增速在全国排名第 8 位。据成都海关统计，2013 年，四川省出口以便携式计算机、集成电路为代表的电子产品 179.16 亿美元，同比增长 8.1%，总量占四川省的 42.7%。其中，计算机产品出口 129.5 亿美元，同比持平，集成电路出口 30.35 亿美元，同比增长 38.9%，液晶显示面板出口 3.8 亿美元，同比增长 74.4%（见图 1）。

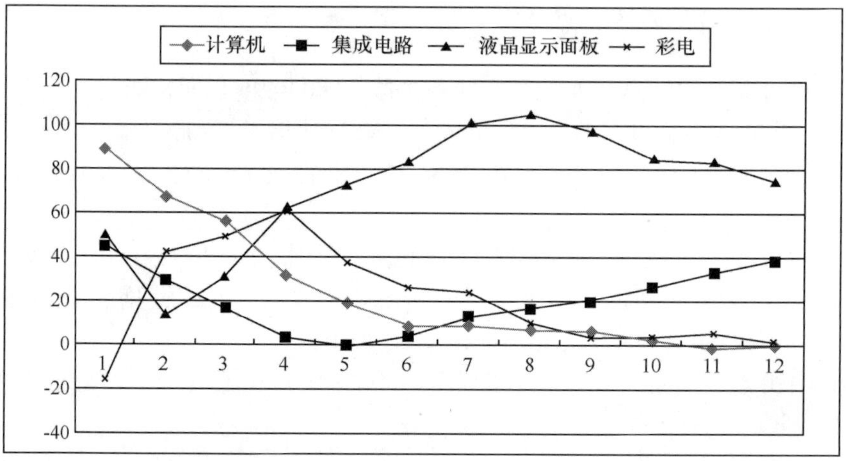

图 1　2013 年四川主要出口电子产品累计增速

（六）主要电子产品保持增势

2013 年，四川省生产计算机 5916.2 万台，同比增长 34.5%；生产彩电 991.6 万台，同比下降 3.6%；生产半导体分立器件 532.2 亿只，同比增长 1.2%；生产集成电路 40.39 亿块，同比增长 18.7%；生产电子元件 138.7 亿只，同比增长 82.8%。

（七）产业结构发生变化，产业结构调整转型明显

一是软硬结构为 31.8%:68.2%，软件业占比超过全国平均水平 6.8 个百分点；二是电了制造业中，智能电视、智能手机、平板计算机产量大幅增长；三是软件业内部，随着下一代互联网、移动互联、物联网、云计算、大数据等技术发展与应用兴起，信息系统集成服务、信息技术咨询服务、数据处理和运营服务等信息技术服务收入占四川省软件业务收入超过 60%。传统 IT 制造企业与基础运营商转型明显加快；基于云计算、移动互联的服务内容与模式不断丰富；数字内容产业快速发展，动漫游戏做大做强；信息安全产品发展势头旺盛；自主可控

的产品门类覆盖逐步扩大。

（八）物联网产业健康、有序发展

四川省物联网产业依托雄厚的电子信息产业基础，充分发挥四川在技术研发、示范应用、人才资源等方面的优势，积极打造物联网发展“软”、“硬”环境，大力加强技术研发和科技创新，务实推进示范应用，有力地推动了物联网产业健康、有序发展。据初步测算，2013 年，四川省物联网产业销售收入约 750 亿元，同比增长 32%。

三、存在的问题

2014 年，四川省电子信息制造业发展形势不容乐观。一是整个行业运行放缓趋势仍将延续，现有存量的增长率不会太高。二是引进的富士康、戴尔、联想等计算机生产重大项目已达产，不会出现爆发性的增长。三是无竣工投产的重大项目。四是四川省电子信息产品制造业存在高端环节缺失、产业短板严重、发展环境有待进一步优化等问题。

四、2014 年发展目标

2014 年四川省电子信息产业调控目标为：全年实现主营业务收入 5870 亿元，同比增长 16.7%。其中，电子信息产品制造业完成主营业务收入 3950 亿元，同比增长 15.1%。软件和信息技术服务业完成主营业务收入 2585 亿元，同比增长 20%；软件业完成主营业务收入 1920 亿元，同比增长 20%；完成增加值 895 亿元，同比增长 20%。

贵州省

2013 年，贵州省电子信息制造业抢抓国家进一步促进贵州经济社会又好又快发展、加快新一轮信息技术发展的机遇，紧密围绕贵州省工业转型升级要求，创新发展理念，着力引进重大项目，壮大产业规模，推动创新发展，产业保持持续、健康、快速发展。

一、产业发展现状

2013 年，贵州省电子信息制造业实现工业总产值 275 亿元，同比增长 64.7%；完成规模以上工业增加值 49.6 亿元，同比增长 24.6%。

在产业拉动方面，视听设备、电子元器件、电子信息机电产品、电子测量仪器及装备、电子信息专用材料等仍为贵州省电子信息制造主要行业，视听设备、电子元器件对产业拉动贡献居前，分别拉动产业主营业务收入增长 9.6%、8.4%。

在重点区域带动方面，贵阳市、遵义市两核心极保持平稳增长，工业总产值同比分别增长 26.5%、18.4%；9 个重点产业园区工业总产值行业占比为 89.7%，同比增长 28.3%。

在重点企业运行方面，中电振华集团、贵阳海信、贵州海尔、航天电子、航空电子企业工业总产值同比增长 16.1%，航天电子、航空电子工业增加值同比分别增长 29%、22%。

在主要产品产销存方面，手机、电视机、电冰箱等主要产品加快去库存化，累计生产手机 1580.7 万部，同比增长 74.7%，产销率 101%；液晶电视机 121.97 万台，同比增长 34.6%；

电子元器件 145 亿只，同比增长 20.8%；电冰箱 137.96 万台，同比下降 9.3%。

企业加快创新驱动转型，加强成果应用转化。8 家电子信息产业重点企业被列入贵州省知识产权优势企业培育工程，6 家企业被列入贵州省知识产权试点或中小企业战略推进工程实施单位，电子信息制造重点企业申请专利 150 余件，授权专利 90 余件。所有专利技术在企业均实施运用，为企业创造了新的经济增长点。

二、存在的主要问题

（一）产业层面存在的主要问题

一是产业聚集群未形成，企业分布离散。贵州省电子信息制造企业呈离散小规模分布，在单一园区里难以形成一条完整配套产业链，企业生产成本增加。二是总体规模小，与全国平均水平差距较大。截至 2013 年 10 月全省销售产值仅占全国总量的 0.1%，与西部四川、重庆等省市相比也存在较大差距。三是人才结构满足不了产业发展的需要，高层次、复合型的技术带头人严重短缺，特别是企业科技创新领军人物、科技型企业家、职业经理人严重短缺。2012 年，电子信息制造业管理人员仅占从业人员（2.8 万人）的 12.4%，而根据黔党发〔2012〕27 号提出的目标要求，到 2015 年要引进和培养信息技术领军人才 50 人以上，100 名高端核心技术人才。

（二）企业存在的主要问题

一是生产成本要素上升，企业盈利空间收窄。2013 年以来，企业的劳动力成本、原材料价格、电价等要素成本普遍上升，企业盈利空间被进一步压缩。产业人均年工资由 2011 年的 4.0 万元增长到了 2012 年的 4.9 万元，同比增长了 21%，而 2013 年 1～6 月人均工资较 2012 年增长了近 26%。二是市场开发与产品开发存在矛盾。贵州省中低端产品居多，产品科技含量低、附加值低，多数企业产品市场竞争力弱，少数企业研发投入相对较高，但产品开发与市场开发脱节，多数产品市场销售规模低。三是企业间存在三角债，现金流紧张。企业资金回笼困难，承兑支票过多，应收账款增加，同时受搬迁、项目投入等现金支出加大的影响，进一步导致企业的现金流动紧张。四是企业改革改制任务艰巨。为加快发展，部分企业积极进行改革改制，但主辅产业剥离、整合重组、员工安置等任务艰巨。五是相关市场准入限制，企业市场拓展缓慢。在高铁、公共轨道交通、军工配套等领域，实行较严格市场的准入，企业市场进入受限。

三、2014 年发展展望

随着互联网经济的发展，第三次工业革命浪潮的到来，全球消费电子产业正迎来新的产业变革时代。随着新一代移动通信技术、移动互联网、云计算、物联网等新兴技术的快速发展，各种智能终端的普及速度也不断加快，在新的产业发展阶段，基于云计算之上的数据云成为改变整个产业的关键变量，这使得各终端产品的智能化、移动化和互联化迅猛发展成为可能。

2013 年，国家密集出台多项政策措施加快迎接新一轮信息技术革命浪潮的到来，相继部署了“宽带中国”、促进信息消费扩大内需、信息化和工业化深度融合发展等战略，把供给政策与需求政策、短期目标与中长期目标结合起来，加快实现经济结构的转型升级。据测算，“十二五”后3年，我国信息消费规模将年均增长20%以上，到2015年我国信息消费规模将超过3.2万亿元，带动相关行业新增产出超过1.2万亿元。

贵州省电子信息产业正面临着政策红利释放叠加期，贵州省委、省政府继2012年出台了促进信息产业跨越发展的意见后，2013年又重点加快重大项目的引进，中国电信云计算基地、富士康第四代产业园等一批重大项目相继落地贵州，支持信息产业跨越发展的良好氛围在全省加速形成。同时，贵州省作为电子信息产业规模偏小、技术追赶相对滞后地区，拥有后发赶超优势，可以借鉴产业发达地区经验，高标准、高起点规划布局谋划，实现产业高位嫁接、承载，少走弯路、不走错路、探索新路。发达地区加快产业转型，由沿海向内陆、由东部向西部的产业转移步伐加快，而当前贵州省经济社会发展迅速，内生动力增强，信息化应用和产业化的潜在市场需求旺盛，对投资者有着巨大吸引力，为产业承接、快速扩大产业规模、促进产业结构布局创造了良好机遇。

2014年，预计贵州省电子信息制造业将实现工业总产值330亿元，同比增长26.9%。

云南省

2013年，在云南省委、省政府的正确领导下，云南省牢牢把握稳中求进总基调，以提高经济运行质量和效益为中心，全力以赴稳增长、调结构、促转型，全年工业经济运行稳中有升，总体保持平稳、较快增长，云南省全部工业实现增加值3767.58亿元，同比增长12.0%。

2013年，云南省电子信息制造业积极应对经济下行压力，稳增长、促发展，保持和巩固了稳中有升的发展势头。

一、基本情况

2013年，云南省规模以上电子信息制造企业16家，完成主营业务收入42.44亿元，同比增长26.2%；实现利润3.37亿元，同比增长198.3%；上缴税金1.54亿元，同比增长13.4%；销售产值34.39亿元，同比增长16.4%；出口交货值6265万元，同比下降48.7%。

（一）产值平稳增长

全年完成工业总产值63.98亿元，同比增长11.1%。

（二）超半数产品产销同比增长

从行业统计的37个主要产品看，21个产品产量同比增长，20个产品销售同比增长。产量增长的产品中，二氧化锗产量41.2吨，同比增长128.6%；钴酸锂产量487.31吨，同比增长2.8%；锰酸锂产量67.61吨，同比增长187.7%；镍基532产量477.88吨，同比增长479.4%；LED蓝宝石基片产量386万片，同比增长12.9%；电子浆料产量41.8吨，同比增长9.0%；自动化物流系统同比增长72.4%。销售增长的产品中，锗光学镜片、镍基532、二氧化锗、锰酸锂销售同比分别增长11.3倍、6.3倍、1.3倍和1.6倍。

（三）部分产品产销有待提高

全年累计生产税控机10343部，同比下降5.1%；针式打印机71219台，同比下降18.1%；

BST 自助服务终端 9481 套，同比下降 31.1%。同时，上述产品销售同比分别下降 27.5%、16.6%和 28.9%。

（四）产成品存货处较高水平

年末产成品存货 5.68 亿元，同比增长 37.1%。全年完成出口交货值 1.69 亿元，同比下降 2.8%。

二、主要特点

（一）电子材料产品结构更趋合理

云南锗业的产品逐步从粗加工的二氧化锗、区熔锗锭向有机锗、红外锗单晶、锗光学镜片等高附加值产品转移，并做到产品零库存；盛比和电池原料减少了锰酸锂生产，生产转向了镍基 532。在市场调节的作用下，企业通过自主调节，产品结构不断优化。

（二）金融电子产品保持稳步发展

南天信息传统核心产品 PR 系列产品把握住了各银行大项目的采购需求，全面入围所有银行，存折打印机、BST 自助服务终端、自助发卡机、票款存入机、排队叫号机、存折补登机、网银自助终端、对公自助终端、便携自助终端等各类产品仍保持着较高的市场占有率。

（三）项目带动作用更加明显

2013 年，云南省加强对企业开工项目的推进工作，由昆明云锗高新技术有限公司、云南新威电子工业有限公司、云南龙官光估能源开发有限公司、云南云奥光电有限公司等企业投资 47 亿元，项目涵盖高效太阳能电池、新型红外夜视仪、TD-SCDMA 单芯片手机终端、LCD 显示屏、薄膜式太阳能电池组件、民用微光夜视产品生产线等。

三、存在的问题

（一）产业总量和规模较小

云南省电子信息产业规模仍然偏小，对全省经济发展的贡献很小，产业规模与发达省份相比差距较大。企业大多数是中小企业，缺乏有影响力和带动全行业发展的龙头企业，进入全国电子信息百强的企业仅有 2 家，难以支撑和带动产业快速发展。

（二）企业自主创新能力不强

多数企业主要靠承接加工、接单装配，处于生产价值链低端。同时受产业层次、企业规模、高端人才匮乏等影响，企业创新能力弱，产品技术含量低。

（三）盈利能力和抗风险能力偏弱

企业原辅材料价格上涨，劳动力成本上升，而电子产品价格不断下降，企业的利润空间被严重挤压，不仅影响企业发展壮大，还使一些中小企业陷入生存危机。

（四）新兴领域尚待开拓

云南省电子信息产业在物联网、云计算、大数据、4G 网络建设和推广应用等新领域、新业态发展缓慢，需要企业不断进行产品和商业模式创新，积极培育新的增长点。

四、2014 年展望与目标

2014 年，从国际上看，全球电子信息技术创新和产品形态创新进入新一轮加速期，技术和产品创新将会带来新的市场空间；从国内看，2014 年是全面深化改革年，经济社会转型、两化深度融合、信息消费促进、4G 和宽带中国建设、物联网等新兴业态，都将扩大我国电子信息行业的发展空间，加速行业结构调整。

面对行业发展的有利形势，随着云南省全面深化改革的不断推进，经济结构的不断优化，信息消费的稳步推进，云南省电子信息制造有望继续保持平稳、较快发展，预计 2014 年电子信息制造业主营业务收入将增长 12%。

宁波市

2013 年，宁波市电子信息制造业面对严峻的经济环境，围绕发展新一代信息技术产业，抓住“两化”深度融合机遇，加大科技创新投入，全行业总体运行平稳，全年实现工业总产值 1434.72 亿元，同比下降 3.45%。

一、基本情况

据统计，2013 年宁波市 795 家规模以上电子信息制造业企业分别实现工业总产值、销售产值、出口交货值 1434.72 亿元、1380.4 亿元、688.76 亿元，分别同比下降 3.45%、2.77%、8.21%，其中内销产值 691.64 亿元，同比增长 3.33%。实现主营业务收入 1386.64 亿元，同比下降 3.01%。实现利税总额、利润总额 88.48 亿元和 63.78 亿元，分别同比增长 3.13%和 3.36%。

二、主要特点

（一）经济运行总体平稳，部分指标出现负增长

2013 年宁波市电子信息制造业企业工业总产值、销售产值和出口交货值未能延续上半年总体波动回升趋势，受液晶显示产业、太阳能光电、稀土永磁材料等分行业产销低迷、较大幅度负增长影响，宁波市电子信息制造业全年呈现小幅度负增长且增速比上半年下滑，全行业增长乏力。

宁波市对 139 家重点监测电子信息制造业企业统计数据显示：2013 年宁波市液晶显示行业工业总产值负增长 30%以上，销售产值负增长 20%以上，对宁波市电子制造业工业总产值及销售产值增速分别拉低了 6.8 个和 4.1 个百分点；稀土永磁材料行业工业总产值负增长 35%以上，销售产值负增长 45%以上，对宁波市电子制造业工业总产值及销售产值增速分别拉低了 1.35 个和 1.6 个百分点；太阳能光伏产业虽然在 2013 年下半年有一定恢复性增长，但出口

仍然受到实质性损害，全年统计出口下降40%以上，带动光伏产业全年产销在-10%左右增速运行。以上因素，对宁波市电子信息制造业产生较大的负面影响。

（二）出口占比较大，增速回调

1～12月，宁波市电子信息产业795家规模以上企业工业总产值占浙江省电子制造业比重为24.97%，出口交货值占浙江省电子信息制造业比重为41.31%，两项比重分别比2012年1～12月下降2.42个和2.45个百分点；宁波市电子信息制造业2013年工业总产值占全市工业比重为11.21%，而实现了全市工业中24.4%的出口，两项比重分别比2012年全年下降1.21个和3.8个百分点。

1～12月，宁波市795家规模以上电子产品制造业实现出口交货值688.76亿元，同比增长-8.21%，与2012年同期-11.79%的增速相比虽然回升3.58个百分点，但依然没有走出出口疲软的状态。宁波市电子制造业出口占销售产值比重（外贸依存度）为49.9%，比浙江省电子制造业外贸依存度高20个百分点，比全市工业外贸依存度高27.1个百分点，比杭州市电子制造业外贸依存度高22.7个百分点；过高的外贸依存度结构性特点决定了宁波市电子信息制造业受到全球性市场因素（如液晶显示产业受到2013年全球个人PC业务萎缩竞争加剧影响）、全球性政策因素（如太阳能光伏产业受到欧美贸易保护政策狙击影响）及2013年人民币汇率升值因素的不利影响，对宁波市电子信息制造业出口形势消极作用加倍放大。

（三）内销增速放缓

宁波市规模以上电子产品制造业实现内销产值691.64亿元，同比增长3.33%，比2012年同期下滑4.75个百分点；在2012年同期内销产值基数较高的情况下，2013年内销增速一定程度上有所放缓。

（四）全行业亏损面、亏损额双下降，效益稳步回升

宁波市规模以上电子制造业企业中亏损企业123家（比上半年减少76家），亏损面15.47%，比浙江省电子信息制造业亏损面低0.48个百分点；比宁波市工业规模以上企业亏损面低2.23个百分点。1～12月，亏损企业亏损额8.07亿元，同比下降20%。

（五）部分行业、重点产品的支撑作用明显

宁波市重点监测的139家电子制造业企业数据显示，十大分行业中，通信设备行业、电子测量仪器产品行业、电子器件行业销售实现较快增长，电子元件行业及电子机电产品制造行业增速高于全行业平均增速。其中，通信设备行业增长18.24%，电子测量仪器产品行业增长39%，电子器件行业增长20.8%；移动通信手机、半导体发光二极管（LED）、太阳能电池、单晶硅等重点产品增速加快。

在国内外经济形势比较复杂的大环境下，宁波市电子信息制造业也涌现和集聚了一批勇于创新、快速发展的优势企业。宁波舜宇集团等9家电子制造业企业获评2013年浙江省电子信息制造业30强荣誉称号，宁波科宁达工业有限公司等4家企业获评2013年浙江省电子信息产业外贸出口10强荣誉称号，入选企业数比2012年分别增加4家和1家。其中，舜宇集团2013年实现工业总产值62.17亿元，同比增长38.74%，目前产品包括光学镜头、显微镜、望远镜、测绘仪器、分析仪器、电脑摄像头、LCD投影仪、手机可视模组等，65%的产品销

往美、日、德等光学仪器发达国家。

（六）全行业创新驱动势头良好

宁波市电子产品信息制造业新品产值率和科技投入水平明显高于全市工业水平。1～12月，宁波市规模以上电子信息制造业完成新产品产值 518.63 亿元，同比增长 18.37%，高出全行业总产值增速 19.63 个百分点。新产品产值率达到 36.15%，再创历史新高，比 2012 年同期增加 6.66 个百分点，比宁波市工业 1～12 月新产品产值率高出 13.15 个百分点。

科技创新投入不断加大。1～12 月，宁波市电子信息制造业完成科技活动经费支出 32.36 亿元，同比增长 5.73%，高出同期主营业务收入增速 8.74 个百分点；科技活动经费支出占主营业务收入的比重达到 2.33%，比 2012 年同期高出 0.3 个百分点，显示宁波市电子信息制造业企业已主动加大创新研发投入，迫切希望转变发展方式的内生驱动力进一步加强。

三、面临的主要问题

（一）电子产品制造业出口受到压制

宁波市电子产品制造业外贸依存度达到 49.9%，受全球经济增长低迷影响，宁波市 795 家规模以上电子产品制造业实现出口交货值 688.76 亿元，同比增长-8.21%。此外，2013 年全年人民币汇率升值 3.0%，进一步影响企业出口贸易竞争力，压缩利润空间。

（二）企业经营依然困难较大

当前电子制造企业生产经营中面临的市场需求减弱、产品价格低迷、要素成本持续上升等困难依然较大。一是产品价格持续下降。2013 年宁波市工业生产者出厂价格指数（PPI）96.97，已连续两年都是负指数。二是人工成本增加明显。1～12 月，宁波市电子信息制造业从业人员 20.89 万人，比 2012 年同期减少 1.32 万人，但应付职工薪酬却增加 11.15%，平均应付薪酬 4.7 万元/人，比上年增加 18.15%，用工成本在近年来逐年增长基础上再度上扬。三是企业亏损面高。截至 2013 年年底，宁波市规模以上电子制造业企业中亏损企业 123 家，亏损面 15.47%，比效益负增长的 2012 年还高出 1.64 个百分点，说明企业两极分化严重。

（三）产业结构不合理，发展不均衡

中小企业依然是宁波市电子信息制造业的主力，大企业、大项目、高精尖产品仍然缺乏；电子信息制造业中缺少具有明显行业带动作用的整机产品，难以形成优势产业链；电子元器件以传统产品为主的现状还未彻底改观。产业发展不均衡的问题依然突出，如保税区以群志光电为龙头的液晶光电产业一业独大，其产值在全区工业产值中的占比达到 75%，其中群志光电一家企业产值就将近占全区工业产值的一半，整体工业经济易受单个行业行情波动影响。2013 年，液晶光电产业出现较大幅度的负增长，在没有新的大项目上马的情况下，其产生的产值空缺无法填补。

（四）高端领军人才储备不足

电子信息制造业是技术附加值较高的行业，高素质的技术人才对于电子制造业的发展至关重要。由于宁波市大专院校和科研机构不多，人才产出少，企业创新氛围不足，创业投资

环境还没有真正形成，导致宁波市对高端技术人才的吸引力不足，尤其缺少新一代信息技术的项目或学科的带头人及企业高级管理人才。为了弥补高端领军人才储备的不足，宁波市部分企业不得不将研发、设计机构布局在上海、深圳等高端人才集中的城市，高端领军人才的缺乏已成为制约宁波市电子信息制造业发展的重要因素。

（五）用工、留工困难仍然存在

宁波市电子制造业重点企业以劳动密集型为主，对人力资源有很大的需求。受产业西进、人口红利耗尽、居家生活成本偏高等因素影响，部分企业的用工困难仍然存在。在对电子企业的走访中，企业普遍反映招工困难，留工不易，保税区的群志光电等液晶光电企业，月员工流动率都在两位数以上，用工缺口达总用工数的 1/4 以上，对生产造成了很大影响。

四、2014 年展望与目标

展望 2014 年，宁波市电子信息制造业仍处于复杂多变的宏观经济环境，总体运行形势不容乐观。但随着云计算、大数据、物联网、移动互联网等新兴产业快速发展，行业应用需求更为强劲，信息消费市场潜力巨大，十八届三中全会后出现的新局面、新政策、新举措等将会对宁波市电子信息制造业持续稳定发展提供新的活力和动力。预计 2014 年规模以上电子信息制造业企业实现工业总产值 1500 亿元以上，同比增长 5%以上。

青岛市

2013 年，面对错综复杂的国内外政治经济形势，青岛市电子信息制造业认真贯彻“稳中求进”的经济工作总基调，骨干企业加快转变发展方式，不断优化产品与市场结构，全面深化转型升级，使得产业整体运行呈现平稳增长态势。

一、基本情况

青岛市电子信息制造业加快转方式、调结构步伐，不断提高企业自主创新能力，积极推动产业转型升级，全行业努力克服诸多不利因素的影响，电子信息制造业呈现平稳增长态势。2013 年，青岛市电子信息制造业统计内规模以上企业个数为 189 家，按在地原则和规模以上统计，实现主营业务收入 2168.5 亿元，同比增长 9.3%；实现利润 117.5 亿元，同比增长 21.5%；完成工业总产值 1870.7 亿元，累计增速 6.5%，占青岛市规模以上工业总产值的 11.6%。

二、主要特点

（一）大企业集团带动效应明显

三大企业集团海尔、海信、澳柯玛产值（在地口径）分别增长 8.5%、9.6%、4.6%，三大企业集团的总产值占青岛市电子信息制造业产值的 60%以上。海尔集团继续推进以自主经营体为基本创新单元的“人单合一双赢”商业模式，海信集团以强化技术创新、变革营销模式、加速国际化进程等为主线，澳柯玛继续深化推动 VCT 机制建设、全面建设质量效益型企业，加上普遍受国家节能惠民政策拉动等因素影响，三大企业集团的效益指标均创新高，海尔、海信、澳柯玛主营业务收入（在地口径）分别同比增长 9.8%、11.1%、7.8%。海尔、海信利润（在地口径）分别同比增长 17.1%、19.3%。

（二）创新驱动提升高端产品增幅

青岛市电子信息制造业主要产品产销衔接良好，产销率达到 99.69%。生产电视机 1512 万台，同比增长 5%；生产手机 2653 万部，同比增长 29.4%；生产空调器 637.2 万台，同比增长 36.9%；生产电热水器 354.4 万台，同比增长 20.5%。其中，海信空调和手机、澳柯玛热水器产量均增长 40%以上。

大企业集团瞄准“网络化、智能化、节能环保”家电电子产品，加大研发投入，积极承担国家核高基、新一代宽带科技重大专项、电子发展基金项目等，突破了一批核心关键技术，不断研发推出高端产品占领市场。例如，海尔、海信在第二届全国数字家庭体验中心方案大赛中分别获得“最佳综合成果奖”、“最具创新技术奖”。神十发射，第三台海尔航天冰箱成功飞向太空，继续助飞中国“航天梦”。海信在智能电视的发展竞争中占有重要一席，技术领先，其 55 英寸 VIDAA TV 以 9 项测试指标第一的成绩夺得公开测评总冠军。海尔在 4 月举办的第一届中国电子信息博览会上推出的水晶滚筒洗衣机、mini 内衣专属洗衣机、热泵干衣机等系列产品组合，通过全新的家庭洗护理念，引领了健康、舒适、洁净洗衣的新风尚，为消费者带来一种全新的高品质洗衣体验。海信空调发布了“空调 A 时代海信苹果派”，成为行业增速最快的品牌，2013 年海信空调零售同比增长 54.32%。

（三）受国际市场影响出口增速持续低迷

随着欧美经济形势持续低迷，全球经济增速放缓，市场需求疲软，家电行业整体出现较大幅度下滑，引发行业竞争愈发激烈，销售增长压力巨大。2013 年，全市电子信息制造业完成出口交货值 311.4 亿元，同比下降 18.4%。

三大企业集团出口产品主要是家电，出口交货值有升有降，海信、澳柯玛的增长率分别为 15%、6.7%。青岛市电子类企业外向度比较高，外资企业占 70%以上，主要生产电子元器件。受国际市场大环境，以及企业总部产业布局和订单影响，出口交货值下降 20.2%。主要企业，如松下电子、泰科电子、三美电机的出口交货值增幅为个位数或呈负增长。

（四）国际化、品牌化战略持续升温

电子信息百强企业海尔、海信集团，坚持走国际化、品牌化发展战略，在国际市场上占据了重要一席。海尔在中国、亚洲、大洋洲、欧洲、美洲成立了五大研发中心，依托全球研发资源，致力于持续性与突破性创新，力争成为全球技术资源整合最迅速的企业，成为行业引领者与规则制定者。海尔在海外市场坚持创牌发展和产品引领战略，如 2013 年在欧洲上市的 26 系列洗衣机，凭借超静音、速洗等差异化功能，以 999 欧元的产品定价实现了市场的高端占位。在美国凭借本土化的战略和良好的自有品牌意识，正在赢得美国民众的信任。海信变革营销模式，加速国际化进程，在海外市场选择美国、德国、日本、东盟、巴西、印度等 20 个重点国家和地区，作为做强做大的核心市场。海尔大型家用电器品牌零售量占全球市场的 9.7%，继续蝉联全球第一；海信则在国内黑色家电领域保持领先，液晶电视国内市场占有率 18.53%，连续十年成为中国液晶电视的“销量冠军”；澳柯玛冷柜全国同类产品持续 17 年

销量第一名。

三、面临的问题

一是产业链配套率低。与国际一流品牌和大企业集团相比，在产业带动、技术溢出及品牌竞争力方面均显不足，产业配套率均不高，部分关键配套产品、技术缺失。

二是企业经营负担加重，家电市场需求不足。例如，大宗材料成本波动加剧，人工成本持续上升，以及企业支付废弃家电回收基金等，加大了企业经营压力。节能惠民政策结束，市场提前透支，国内家电市场需求下降。

三是技术创新能力不够强，技术水平和人才储备相对部分同类城市还有差距。

四、2014 年目标与展望

2014 年是全面深化改革的开局之年，也是电子信息产业转型升级发展的关键一年。目前，我国电子信息产业发展的基本面仍较为良好，但也面临着较多的不确定和挑战性因素，长期结构性问题与短期困难相互交织，形势较为复杂，提升产业发展质量和效益的任务仍较为艰巨。青岛市总的工作思路目标是：以推进转型升级为主线，以技术改造、两化融合、品牌培育、招商引资等措施为抓手，突出加快集成电路及关键电子元器件、光伏和 LED、数字家庭、北斗导航等重点领域发展，做强做大家电、电子信息产业链，实现电子信息制造业提质增效，保持 10%以上增长速度平稳发展。

II 制 造 业

2013年规模以上电子信息产业

	企业个数	亏损企业数
总　计	**17966**	**3305**
一、按企业登记注册类型分列		
内资企业	10878	1371
国有企业	191	39
集体企业	70	13
股份合作企业	62	5
联营企业	16	1
国有联营企业	2	
集体联营企业	2	
国有与集体联营企业	6	
其他联营企业	6	1
有限责任公司	2862	440
国有独资公司	55	10
其他有限责任公司	2807	430
股份有限公司	620	96
私营企业	6824	741
其他内资企业	233	36
中国港、澳、台商投资企业	3120	775
合资经营企业（中国港、澳、台资）	712	151
合作经营企业（中国港、澳、台资）	53	10
中国港、澳、台商独资经营企业	2282	601
中国港、澳、台商投资股份有限公司	64	10
其他中国港、澳、台商投资企业	9	3
外商投资企业	3968	1159
中外合资经营企业	841	199
中外合作经营企业	51	23
外资企业	2995	910
外商投资股份有限公司	60	22
其他外商投资企业	21	5

制造业主要经济指标（一表）

工业销售产值	出口交货值	主营业务收入	主营业务成本
938913463	**485188450**	**932022937**	**825878948**
309746759	57533461	308112524	253826321
16109206	1825767	17441306	14648992
2176493	493352	2076814	1763713
991166	40150	990102	848669
941224	121472	809638	708682
674274	76552	556825	502755
33820	30538	15053	14140
120196	2099	121182	102861
112935	12283	116578	88925
110902472	25448178	113541784	90822755
3960997	597454	4169502	3511712
106941476	24850724	109372281	87311043
52510557	16203244	47189222	37540868
120869428	12750346	120857411	102883811
5246213	650953	5206248	4608830
225456948	151806533	225774280	205435301
38875227	17488529	37212234	33195838
1724962	1087400	1743702	1457823
178049576	130263956	180014577	165188913
6333676	2828180	6325053	5152912
473508	138468	478714	439814
403709757	275848457	398136133	366617327
93287504	47503313	92493306	82262261
1178445	606531	1232499	1066891
294998361	216641308	294271123	274057679
13482909	10957801	9406665	8564076
762536	139505	732540	666421

2013年规模以上电子信息产业

	企业个数	亏损企业数
二、按经济类型分列		
国有经济	248	49
集体经济	72	13
股份合作经济	62	5
股份制经济	3427	526
外商及中国港、澳、台投资经济	7088	1934
其他经济	7069	778
三、按企业规模分列		
大型企业	1370	170
中型企业	4615	937
小型企业	11981	2198
四、国有控股企业	853	186
五、按行业分类		
（一）通信设备工业行业	1364	243
通信系统设备制造	734	113
通信终端设备制造	630	130
（二）雷达工业行业	56	3
雷达及配套设备制造	56	3
（三）广播电视设备工业行业	479	78
广播电视节目制作及发射设备制造	48	10
广播电视接收设备及器材制造	308	50
应用电视设备及其他广播电视设备制造	123	18
（四）电子计算机工业行业	1343	291
计算机整机制造	153	23
计算机零部件制造	453	110
计算机外围设备制造	419	101
其他计算机制造	196	38
幻灯及投影设备制造	29	7
计算器及货币专用设备制造	93	12

制造业主要经济指标（一表）

工业销售产值	出口交货值	主营业务收入	主营业务成本
20744477	2499772	22167632	18663460
2210312	523890	2091868	1777853
991166	40150	990102	848669
159452032	41053968	156561504	124851911
629166704	427654990	623910413	572052628
126348772	13415681	126301418	107684428
629296926	404033846	621378086	556626375
170188316	57921731	171403039	149539734
139428221	23232874	139241812	119712839
78256942	20341640	75647142	62606166
170583798	82538380	165264536	139307147
67833117	26561671	62934873	46211458
102750682	55976709	102329664	93095689
3652139	608897	3844580	3176247
3652139	608897	3844580	3176247
12119680	4698690	12263238	10279349
497167	101073	548150	421216
8252062	3795105	8400987	7149002
3370451	802512	3314102	2709131
224009435	173177754	226582089	210662155
135122050	105388165	138801092	131001330
46168670	40108768	45963075	42935930
26801212	19197933	25801050	23584363
10685255	5635228	10645878	8484971
665174	252959	648887	577531
4567074	2594701	4722108	4078031

2013年规模以上电子信息产业

	企业 个数	亏　损 企业数
（五）家用视听设备工业行业	931	207
电视机制造	185	44
音响设备制造	496	110
影视录放设备制造	250	53
（六）电子器件工业行业	2441	505
电子真空器件制造	98	22
半导体分立器件制造	327	71
集成电路制造	428	80
光电子器件及其他电子器件制造	1588	332
（七）电子元件工业行业	6310	1109
电力电子元器件制造	1126	166
电子元件及组件制造	4344	756
印制电路板制造	840	187
（八）电子测量仪器工业行业	833	76
环境监测专用仪器仪表制造	80	4
运输设备及生产用计数仪表制造	202	19
导航、气象及海洋专用仪器制造	80	6
农林牧渔专用仪器仪表制造	11	
地质勘探和地震专用仪器制造	57	3
核子及核辐射测量仪器制造	12	1
电子测量仪器制造	151	17
医疗诊断、监护及治疗设备制造	240	26
（九）电子工业专用设备行业	1479	246
电子工业专用设备制造	486	73
其他电子设备制造	993	173
（十）电子信息机电工业行业	2222	416
微电机及其他电机制造	911	116
光纤、光缆制造	197	31
光伏设备及元器件制造	558	158

制造业主要经济指标（一表）

工业销售产值	出口交货值	主营业务收入	主营业务成本
65880947	27748035	67382884	60693639
37689454	9375331	39291610	35443658
11061674	6432672	10862693	9649698
17129819	11940032	17228581	15600283
141665513	85826952	136363023	122359572
2220247	540628	2179474	1827461
8012180	4000335	8148007	7074426
26931249	17754839	24146214	20902098
104501838	63531150	101889329	92555586
157953495	71968004	156488057	137778015
17414518	4203852	17255054	14787528
106530563	47754769	105383775	92389166
34008414	20009383	33849229	30601322
19946335	3391069	20209764	15811031
1614006	268964	1611953	1304999
5785199	632505	5798708	4697168
1881465	411532	1871879	1559125
312031	4771	299792	254014
1527768	71825	1479594	1174560
177991	1582	186209	160145
2485958	424529	2528192	1965283
6161917	1575361	6433437	4695737
36693683	11446457	36677441	31485635
10275111	1495698	9976713	8450466
26418572	9950759	26700728	23035169
86342572	20922739	86873728	76473161
21061240	5641273	20685891	17771999
12725861	727294	12692079	11083316
33823530	8550598	34568755	30863196

	企业 个数	亏　损 企业数
锂离子电池制造	430	90
镍氢电池制造	126	21
（十一）其他电子信息行业	508	131
信息化学品制造	508	131
六、按省、自治区、直辖市分列		
北京市	410	99
天津市	425	124
河北省	238	39
山西省	52	15
内蒙古自治区	35	8
辽宁省	332	53
吉林省	59	6
黑龙江省	34	2
上海市	724	220
江苏省	3869	858
浙江省	1925	315
安徽省	529	63
福建省	582	90
江西省	401	34
山东省	1118	105
河南省	356	25
湖北省	408	58
湖南省	510	26
广东省	4949	987
广西壮族自治区	137	19
海南省	9	3
重庆市	187	30
四川省	416	58
贵州省	34	4

制造业主要经济指标（一表）

工业销售 产　　值	出　口 交货值	主　营 业务收入	主　营 业务成本
15574423	5479152	15760361	13988856
3157518	524423	3166642	2765793
20065866	2861475	20073599	17852998
20065866	2861475	20073599	17852998
23538797	10974925	27853722	24324713
33204417	15424970	33210335	29292410
6853569	1149039	7492029	6503694
5156846	3702300	5216181	4913301
1428788	27516	1443970	1324366
13088618	4091035	13064899	11235237
1373440	67438	1350240	1139495
506629	70917	553187	422092
58607002	43298907	60519410	56510678
226872571	120086542	225777583	205575671
36396281	13759478	36117940	29773347
14812894	2847224	14196330	12193504
32720475	18354850	32457313	28974546
18819425	3178291	19923209	17202143
57994163	15045673	59045070	51996131
27456820	19300339	27239658	24950683
18119054	4083984	16175532	13937485
17718556	4894433	17355280	14907490
268281860	163380316	258984425	225021745
8757076	2260017	8462447	7701636
801469	215723	806403	691602
22801860	17501606	22921435	21899888
35797125	20694480	34309585	28865704
920863	7371	850042	675159

	企业个数	亏 损企业数
云南省	22	4
西藏自治区		
陕西省	159	38
甘肃省	23	9
青海省	10	5
宁夏回族自治区	12	8
新疆维吾尔自治区	1	
七、按计划单列市分列		
大连市	207	64
宁波市	120	27
厦门市	43	8
青岛市	129	29
深圳市	219	18

制造业主要经济指标（一表）

工业销售产值	出口交货值	主营业务收入	主营业务成本
343923	6265	424448	355878
5477368	586258	5278250	4583236
592507	174703	546146	455596
272624		254279	272172
193961	26	189105	175404
4486	3825	4488	3941
8042585	4298888	8101406	6895757
6496750	3766410	6914174	5834701
16870159	8396865	16876076	15509863
18327974	3327204	21748626	17941131
96938766	57592545	103000742	85034129

2013年规模以上电子信息产业

	营业 费用	主营业务 税金及附加
总　　计	**20814701**	**2872286**
一、按企业登记注册类型分列		
内资企业	11512718	1652056
国有企业	798014	72435
集体企业	45035	5020
股份合作企业	16043	8386
联营企业	10619	1485
国有联营企业	4529	149
集体联营企业	5	15
国有与集体联营企业	3546	623
其他联营企业	2539	699
有限责任公司	5144829	596694
国有独资公司	78069	13333
其他有限责任公司	5066760	583361
股份有限公司	2709707	308122
私营企业	2682256	635774
其他内资企业	106216	24139
中国港、澳、台商投资企业	3109902	445552
合资经营企业（中国港、澳、台资）	840650	107165
合作经营企业（中国港、澳、台资）	17502	5381
中国港、澳、台商独资经营企业	2097845	310009
中国港、澳、台商投资股份有限公司	142902	22382
其他中国港、澳、台商投资企业	11005	615
外商投资企业	6192080	774677
中外合资经营企业	2932974	236845
中外合作经营企业	34114	2256
外资企业	2992827	518871
外商投资股份有限公司	222584	14364
其他外商投资企业	9582	2341
二、按经济类型分列		
国有经济	880612	85917

制造业主要经济指标（二表）

单位：万元

管理费用	财务费用	利息支出	应交增值税
38413280	**4110142**	**4879586**	**15578961**
19417261	3359732	2846909	8304816
1073482	89757	117063	496552
108637	13036	12647	53675
39249	5100	3239	22258
49455	21491	7669	8569
29915	16567	191	1242
471	172	159	241
12933	4709	7153	5540
6136	43	165	1547
9067105	1383869	1028543	3455124
396008	49077	59019	75270
8671097	1334793	969524	3379854
3298675	595439	668092	851227
5590316	1202781	962463	3319308
190342	48259	47194	98103
7166435	358099	950117	3166923
1470689	296293	327526	666560
182591	11300	5841	28206
5188147	17325	572060	2341738
310103	26433	37497	117575
14906	6748	7192	12844
11829584	392312	1082559	4107223
2845124	164822	358149	1593418
72623	17203	13136	16999
8590825	200790	673565	2436059
304853	7753	36791	45488
16159	1744	918	15259
1499405	155400	176273	573063

	营业费用	主营业务税金及附加
集体经济	45040	5035
股份合作经济	16043	8386
股份制经济	7776467	891484
外商及中国港、澳、台投资经济	9301983	1220229
其他经济	2794557	661235
三、按企业规模分列		
大型企业	13797553	1520296
中型企业	3751883	638595
小型企业	3265265	713394
四、国有控股企业	3938214	401676
五、按行业分类		
（一）通信设备工业行业	7663963	648950
通信系统设备制造	4707703	439140
通信终端设备制造	2956261	209809
（二）雷达工业行业	105541	13297
雷达及配套设备制造	105541	13297
（三）广播电视设备工业行业	363775	50963
广播电视节目制作及发射设备制造	28115	2552
广播电视接收设备及器材制造	235325	35426
应用电视设备及其他广播电视设备制造	100335	12984
（四）电子计算机工业行业	2724870	286045
计算机整机制造	1549256	74906
计算机零部件制造	266797	79314
计算机外围设备制造	370994	65022
其他计算机制造	341351	50335
幻灯及投影设备制造	11828	2201
计算器及货币专用设备制造	184643	14267
（五）家用视听设备工业行业	2183891	194723
电视机制造	1662907	115055
音响设备制造	194663	38765
影视录放设备制造	326322	40903

制造业主要经济指标（二表）

单位：万元

管理费用	财务费用	利息支出	应交增值税
109108	13209	12806	53916
39249	5100	3239	22258
11969772	1930231	1637617	4231081
18996019	750411	2032676	7274145
5799727	1255792	1016975	3424497
21679122	1594523	2593117	9068180
9234544	1328770	1259517	3338668
7499614	1186849	1026952	3172113
5259621	819043	1043669	1321414
8894313	745493	683302	3642709
6361946	806615	479546	2115131
2532368	-61122	203756	1527578
279516	26451	37452	64995
279516	26451	37452	64995
879525	117717	79858	238252
59399	7951	8272	13218
565993	74635	41692	159503
254132	35131	29894	65531
4875076	-226171	432753	2049542
2142362	-264437	280198	1190031
1123826	-25854	43399	293713
779399	45966	66021	250325
596386	19819	35566	227497
35311	-324	406	9654
197792	-1341	7164	78322
2299392	160522	182354	1032921
1089578	48275	84660	625069
572228	58310	37069	184076
637586	53937	60626	223776

	营业费用	主营业务税金及附加
（六）电子器件工业行业	1700345	353194
电子真空器件制造	74277	13575
半导体分立器件制造	117687	29927
集成电路制造	256342	52978
光电子器件及其他电子器件制造	1252039	256714
（七）电子元件工业行业	2638495	648096
电力电子元器件制造	384792	77576
电子元件及组件制造	1815365	464708
印制电路板制造	438339	105812
（八）电子测量仪器工业行业	839553	123879
环境监测专用仪器仪表制造	62336	9847
运输设备及生产用计数仪表制造	154269	35639
导航、气象及海洋专用仪器制造	40508	7638
农林牧渔专用仪器仪表制造	3978	976
地质勘探和地震专用仪器制造	35425	12063
核子及核辐射测量仪器制造	6387	653
电子测量仪器制造	121235	15732
医疗诊断、监护及治疗设备制造	415417	41332
（九）电子工业专用设备行业	903696	194565
电子工业专用设备制造	196320	80430
其他电子设备制造	707376	114136
（十）电子信息机电工业行业	1414992	282144
微电机及其他电机制造	373805	97799
光纤、光缆制造	239439	35426
光伏设备及元器件制造	511928	77230
锂离子电池制造	231274	55176
镍氢电池制造	58547	16513
（十一）其他电子信息行业	275579	76430
信息化学品制造	275579	76430
六、按省、自治区、直辖市分列		
北京市	1118700	58054

制造业主要经济指标（二表）

单位：万元

管理费用	财务费用	利息支出	应交增值税
5930357	540144	778622	1556175
249071	39170	27780	66205
473424	56082	66313	127410
1566785	71636	141805	330069
3641077	373256	542724	1032491
7179167	804789	830214	2925970
890115	152296	120938	412071
4896426	474928	495114	2008780
1392626	177565	214162	505120
1579298	128153	122209	670036
81621	15689	13663	62451
398430	44279	41254	171553
170281	14278	13411	42072
16635	1597	1588	9154
97416	9745	10661	74037
17860	1938	1778	2157
196657	13966	14030	79096
600398	26661	25825	229517
1990667	190904	174764	890165
485281	83148	79162	268394
1505386	107757	95603	621772
3549903	1191824	1131988	2073108
1049639	169143	141569	547107
396034	123345	132101	429262
1297029	730037	695667	741651
698783	137175	138375	268794
108419	32124	24275	86294
956068	430316	426069	435087
956068	430316	426069	435087
1707057	70166	206140	320262

2013年规模以上电子信息产业

	营业 费用	主营业务 税金及附加
天津市	1414103	151496
河北省	161708	25287
山西省	20878	13276
内蒙古自治区	31648	3488
辽宁省	331572	65010
吉林省	28225	4515
黑龙江省	26044	3547
上海市	953747	24167
江苏省	2563872	481237
浙江省	1011712	166241
安徽省	256312	55617
福建省	754107	79895
江西省	207222	83038
山东省	1281717	244474
河南省	205171	52083
湖北省	642521	74601
湖南省	287005	112793
广东省	8099218	955674
广西壮族自治区	91065	23573
海南省	36414	6471
重庆市	181357	32501
四川省	895572	120340
贵州省	53106	7511
云南省	9804	4251
西藏自治区		
陕西省	133523	21757
甘肃省	9162	1057
青海省	7423	135
宁夏回族自治区	1622	196
新疆维吾尔自治区	175	1

制造业主要经济指标（二表）

单位：万元

管理费用	财务费用	利息支出	应交增值税
821513	-12	83440	781640
407082	155307	140466	158686
189825	23382	34204	58427
54543	24207	20140	10864
699512	78637	50882	182123
75369	11021	8581	28341
52159	11786	5855	19278
2144467	-61120	299692	226780
7189367	1010545	1285516	3792550
2512606	515757	540743	852573
706450	130043	128310	321583
1411517	78883	128574	318953
525783	148366	126121	500206
1619971	301465	237121	1247182
590088	15972	83865	171169
986031	99047	83876	253601
698159	90496	61282	441940
13585908	1076084	976242	4280880
236874	16075	11798	142491
46688	13700	11012	8206
520601	2802	40175	192217
1079747	193059	223815	1130480
59570	2762	2623	9895
23144	5969	6159	11137
397528	64492	58048	104809
48656	8166	10082	10352
13325	16386	7284	
9417	6670	7514	2330
323	28	28	7

	营业费用	主营业务税金及附加
七、按计划单列市分列		
大连市	218766	36091
宁波市	275093	21820
厦门市	364639	29152
青岛市	1594066	120318
深圳市	5439555	426717

制造业主要经济指标（二表）

单位：万元

管理费用	财务费用	利息支出	应交增值税
512620	63443	66218	80922
375494	78430	72672	115458
607942	-65970	6372	41755
980629	25284	34916	418230
6713824	866836	438308	1906650

	利润 总额	税金 总额	应收 账款
总　计	**41521085**	**18451247**	**154504007**
一、按企业登记注册类型分列			
内资企业	19644334	9956872	57518017
国有企业	980149	568987	3794616
集体企业	145724	58696	173335
股份合作企业	58368	30644	102820
联营企业	42206	10054	245318
国有联营企业	13999	1391	173274
集体联营企业	249	256	2171
国有与集体联营企业	7088	6163	34349
其他联营企业	20871	2245	35525
有限责任公司	6850181	4051818	22181804
国有独资公司	251075	88602	1086472
其他有限责任公司	6599106	3963216	21095332
股份有限公司	3813144	1159349	12821590
私营企业	7549995	3955083	17680619
其他内资企业	204568	122241	517914
中国港、澳、台商投资企业	8374334	3612475	36738332
合资经营企业（中国港、澳、台资）	1467365	773725	5560976
合作经营企业（中国港、澳、台资）	82327	33587	241263
中国港、澳、台商独资经营企业	6041565	2651747	29550285
中国港、澳、台商投资股份有限公司	776658	139957	1323690
其他中国港、澳、台商投资企业	6419	13459	62117
外商投资企业	13502418	4881900	60247658
中外合资经营企业	4476741	1830263	13542166
中外合作经营企业	53687	19255	246361
外资企业	8502199	2954930	43875705
外商投资股份有限公司	433833	59852	2505638
其他外商投资企业	35958	17600	77788

制造业主要经济指标（三表）

单位：万元

产成品存货	资产总计	负债合计	亏损企业亏损额
27170411	**662152673**	**383159029**	**5282396**
14067029	297769833	165671683	1888690
1073830	21885359	12677728	142546
51472	1104254	626528	3614
20757	559922	199188	2600
42986	1406351	646990	301
25049	626195	464960	
1477	5877	1485	
13242	689411	145429	
3218	84869	35116	301
5695928	113035341	68799183	943309
250140	7187167	4352965	57580
5445788	105848174	64446218	885729
2866817	71109280	33692854	183608
4164775	84866274	46631004	553889
150464	3803052	2398208	58823
5770326	148374636	92877708	1133658
1506160	30882551	19168126	260470
83251	1115537	583622	1711
4018517	109699747	70250683	859756
152156	6484597	2760808	10769
10243	192203	114470	952
7333056	216008205	124609638	2260048
1831390	51013030	27972675	410995
27904	1208969	628049	20267
5182651	154439396	91702151	1764820
277701	9065706	4188820	60292
13409	281104	117943	3675

	利润总额	税金总额	应收账款
二、按经济类型分列			
国有经济	1245223	658980	5054363
集体经济	145973	58951	175505
股份合作经济	58368	30644	102820
股份制经济	10412249	5122565	33916922
外商及中国港、澳、台投资经济	21876752	8494375	96985990
其他经济	7782521	4085732	18268407
三、按企业规模分列			
大型企业	26716683	10588476	96918229
中型企业	7920693	3977264	33320362
小型企业	6883709	3885507	24265416
四、国有控股企业	3933625	1723089	17174141
五、按行业分类			
（一）通信设备工业行业	8263283	4291659	32137255
通信系统设备制造	4710239	2554271	17193698
通信终端设备制造	3553044	1737388	14943556
（二）雷达工业行业	269612	78292	1032323
雷达及配套设备制造	269612	78292	1032323
（三）广播电视设备工业行业	659637	289215	3401148
广播电视节目制作及发射设备制造	35340	15770	141392
广播电视接收设备及器材制造	393419	194930	2383569
应用电视设备及其他广播电视设备制造	230877	78515	876188
（四）电子计算机工业行业	7328484	2335587	29576223
计算机整机制造	3354396	1264937	14929907
计算机零部件制造	1563570	373028	7479796
计算机外围设备制造	973162	315347	4217396
其他计算机制造	1137012	277832	1958369
幻灯及投影设备制造	21219	11855	116175
计算器及货币专用设备制造	279125	92589	874581
（五）家用视听设备工业行业	2143583	1227644	9515702

制造业主要经济指标（三表）

单位：万元

产成品存货	资产总计	负债合计	亏损企业亏损额
1349019	29698721	17495653	200126
52949	1110131	628013	3614
20757	559922	199188	2600
8312605	176957454	98139072	1069338
13103382	364382840	217487346	3393706
4331699	89443605	49209757	613014
14955902	395080447	240049250	1916361
7008580	156696201	83198842	1888724
5205929	110376025	59910937	1477311
4722596	109354515	64229648	869106
5250323	116752466	75309419	533434
3455832	63434705	39040788	217193
1794491	53317762	36268631	316241
145303	5189069	3372959	4694
145303	5189069	3372959	4694
506742	11067463	6480201	187928
41796	752297	348387	5081
288713	7491055	4506897	165241
176233	2824110	1624917	17606
3570357	100260904	68489485	332581
1571973	50189999	39219860	73092
817479	23261961	15371372	83187
587998	15443161	7982696	137622
306874	7875533	4032410	27135
29791	433784	216020	6356
256242	3056466	1667127	5189
2805003	39899461	25599753	207366

	利润总额	税金总额	应收账款
电视机制造	1125137	740124	5266010
音响设备制造	372044	222841	1762341
影视录放设备制造	646402	264679	2487352
（六）电子器件工业行业	6589033	1909369	22625827
电子真空器件制造	128535	79780	411614
半导体分立器件制造	366746	157337	1375799
集成电路制造	1480158	383048	4232809
光电子器件及其他电子器件制造	4613594	1289204	16605606
（七）电子元件工业行业	7685620	3574066	26559392
电力电子元器件制造	1007165	489647	3510647
电子元件及组件制造	5355101	2473488	15793592
印制电路板制造	1323354	610931	7255152
（八）电子测量仪器工业行业	1937716	793915	3671816
环境监测专用仪器仪表制造	144967	72298	285612
运输设备及生产用计数仪表制造	472116	207191	953365
导航、气象及海洋专用仪器制造	106911	49709	481744
农林牧渔专用仪器仪表制造	22397	10130	8085
地质勘探和地震专用仪器制造	159422	86100	477108
核子及核辐射测量仪器制造	9163	2810	38356
电子测量仪器制造	239896	94828	392179
医疗诊断、监护及治疗设备制造	782843	270849	1035368
（九）电子工业专用设备行业	2123842	1084730	5783304
电子工业专用设备制造	673082	348823	1554707
其他电子设备制造	1450760	735907	4228597
（十）电子信息机电工业行业	3903145	2355252	17222086
微电机及其他电机制造	1306321	644906	2768240
光纤、光缆制造	886340	464688	2566602
光伏设备及元器件制造	897441	818881	9207612
锂离子电池制造	658924	323970	2359765
镍氢电池制造	154120	102807	319867

制造业主要经济指标（三表）

单位：万元

产成品存货	资产总计	负债合计	亏损企业亏损额
1961968	24495929	16575770	65959
351917	6424677	3676825	69433
491117	8978855	5347158	71975
3962153	122407857	60840086	1023788
137000	8184309	3172856	72697
324616	8766038	3751208	129983
695233	27925388	11855789	248410
2805304	77532122	42060234	572699
4575938	110556691	54581603	930943
550130	13108454	6520989	95826
3105671	69092577	33431577	567418
920137	28355661	14629037	267700
734897	17861833	7894628	50826
37599	1131124	455462	1134
219970	4206853	2152227	11126
111110	2270767	1250041	13258
9349	81802	36599	
47045	1537337	441799	425
18298	507564	386973	38
66623	2109840	836062	5632
224904	6016546	2335464	19213
1324832	27024142	13035571	230444
357524	8871297	4084449	87112
967307	18152845	8951122	143332
3501009	79675502	49358947	1159785
707426	12660657	6672971	71117
607544	10695814	6106185	34625
1228686	40590750	27368109	927337
837478	13642500	8154048	112511
119874	2085780	1057635	14195

	利润总额	税金总额	应收账款
（十一）其他电子信息行业	617132	511518	2978931
信息化学品制造	617132	511518	2978931
六、按省、自治区、直辖市分列			
北京市	1163439	378317	4627747
天津市	1746761	933136	3740140
河北省	342261	183973	1908148
山西省	83189	71703	680782
内蒙古自治区	32988	14351	87814
辽宁省	762641	247133	1843416
吉林省	94324	32856	126524
黑龙江省	62733	22825	138367
上海市	1244401	250947	12137930
江苏省	9365608	4273788	34263642
浙江省	2715626	1018814	9446133
安徽省	1038640	377200	3344129
福建省	1342147	398848	5728349
江西省	1480679	583244	1352620
山东省	3533967	1491656	5496732
河南省	1057520	223252	4311620
湖北省	531520	328202	3917500
湖南省	832624	554733	944919
广东省	11450635	5236554	49831625
广西壮族自治区	388238	166064	696313
海南省	18818	14677	312510
重庆市	344421	224718	2794471
四川省	1665635	1250819	4376541
贵州省	51805	17406	185189
云南省	33697	15388	144282
西藏自治区			
陕西省	160395	126566	1725818

制造业主要经济指标（三表）

单位：万元

产成品存货	资产总计	负债合计	亏损企业亏损额
793855	31457286	18196379	620606
793855	31457286	18196379	620606
968550	30480054	15414654	286593
594146	14603180	7769639	114543
195127	11472917	5661605	210112
223626	4538980	2722382	41695
98924	2340405	1485274	52231
358501	10776209	4953085	79240
50933	1144993	512893	3878
26796	1055568	482910	4914
1687530	41179612	25789130	424448
5246459	143470747	79298386	1398386
1976423	39645650	21542487	275399
421704	15530686	8649923	78407
841430	20560814	12028951	128946
463037	12987081	7167283	59111
1228918	28777748	14987973	90978
225460	19494217	13606205	86953
1079311	16583031	9589363	155804
234738	6890731	3284149	21985
8976027	186483792	112908144	1121061
136078	2874395	1467791	11504
28207	1238890	766611	10188
357711	10835855	8740348	87089
1227554	25630914	16787442	362203
60628	783722	286291	4404
28229	1104113	563020	4983
371420	9199398	5329025	98489

	利润总额	税金总额	应收账款
甘肃省	35514	11410	206523
青海省	-54662	135	61653
宁夏回族自治区	-4754	2527	72516
新疆维吾尔自治区	276	7	56
七、按计划单列市分列			
大连市	4174042	117013	1417828
宁波市	4082626	137279	1521568
厦门市	5197992	70908	1964299
青岛市	12948403	538548	2152821
深圳市	49672911	2333367	17106287

制造业主要经济指标（三表）

单位：万元

产成品存货	资产总计	负债合计	亏损企业亏损额
43745	1165002	577872	1396
5368	820258	567729	55336
13706	480159	216286	12119
125	3554	2182	
239540	9017275	4594305	72956
433900	6667216	3510668	37031
198962	8323141	5023609	17613
1148311	15992683	10358806	82590
2785592	73296481	49502863	166619

2013年电子信息产业主要产品

产品名称	计算单位	企业个数	年初库存
通信设备行业产品			
通信设备制造			
通信系统设备制造（B4021）			
通信传输设备制造			
一、光通信设备			
（一）光端机	部	36	29489
（二）光缆中继设备	部	36	15908
（三）光纤放大器	部	21	189406
（四）波分复用器	部	5	16821
（五）光交叉联接设备	端	7	4329
（六）光分插复用设备（ADM）	部	1	180
（七）多业务传送设备（MSTP）	部	16	13408
（八）电光转换器	部	16	817157
（九）无源光分路器	部	9	127077
二、卫星通信设备	部	56	10870352
（一）卫星地面接收机	部	13	746536
（二）卫星接收天线	部	12	63831
（三）GPS接收机	部	17	17180
（四）GPS天线	部	7	9590218
（五）卫星通信地面站终端机	部	5	83549
（六）甚小口径天线地球站（VSAT）	部	1	1433
（七）卫星地面站零部件	部	1	367605
1. 卫星通信地面站低噪音放大器	部		
2. 卫星通信地面站上下变频器	部	1	367605
3. 卫星通信地面站高功率放大器	部		
三、微波通信设备			
（一）微波收发通信机	部	11	7757
（二）微波终端机	部	4	
（三）微波天线、馈线	套	5	1679601
四、散射通信设备			
（一）散射通信终端机	部	1	500000
（二）散射信道机	部		

生产量、销售量和库存量

本年生产量	全年销售量	企业自用及其他	年末库存	本年实际出口
6179327	6179410	24	29382	4770
6556314	6559200	394	12628	52446
4669862	4648655	167	210446	2668300
229453	225596		20678	12823
420195	420685	11	3828	
800	700	50	230	
10105168	9106614		1011962	
24215527	22668393	10134	2354157	2066771
1578202	1613264	120	91895	341311
112040324	72831106	40306855	9772715	33295843
19439309	19551616	70	634159	6426240
9350099	9175559	20	238351	872944
4772086	4758748	1440	29078	88545
75152938	36152547	40304732	8285877	25626229
536958	535323		85184	
7250	8090	593		
2781684	2649223		500066	281885
2781684	2649223		500066	281885
140395	139842	23	8287	92853
237331	237320		11	
8504390	8623484	144	1560363	8445332
700000	800000		400000	

2013年电子信息产业主要产品

产品名称	计算单位	企业个数	年初库存
（三）散射通信天线	部	3	32200
五、载波通信设备	部	7	7163
（一）载波终端机	部	4	3118
（二）载波增音机	部		
（三）电力线载波机	部	3	4045
六、通信导航定向设备	部	25	11834
（一）飞机通信导航定向设备	部	4	770
（二）航用通信导航定向设备	部	6	465
（三）地面通信导航定向设备	部	15	10599
通信交换设备制造			
一、电话交换机			
（一）数字程控交换机	线	27	1016569
1. 用户交换机	线	12	208711
2. 端局交换机	线	1	90
3. 汇接局交换机	线		
4. 其他数字程控交换机	线	14	807768
（二）固网软交换相关设备			
1. 软交换控制设备	台	4	104
2. 综合接入设备（IAD）	线	3	70500
3. 接入媒体网关（AG）	线		
4. 中继媒体网关（TG）	线	2	16725
（三）七号信令转接设备	链路		
1. 七号信令转接点（STP）	链路		
2. SIGTRAN信令网关	链路		
二、ATM交换机	台		
三、光交换机	台	6	20
移动通信设备制造			
一、数字蜂窝移动电话系统设备			
（一）基站及基站控制器	万信道	16	390
（二）基站天线	套	14	438770
1. 智能天线	套	8	101296
2. 非智能天线	套	6	337474

生产量、销售量和库存量

本年生产量	全年销售量	企业自用及其他	年末库存	本年实际出口
406000	403000		35200	
169730	170241		6652	
18672	18734		3056	
151058	151507		3596	
847230	827950	1	31113	
2154	2006		918	
20222	20379		308	
824854	805565	1	29887	
31157292	31619481	568	553812	9156015
11510490	11631583		87618	5523404
8258	8207	2	139	
19638544	19979691	566	466055	3632611
45250	45197		157	43928
870012	769492		171020	
93648	93417		16956	
166025	159411		6634	25953
14249	14337		302	309
39445498	39253873	100	630295	1259067
24902077	24797565	100	205708	100000
14543421	14456308		424587	1159067

产品名称	计算单位	企业个数	年初库存
（三）直放站	部	6	1633
（四）移动交换机（MSC）及移动软交换设备			
1. 移动交换机（MSC）	万门	1	
2. 移动交换机媒体网关（MSC MGW）	万门	1	1564
3. 移动交换机服务器（MSC Server）	套		
4. IP多媒体子系统（IMS）	套		
（五）移动通信核心网分组域设备	套	1	
1. 分组数据服务节点（PDSN）	套	1	
2. 分组控制功能节点（PCF）	套		
二、集群通信系统设备			
（一）集群基站设备	信道		
（二）集群基站天线	套	2	15
（三）集群交换设备	万门		
三、无中心选址通信系统设备	部	1	31000
通信接入设备制造			
一、光纤接入设备			
（一）无源光网络（PON）			
1. 光线路终端（OLT）	线	12	833916
2. 光网络单元（ONU）	部	7	31591
（二）有源光网络（AON）	台	7	11083
1. 局端设备（CE）	台	4	10483
2. 远端设备（RE）	台	3	600
二、铜缆接入设备			
（一）非对称数字用户线（ADSL）			
1. ADSL接入复用器（DSLAM）	线	1	
2. ADSL调制解调器（ADSL MODEM）	部	2	22235
3. 语音分离器（POTS分离器）	只		
（二）高速率数字用户线路调制解调器（HDSL MODEM）	对	2	500
（二）甚高速率数字用户线（VDSL）			
1. VDSL集中器	线		
2. VDSL交换机	线		
3. VDSL 调制解调器（VDSL MODEM）	部	1	103205

生产量、销售量和库存量

本年生产量	全年销售量	企业自用及其他	年末库存	本年实际出口
33794	33790	465	1172	
1	1			
2	2		1564	
4350	4350			
4350	4350			
400065	400060		20	
326000	339000		18000	175000
13026545	13414375	300	445786	983158
2426625	2321617	61	136538	541367
950103	946124	15	15047	20285
882977	880447	15	12998	20285
67126	65677		2049	
1510	1510			
789403	793430		18208	
1798725	1798565		660	
120471	105393		118283	

产品名称	计算单位	企业个数	年初库存
三、电力线宽带接入设备（BPL）			
（一）电力网桥	线	1	33
（二）电力线调制解调器（电力猫）	部	3	32880
四、固定无线接入设备			
（一）WiMAX			
1. WiMAX基站	万信道	3	
2. WiMAX用户端设备（WiMAX CPE）	部	2	
（二）其他无线固定接入设备			
1. 基站	万信道	1	273
2. 用户端设备	部	2	400
网络设备制造			
一、网络控制设备	台	13	8182
（一）通信控制处理机	台	7	1704
（二）集中器	台	2	5289
（三）终端控制器	台	4	1189
二、网络接口和适配器	台	7	5032769
（一）网络收发器	台	2	1500
（二）网络转发器	台	1	31206
（三）网络分配器	台	3	5000063
（四）通信网络时钟同步设备	台	1	
三、网络连接设备	台	32	1696133
（一）集线器	台	2	1316
（二）路由器	台	19	1585676
（三）数字数据网络DDN节点设备	台	1	
（四）数字交叉连接设备	台	3	3390
（五）二层交换机	台	5	11551
（六）无线局域网接入点（AP）	台	2	94200
四、网络优化设备	台	7	63340
（一）负载均衡器	台	2	8
（二）流量控制器	台	5	63332
五、网络检测设备	台	2	1051
（一）协议分析器	台		

生产量、销售量和库存量

本年生产量	全年销售量	企业自用及其他	年末库存	本年实际出口
195	200		28	
1906109	1806080	300	132609	150988
19	19			
502612	502316		296	
1421	1413	32	249	
13000	13300		100	
118830	122684	202	4126	37520
66751	66473		1982	37520
32218	36811	202	494	
19861	19400		1650	
17238000	16873492		5397277	55414
119232	117232		3500	
1862167	1699596		193777	55414
15200361	15000424		5200000	
56240	56240			
199150436	197337952	4454	3504163	40052281
233291	222532	3854	8221	
187991224	186193546	300	3383054	31039281
3865	3865			
813420	812889		3921	
99436	97266		13721	3000
10009200	10007854	300	95246	9010000
658719	712624	3	9432	
1688	1690	2	4	
657031	710934	1	9428	
2060	1847	1264		

产品名称	计算单位	企业个数	年初库存
（二）协议测试设备	台	2	1051
（三）差错检测设备	台		
通信终端设备制造（B4022）			
固定通信终端设备制造			
一、收发合一中小型电台	部	15	3487
（一）短波电台	部	4	1529
（二）超短波电台	部	4	806
（三）短波跳频电台	部	3	730
（四）超短波跳频电台	部	4	422
二、电话单机	部	34	690501
（一）固定电话机	部	29	688005
（二）特种电话机	部	5	2496
三、数据终端设备	部	7	31434
（一）传真机	部	5	29054
（二）数传机（含机械、电子打字机）	部	2	2380
移动通信终端设备			
一、手机	部	114	22258350
其中：3G手机	部	78	13582892
二、其他移动通信终端	部	17	418025
（一）集群通信终端	部	10	2490
（二）对讲机	部	7	415535
通信配套产品和其他通信设备制造（B4029）			
通信配套产品和其他通信设备制造			
一、通信电源			
（一）一次电源	台	8	190029
（二）二次电源	台	9	4907
二、配线分线设备	部	10	1143935
三、其他配套设备	部	81	14810434
其中：通信用油机	部	1	
广播电视设备行业产品			
广播电视设备制造			

生产量、销售量和库存量

本年生产量	全年销售量	企业自用及其他	年末库存	本年实际出口
2060	1847	1264		
22932	22449	9	3961	893
14085	13924	9	1681	
3065	3036		835	
2171	2170		731	38
3611	3319		714	855
125403570	125520754	485	572832	21112531
124615747	124732878	485	570389	21110984
787823	787876		2443	1547
1633971	1627162		38243	997100
1609999	1604730		34323	997100
23972	22432		3920	
1455609900	1454244285	2299005	21324960	729119554
949459233	946466002	1179355	15396768	330802329
5304016	5364793	804	356444	2100670
127973	122583	804	7076	
5176043	5242210		349368	2100670
1530213	1603365		116877	560744
5083115	5079253		8769	1
49048065	48911606		1280394	7343
612856602	601712495	8363166	17591375	131030866
323	323			

产品名称	计算单位	企业个数	年初库存
广播电视节目制作及播控设备制造（C4031）			
一、音频节目制作和播控设备	部	7	116986
（一）广播专用录音、放音设备	部	4	786
（二）调音台	部	1	
（三）音质加工与信号处理设备	部	2	116200
（四）监听机（组）	部		
二、视听节目制作及播控设备			
（一）广播电视专业录、摄像机	部	1	107
（二）视频切换台	个	3	95925
（三）视频矩阵	部		
（四）非线性编辑设备	部	2	581
（五）虚拟演播室设备	部	1	
（六）信号源设备	部	4	129643
（七）视频信号处理设备	部	1	100000
（八）电视信号同步设备	部		
三、电视转播车及现场新闻采集车	部		
广播电视发射及传输设备（C4032）			
一、广播发射设备	部	6	2058
（一）调频同步广播设备	部	3	69
（二）调幅同步广播设备	部	3	1989
二、电视发射设备	部	11	809
（一）模拟电视发射机	部	6	759
（二）数字电视发射机	部	5	50
（三）电视差转机	部		
（四）电视转播发射机	部		
三、卫星电视设备	部	8	18906
（一）卫星电视上行发射设备	部		
（二）卫星电视接收转发设备	部	7	18906
（三）卫星电视配套设备	部	1	
四、广播电视微波传输设备	部		
（一）点对点数字微波中继设备	部		
（二）多频道多点分配系统（MMDS）	部		

生产量、销售量和库存量

本年生产量	全年销售量	企业自用及其他	年末库存	本年实际出口
7163820	7206787		74019	4640300
3320	3287		819	
1000	1000			
7159500	7202500		73200	4640300
2613	2645		75	1471
481799	453778	2000	121946	
5165	5122		624	
13798	13462		336	
1309683	1178949	1000	259377	900000
1000000	900000		200000	900000
60345	58851	500	3052	4
224	224		69	
60121	58627	500	2983	4
1798	1742		865	52
961	951		769	25
837	791		96	27
4425492	4440584		3814	524762
4117418	4132510		3814	216688
308074	308074			308074

产品名称	计算单位	企业个数	年初库存
五、有线电视网络设备	部	64	315194
（一）有线电视网络前端设备	部	11	113748
1. 数字电视编码器、解码器	部	5	113150
2. 调制、解调器	部	2	
3. 网络管理/控制设备	部	2	587
4. 数字电视复用器	部		
5. 视频点播系统设备	部	2	11
（二）有线电视光缆传输系统设备	部	41	70441
1. 工作站	部	6	8954
2. 发射机	部	10	2097
3. 接收机	部	14	35122
4. 放大器	部	8	23961
5. 无源器件	部	3	307
（三）有线电视电缆分配系统及终端设备	部	12	131005
1. 放大器	部	3	4287
2. 分配器	部	4	79317
3. 用户端接口	部	2	1617
4. 电缆调制解调器	部	3	45784
应用电视设备及其他广播电视设备制造（C4039）			
一、通用应用电视监控系统设备			
（一）黑白、彩色监控用摄像机	部	7	1781
（二）黑白、彩色视频监视器	部	9	3300
（三）信号控制设备（控制主机）	套	5	87786
（四）视频信号传输设备	套	3	3698
二、特殊环境应用电视监视设备	部	2	95
三、特殊成像及功能的应用电视设备	部	2	1575
四、其他用途的应用电视设备	部	9	203274
广播电视设备专用配件制造（C4040）			
一、激励器	个		
二、中频调制器	个	1	246870
三、双工器	个	3	9630
四、输出滤波器	个	1	

生产量、销售量和库存量

本年生产量	全年销售量	企业自用及其他	年末库存	本年实际出口
11281256	10743790	12961	839699	3667268
358327	361332	1226	109517	60792
274367	279951	16	107550	
31075	31075			22000
52595	50016	1210	1956	38792
290	290		11	
5355654	5200946	5799	219350	2224854
252539	246289	873	14331	164442
65578	64339	501	2835	2310
3341601	3342644	812	33267	1975047
411452	413174	3613	18626	83055
1284484	1134500		150291	
5567275	5181512	5936	510832	1381622
44835	44320	229	4573	20368
1860545	1885893	1145	52824	1291127
72810	70307	3915	205	70127
3589085	3180992	647	453230	
337681	338578	27	857	122823
196176	193858	6	5612	117740
1236002	1230304	600	92884	1080500
453174	402621	45972	8279	356451
28734	28819		10	
23835	21846	2000	1564	85
4438306	4427304		214276	3235790
9795000	9798506		243364	4648665
335628	323558		21700	
14400000	14400000			

2013年电子信息产业主要产品

产品名称	计算单位	企业个数	年初库存
五、天线开关	个		
六、发射天线	套	6	559117
电子计算机行业			
电子计算机制造			
电子计算机整机制造（D4011）			
一、计算机工作站	台	8	78
（一）高性能计算机	台	4	
（二）工作站	台	4	78
二、微型计算机设备	台	130	31407256
（一）台式微型计算机	台	46	2187667
（二）便携式微型计算机	台	76	28929716
1. 笔记本计算机	台	56	5519263
2. 平板计算机	台	20	23410453
（三）电子阅读器	台	8	289873
三、服务器	台	15	526669
四、电子计算机数字式处理部件	台	27	3911659
（一）高性能计算机数字式处理部件	台	3	1357
（二）微型计算机数字式处理部件	台	4	1004
（三）工业控制计算机	台	20	3909298
电子计算机零部件制造（D4012）			
一、微机板卡	块	26	4375844
（一）微机主机板	块	10	870343
（二）内存条	块	3	1193103
（三）声卡	块		
（四）显卡	块	3	137400
（五）网卡	块	10	2174998
1. 有线局域网网卡	块	2	1155404
2. 无线局域网网卡	块	5	701744
3. 移动通信上网卡	块	3	317850
二、电源	部	33	6777239
（一）开关电源	部	23	6716424

生产量、销售量和库存量

本年生产量	全年销售量	企业自用及其他	年末库存	本年实际出口
5906865	5828699		637283	1570035
120237	120046		269	
103922	103922			
16315	16124		269	
336608505	334332368	1816346	31867047	211543070
56030993	55967243	17090	2234327	21311248
272788623	270454795	1799256	29464288	183013358
174443063	173989333	46827	5926166	147123300
98345560	96465462	1752429	23538122	35890058
7788889	7910330		168432	7218464
3523190	3821875	1207	226777	618609
29965520	30342680	5754	3528745	4445
21043553	21043588		1322	1395
60748	60118		1634	2983
8861219	9238974	5754	3525789	67
197805389	194153072	2568816	5459345	123650306
63869218	63766796	231284	741481	32167941
30847672	31347693		693082	
7234553	7265141		106812	6479167
95853946	91773442	2337532	3917970	85003198
23776594	23304054		1627944	19624983
69863369	66306666	2337532	1920915	65378215
2213983	2162722		369111	
110977558	108078614	50230	9625953	2558678
109316122	106426520	14317	9591709	1253440

产品名称	计算单位	企业个数	年初库存
（二）UPS电源	部	10	60815
1. 在线式UPS电源	台	6	38895
2. 后备式UPS电源	台	4	21920
三、其他配套产品及耗材			
（一）机箱	万个	34	3541
（二）鼠标器	万只	7	901
（三）键盘	万只	16	943
（四）打印头	万只	4	21
（五）墨盒	万片	5	939
（六）硒鼓	万只	13	1225
（七）色带	万只	1	13
电子计算机显示器制造（D4013）			
一、终端显示设备	台	59	5864975
（一）字符汉字终端	台	2	
（二）图形图像终端	台	8	4509500
（三）显示器	台	49	1355475
1. 单色显示器（CRT）	台	1	24
2. 彩色显示器（CRT）	台	17	620272
3. 平板显示器	台	31	735179
电子计算机外部设备制造（D4014）			
一、输入设备	台	69	7115887
（一）绘图仪	台	1	
（二）扫描仪	台	3	35590
（三）IC卡读写机具	台	6	74070
（四）数字照相机	台	10	369897
（五）磁卡读写器	台	3	610
（六）摄像头	台	18	5190168
（七）图形板	台	4	7107
（八）触感屏	台	13	1407319
（九）字符阅读机	台		
（十）射频卡机（RFID读写器）	台	6	15505
（十一）生物特征识别设备	台	5	15621

生产量、销售量和库存量

本年生产量	全年销售量	企业自用及其他	年末库存	本年实际出口
1661436	1652094	35913	34244	1305238
380306	367407	35913	15881	117405
1281130	1284687		18363	1187833
66778	66862	0	3457	27594
16435	15884	2	1450	362
35825	34694	1	2073	3997
609	597	16	18	185
8430	8869		500	7103
5272	5299	1	1197	1995
1476	1464		25	1464
231585947	233497211	7344	3946367	43324507
39474	39474			
98975302	101058817	20	2425965	3636000
132571171	132398920	7324	1520402	39688507
18534	18534		24	
16962914	17082579	3097	497510	4593360
115589723	115297807	4227	1022868	35095147
572817620	569577758	12418	10343331	341139534
1053	1038		15	
204493	212152	1688	26243	14193
2070595	2035951		108714	
46834279	46593490	3023	607663	23583658
60009	51766	5607	3246	
381388486	381769669	100	4808885	313665588
30586	27280		10413	1529
141891310	138545387	2000	4751242	3858642
125944	133935		7514	
210865	207090		19396	15924

2013年电子信息产业主要产品

产品名称	计算单位	企业个数	年初库存
二、输出设备	台	70	1983523
（一）打印设备	台	50	529952
1. 针式打印机	台	12	82853
2. 激光打印机	台	11	123639
3. 喷墨打印机	台	6	132080
4. 多功能打印机	台	17	191294
5. 喷绘机	台	4	86
（二）语音输出设备	台	3	985368
（三）图形图像输出设备	台	4	
（四）投影仪	台	13	468203
三、外存储设备	台	36	14011839
（一）硬盘类存储设备	台	18	12323938
1. 硬盘驱动器	台	13	829902
2. 移动硬盘	台	4	11494036
3. 微硬盘驱动器	台	1	
（二）光盘驱动器	台	1	
（三）半导体储存器	台	14	1687901
1. 半导体存储盘	台	8	525425
2. 半导体存储卡	台	5	588575
3. 固态存储器SSD	台	1	573901
（四）网络存储设备	台	1	
（五）磁性存储设备	台	2	
四、阅读机、数据转录及处理机械	台	3	48457
（一）数据转录媒体机械	台		
（二）数据处理机械	台	3	48457
计算机应用产品制造（D9045）			
一、电子出版系统	部		
二、计算机辅助教学系统	部	9	10263
三、计算器	部	5	4255591
四、金融、商业、税务电子应用产品	部	34	677017
（一）点钞机	部	6	10161
（二）自动柜员机（ATM）	部	4	6020

生产量、销售量和库存量

本年生产量	全年销售量	企业自用及其他	年末库存	本年实际出口
92377473	90783455	80258	3497283	67362204
73791361	73541211	79652	700450	51669186
2475375	2447626	284	110318	1378521
31984800	31927110	48305	133024	27361126
22154461	22033377		253164	13266173
17165348	17122071	31062	203509	9663284
11377	11027	1	435	82
14816393	13478805	100	2322856	13477225
83602	83602			
3686117	3679837	506	473977	2215793
894721953	890831625	100	17902067	393825778
469206854	468686283		12844509	168771664
277250346	271495886		6584362	163520077
190363796	195597685		6260147	5251587
1592712	1592712			
16142766	15560776		581990	14149104
409365632	406577865	100	4475568	210905010
168978891	168917324	100	586892	163685
213904765	213669036		824304	210741325
26481976	23991505		3064372	
1200	1200			
5501	5501			
436132	439646		44943	115997
436132	439646		44943	115997
55449	53790	39	11883	62
19183705	20818337		2620959	5525
6927348	6954080	8493	641792	2084109
323902	322605		11458	74732
90117	87627		8510	306

产品名称	计算单位	企业个数	年初库存
（三）银行自助服务终端	部	3	35944
（四）POS机	部	9	603190
（五）税控机	部	8	5159
（六）鉴别仪	部	4	16543
五、汽车电子	套	96	2496500
（一）动力总成控制系统	套	18	291149
（二）新能源汽车电池管理系统	套	10	12316
（三）电机控制系统	套	44	1871501
（四）ABS	套	6	3016
（五）EBD	套	1	400
（六）车载导航	套	17	318118
其中：北斗导航终端	套	3	1515
六、其他应用产品	部	4	2754
（一）汽车电脑报站器	部	2	2700
（二）会议视频系统	部	2	54
信息系统安全产品制造（D9046）			
一、边界防护类设备和系统			
（一）防火墙、防水墙	台	6	2937
（二）虚拟专用网设备（VPN）	台	4	10002
（三）抗拒绝服务（DoS）攻击系统	套	1	
二、数据保护类设备和系统			
（一）防病毒系统	套		
（二）恶意代码检测系统	套		
（三）数据备份系统	套	1	
（四）数据防拷贝设备	套	1	721
三、安全检测类设备和系统			
（一）入侵检测系统	套	3	14337
（二）入侵防御系统	套		
（二）安全扫描器	台	3	
四、安全智能卡类设备和系统	套	16	24258
五、密钥管理类设备和系统	套	10	153885
家电行业			

生产量、销售量和库存量

本年生产量	全年销售量	企业自用及其他	年末库存	本年实际出口
796658	797413		35189	
4069575	4165620		507145	2009071
982975	931936		56198	
664121	648879	8493	23292	
83111370	82911563	65640	2630667	27597381
17628278	17604817	110	314500	1388088
767429	772661	2	7082	
57607428	57538963	65513	1874453	24045087
439184	422692		19508	3799
11000	10000		1400	
6658051	6562430	15	413724	2160407
23162	23491		1186	2100
200557	184431	2	18878	2
199814	183639		18875	
743	792	2	3	2
34170	33819	10	3278	
68053	68045		10010	
145230	145230			
6703	6399		304	
2215	2102		834	
358539	349900	485	22491	
35317	33553		1764	
354787980	354770963	137	41138	2
3637154	3625718	20	165301	

2013年电子信息产业主要产品

产品名称	计算单位	企业个数	年初库存
视听设备制造			
电视机制造（F4071）			
一、彩色电视机	台	116	4879289
（一）显像管彩色电视机	台	15	378056
（二）平板电视机	台	98	4466231
其中：液晶（LCD）电视机	台	92	4414830
屏幕尺寸＜38cm	台	21	90982
38cm≤屏幕尺寸＜102cm	台	54	2337969
屏幕尺寸≥102cm	台	17	1985879
等离子（PDP）电视机	台	6	51401
屏幕尺寸＜102cm	台	2	
屏幕尺寸≥102cm	台	4	51401
三、电视接收机顶盒	部	37	3300962
（一）有线电视机顶盒	部	29	2929546
（二）地面广播机顶盒	部	2	153874
（三）卫星广播机顶盒	部	6	217542
摄、录像、激光视盘机制造（F4073）	**台**	**44**	**679091**
一、录像机	台	9	286693
（一）家用摄录一体机	台	4	223898
（二）数码摄像机	台	5	62795
二、数字激光音、视盘机	台	35	396341
家用音响电子设备制造（F4072）			
一、家用音响	台	80	1783066
（一）组合音响	台	43	991533
（二）MP3、MP4播放器	台	14	646570
（三）功率放大器	台	12	94599
（四）数字录音机（笔）	台	2	500
（五）数字化多媒体组合机	台	9	49864
二、汽车电子音响设备	台	29	1765077
家用电子电器主要配套件制造（F3950）			
一、音像盘片	万片	16	10878
二、录音录像磁鼓	万只	1	0

生产量、销售量和库存量

本年生产量	全年销售量	企业自用及其他	年末库存	本年实际出口
127760719	125559238	1093109	5987661	36362190
2875870	2938317	6110	309499	1128758
124884849	122587777	1086959	5676344	35233432
122903019	120613813	1086951	5617085	35122230
29681114	29153213	5178	613705	14173574
57769467	57807864	5899	2293673	14238027
35452438	33652736	1075874	2709707	6710629
1981830	1973964	8	59259	111202
149792	135764		14028	
1832038	1838200	8	45231	111202
85729251	85479106	71856	3479251	37338582
71107101	70858123	66103	3112421	30110006
2233584	2362668	5733	19057	1250832
12388566	12258315	20	347773	5977744
183017175	**182684089**	**941**	**1011236**	**155702626**
5920280	5743754	10	463209	4570241
4897593	4718351		403140	3575537
1022687	1025403	10	60069	994704
178876609	178718476	940	553534	152651172
149032566	149713940	50792	1050900	45065162
93562758	93866266	2050	685975	27567603
50376860	50765173	48699	209558	16901748
3751832	3756553	30	89848	165212
413439	410471		3468	96045
927677	915477	13	62051	334554
56663470	56075057	118406	2235084	25578256
124283	124010	42	11109	38531
2097	2097		1	

2013年电子信息产业主要产品

产品名称	计算单位	企业个数	年初库存
三、充电器	万只	16	141
四、遥控器	万只	14	3020
五、光机引擎	套	9	1510
六、各种接口	万只	32	3359
（一）通用串行总线接口（USB）	万只	5	54
（二）高清多媒体接口（HDMI）	万只	3	25
（三）亮/色（Y/C）分离接口	万只	1	80
（四）VGA接口	万只	1	1
（五）数字视频接口（DVI）	万只		
（六）其他接口	万只	22	3199
电子测量仪器行业			
电子测量仪器制造			
电子测量仪器制造（G4128）			
一、频率测量仪器	台	42	968894
（一）数字脉冲频率测量仪	台	10	24496
（二）模拟式频率测量仪	台	8	135
（三）计数器	台	10	259740
（四）计数器扩频装置	台	1	1000
（五）时间测量仪器	台	4	600500
（六）特种计数器	台	3	120
（七）频率标准	台	5	82903
（八）校频比相仪	台	1	
二、电压测量仪器	台	38	187799
（一）直流数字电压表	台	6	5280
（二）交流数字电压表	台	2	25
（三）数字多用表	台	15	92683
（四）电压电源标准装置	台	15	89811
三、示波器	台	1	8595
四、器件参数测量仪器	台	39	1791768
（一）数字IC测试仪	台	2	1000
（二）混合IC测试仪	台		
（三）光电器件测试仪	台	11	19305

生产量、销售量和库存量

本年生产量	全年销售量	企业自用及其他	年末库存	本年实际出口
17872	17794	3	217	2138
14597	14614	1	3002	7249
1514741	1514743		1508	
55648	54926	5	4076	519
2118	2015	1	157	289
7343	7342	0	27	
347	347		80	
10	9	0	2	
45830	45215	4	3810	230
25019856	25081378	995	906377	7159363
258708	259684		23520	
434437	433438		1134	
15268653	15309386		219007	498541
14314	15288		26	
8356920	8356920		600500	6389763
13105	13223		2	
671387	691270	995	62025	271059
2332	2169		163	
11014301	10848310	1857	351933	171059
20172	20352	26	5074	
408	412	10	11	
10480400	10345597	1820	225666	1500
513321	481949	1	121182	169559
87620	91263		4952	9360
6623100	6612020		1802848	40260
903520	903680		840	
2920999	2871035		69269	800

产品名称	计算单位	企业个数	年初库存
（四）电力电子器件测试仪	台	23	1771463
（五）半导体器件图示仪	台	3	
五、元件参数测量仪器	台	6	8002
六、脉冲测量仪器	台	5	18031
七、扫描、频谱波形分析仪器	台	8	1153
（一）扫频仪	台	2	1000
（二）频谱分析仪	台	4	148
（三）失真度测量仪	台		
（四）频偏调制度测量仪	台	2	5
（五）相位移相器	台		
八、微波测量仪器	台	3	136
（一）网络特性测试仪及网络分析	台		
（二）雷达综合测试仪	台	2	136
（三）微波漏能测试仪	台	1	
（四）微波测量仪器部件	台		
九、通信测量仪器	台	1	
（一）载波通信测量仪	台	1	
（二）PDH/SDH 传输分析仪	台		
（三）模拟数字移动通信基台移动台	台		
十、广播电视测量仪器	台		
十一、超低频测量仪器	台	7	415550
（一）超低频信号分析仪	台	1	5
（二）频响分析仪	台	1	145
（三）超低频信号源	台		
（四）滤波器、放大器	台	5	415400
（五）相位仪	台		
十二、声学测量仪器	台	9	891543
（一）电源、声震信号发生器	台	3	17
（二）声级计	台	1	
（三）倍频滤波器	台		
（四）电声发生器	台	2	891324
（五）振动脉击测量仪器	台	1	32

生产量、销售量和库存量

本年生产量	全年销售量	企业自用及其他	年末库存	本年实际出口
2791189	2829913		1732739	39460
7392	7392			
97569	97095		8476	10000
22912	23375		17568	
103887	104001		1039	32000
93347	93334		1013	32000
10447	10579		16	
93	88		10	
4037	1567		2606	
3837	1367		2606	
200	200			
78965	78965			
78965	78965			
5747599	5774413		388736	4912846
600	602		3	
40	49		136	
5746959	5773762		388597	4912846
1781112	1920147		752508	1828015
7482	7471		28	10
2500	2500			
1739125	1878005		752444	1828005
600	597		35	

产品名称	计算单位	企业个数	年初库存
（六）声振校准装置	台	1	
（七）声震仪整件	台	1	170
十三、干扰场强测量仪	台		
（一）干扰场强测量仪	台		
（二）测试接收机	台		
十四、稳压电源	台	5	7294
十五、记录显示仪	台	16	270161
（一）记录仪	台	11	3043
（二）显示仪	台	5	267118
十六、信号源	台	5	536966
（一）信号发生器	台	4	536966
（二）功率放大器	台	1	
十七、功率计	台		
其中：（一）脉冲功率计	台		
（二）激光功率计	台		
十八、其他测量仪器	台	16	110495
（一）晶体振荡器	台		
（二）击穿装置	台		
（三）标准电感电容电阻器	台	7	108264
（四）热分布图测试	台		
（五）空中目标训练器	台		
（六）可焊性测试仪	台		
（七）激光测距	台	3	35
（八）水声设备	台	2	922
（九）原子射线仪器	台	1	
（十）气象仪器	台	3	1274
十九、电子测量仪器零附件	台	13	38960
医疗电子设备及器械制造（G3681）			
一、医用电子仪器设备	台	36	1588940
（一）心电、生理示波及记录仪器	台	2	79
（二）监护仪器	台	12	2188
（三）心电遥测仪器	台	3	5330

生产量、销售量和库存量

本年生产量	全年销售量	企业自用及其他	年末库存	本年实际出口
13210	13210			
18195	18364		1	
31735	29003		10026	1673
496858	510375		256644	3100
54221	54149		3115	3100
442637	456226		253529	
1114116	983265		667817	769428
1113955	983104		667817	769428
161	161			
1472604	1458304	50	124745	
1168842	1158917		118189	
181180	180959		256	
79654	79792		784	
21	21			
42907	38615	50	5516	
4334602	4345488	78	27996	2023172
129236377	128136636	15712	2672969	113132357
438	434		83	
318420	318384		2224	196945
7111	6390	102	5949	

2013年电子信息产业主要产品

产品名称	计算单位	企业个数	年初库存
（四）治疗急救装置	台	3	25004
（五）血液测定仪器	台	5	121106
（六）气体分析测量仪器	台	5	3014
（七）电子体温、压力测量装置	台	6	1432219
二、医用超声仪器	台	13	58525
三、医用激光仪器及设备	台	6	26
四、医用生化分析仪器	台	10	2239
（一）分离制备仪器	台	2	2021
（二）生化分析仪器	台	8	218
五、医用高频微波射线核素仪器	台	21	888
（一）医用高频设备	台	5	378
（二）医用微波诊断、治疗仪器	台	5	470
（三）医用射线诊断、治疗仪器	台	9	40
（四）医用核素诊断、治疗仪器	台	2	
六、中医用仪器	台	11	7134
（一）诊断仪器	台	7	204
（二）各种电疗磁疗光疗针麻仪器	台	4	6930
七、其他医疗电子仪器	台	13	337
（一）医用光学仪器	台	12	327
（二）体外循环仪器	台	1	10
应用电子仪器制造（G4110）			
一、农业电子应用仪器	台	12	272
（一）土壤测定分析仪器	台	3	
（二）粮食种子测试处理仪器	台	1	266
（三）经济作物测试仪器	台	3	6
（四）牧副渔业仪器	台	5	
二、工交电子应用仪器	台	23	376619
三、文教电子应用仪器	台	11	320
四、其他仪器	台	150	542487
五、电子电表	万只	11	239
（一）直流电流电压表	万只	3	100
（二）交流电流电压表	万只	2	138

生产量、销售量和库存量

本年生产量	全年销售量	企业自用及其他	年末库存	本年实际出口
25040	24042		26002	
77475419	77316396		280129	77295178
5165	4093	15	4071	
51404784	50466897	19287	2350819	35640234
205331	207788		56068	8613
3715	3708		33	65
18149	18630	21	1737	862
8036	8789		1268	306
10113	9841	21	469	556
112466	112017		1337	1731
1782	1739		421	8
34404	33984		890	
22910	22924		26	1723
53370	53370			
120039	122040	85	5048	
5961	5912	45	208	
114078	116128	40	4840	
24632	24519	10	440	332
24332	24219		440	332
300	300	10		
95490	94647	120	995	
5453	5163	120	170	
4807	4683		390	
2712	2616		102	
82518	82185		333	
1280652	1139648	2	517621	46673
850089	845294		5115	320
37420269	37247985	178	714593	21459349
3822	3720		341	229
1305	1205		200	229
779	783		134	

产品名称	计算单位	企业个数	年初库存
（三）热电式高频电流表	万只	1	0
（四）功率表	万只	5	0
（五）电平表	万只		
六、电子专用电表	万只	35	568
（一）特殊用途电表	万只	6	62
（二）IC卡智能表及远程智能表系列	万只	29	506
七、安规仪器	台	6	910
（一）耐压测试仪	台	1	390
（二）泄漏电流测试仪	台	2	520
（三）接地电阻测试仪	台	1	
（四）脉冲电压发生器	台	2	
八、电化学测试仪器	台	9	780
（一）恒电位/电流仪	台	1	
（二）电化学测试系统	台	6	300
（三）酸度计	台	2	480
电子工业专用设备行业			
电子工业专用设备制造			
电子工业专用设备制造（H3662）			
一、半导体材料生产、加工设备			
（一）太阳能级半导体材料生产、加工设备	台	39	2468
1. 多晶硅铸锭炉	台	9	215
2. 单晶炉	台	12	183
3. 磨方倒角机	台		
4. 线切割机	台	12	188
5. 清洗设备	台	6	1882
（二）集成电路、分立器件半导体材料生产、加工设备	台	27	922
1. 单晶炉	台	1	
2. 滚圆切断机	台	1	
3. 倒角机	台	1	38
4. 线切割机	台	7	125
5. 磨片机	台	2	55
6. 抛光机	台	6	280

生产量、销售量和库存量

本年生产量	全年销售量	企业自用及其他	年末库存	本年实际出口
15	14		1	
1723	1718		5	
75923	76199	6	287	827
28587	28588		61	
47336	47610	6	226	827
48641	49101		450	
5600	5560		430	
8880	9380		20	
2500	2500			
31661	31661			
12223	11367		1636	846
20	20			
2303	2374		229	846
9900	8973		1407	
216432	209493	88	9319	112698
1751	1665	88	213	
6622	6529		276	17
85461	80469		5180	
122598	120830		3650	112681
28847	28983	123	663	813
3500	3500			
4156	4194			
14260	14331		54	
595	570	10	70	
3646	3678	103	145	

2013年电子信息产业主要产品

产品名称	计算单位	企业个数	年初库存
7. 清洗设备	台	9	424
二、半导体器件和集成电路制造设备	台		
（一）晶硅太阳能芯片制造设备	台	15	191
1. 制绒清洗设备	台	1	
2. 扩散炉	台	1	
3. 等离子刻蚀机	台		
4. 磷硅玻璃清洗设备	台	1	
5. 等离子体增强化学气相淀积设备PECVD	台	1	
6. 全自动丝网印刷机	台	2	
7. 网带自动烘干炉	台	1	2
8. 网带快速烧结炉	台		
9. 自动测试分选设备	台	8	189
（二）薄膜太阳能片制造设备	台	5	600
1. 沉积设备（PECVD）	台	1	600
2. 激光刻蚀机	台	4	
3. 磁控溅射设备	台		
（三）集成电路、分立器件芯片制造设备	台	50	31375
1. 外延设备	台	4	
2. 扩散设备	台	1	
3. 离子注入设备	台		
4. 快速热处理设备	台	12	30372
5. 匀胶、显影设备	台	2	10
6. 光刻机	台	3	17
7. 物理气相淀积设备	台		
8. 化学气相淀积设备	台	2	10
9. 电镀铜设备	台		
10. 化学机械抛光设备（CMP）	台	1	
11. 湿法刻蚀设备	台	1	514
12. 干法刻蚀设备	台		
13. 清洗设备	台	2	6
14. 自动探针测试台	台	2	
15. 减薄机	台		

生产量、销售量和库存量

本年生产量	全年销售量	企业自用及其他	年末库存	本年实际出口
2690	2710	10	394	813
20101	20171		121	5
21	21			
13958	13958			
1	1			
205	197		8	
7	7			
142	136		8	5
5767	5851		105	
48593	48588		605	
2000	2000		600	
46593	46588		5	
545036	527212	4	49195	34533
16116	16116			
3893	3893			
311259	293477	2	48152	
2207	2209		8	9
2502	2459		60	
430	430		10	
1843	1739		104	
35414	35305		623	34512
55	51	2	8	
2904	2904			

产品名称	计算单位	企业个数	年初库存
16. 划片机	台	1	
17. 粘片机	台	1	8
18. 键合机	台	2	
19. 自动封装设备	台	9	286
20. 老化设备	台		
21. 自动测试分选设备	台	5	152
22. 自动打标编带设备	台	2	
三、电真空器件专用设备			
（一）真空开关管生产设备	台	4	262
（二）微波真空管生产设备	台	4	35944
（三）电光源生产设备	台	7	200368
（四）平板显示器件（FPD）生产设备	台	14	24672
1. 液晶显示器件（LCD）生产设备	台	8	8104
2. 等离子显示器件（PDP）生产设备	台		
3. OLED生产设备	台	3	15765
4. 其他平板显示器件生产设备	台	3	803
（五）显像管及电子枪生产设备	台	1	650
四、电子元件专用设备	台	81	12405906
（一）电阻、电位器生产设备	台	7	2000317
（二）电容器生产设备	台	10	22125
（三）陶瓷元件生产设备	台	2	18
（四）磁性材料及元件生产设备	台	13	14662
（五）印制电路板生产设备	台	6	200138
（六）线缆生产设备	台	4	43
（七）敏感元器件及传感器生产设备	台	5	9758402
（八）频率元器件生产设备	台	2	400083
（九）绿色电池生产设备	台	3	12
（十）电感器件、特种变压器生产设备	台	19	3082
（十一）厚膜电路生产设备	台		
（十二）薄膜电路生产设备	台		
（十三）压电晶体生产设备	台	1	
（十四）表面波滤波器生产设备	台		

生产量、销售量和库存量

本年生产量	全年销售量	企业自用及其他	年末库存	本年实际出口
46	46			
32	36		4	
11579	11579			
140616	140860		42	12
10080	10048		184	
6060	6060			
39562	38030		1794	
718345	717274		37015	
5221389	5231387		190370	
9281857	9224875	1160	80494	7003279
8560214	8502285		66033	7002350
716171	717116	560	14260	
5472	5474	600	201	929
2835	2835		650	
801542110	804040546	2281431	7626039	427412
720134744	717854638	2280000	2000423	286
437321	442436		17010	420
26	44			
678084	667382		25364	426077
2971305	2881358		290085	
339	342		40	
76035958	80825859	200	4968301	
701310	801164		300229	
218	215		15	1
573261	557512	1231	17600	628
223	223			

2013年电子信息产业主要产品

产 品 名 称	计算单位	企业个数	年初库存
（十五）电声器件生产设备	台	1	
（十六）开关接插件生产设备	台	8	7024
五、气候环境模拟和可靠性试验设备	台	16	826
（一）气候环境模拟试验设备	台	3	
（二）力学环境试验设备	台	2	38
（三）综合试验设备	台	7	653
（四）可靠性试验设备	台	4	135
六、水、气净化设备	台	32	10374
（一）空气净化设备	台	20	9741
1. 净化空气	台	12	9719
2. 净化工作台	台	2	
3. 高效过滤器	台	4	22
4. 净化检测设备	台	2	
（二）水纯化设备	台	7	594
（三）气体纯化设备	台		
（四）废水处理设备	台	5	39
七、电子整机装联设备	台	41	1765
（一）自动插片机	台	1	100
（二）自动贴片机	台	3	2
（三）装配生产线	台	19	111
（四）波峰焊接、再流焊接设备	台	1	
（五）表面贴装印刷设备	台		
（六）自动检测仪器（机）	台	14	1548
（七）自动X射线轮廓仪	台	1	
（八）自动清洗设备	台	2	4
八、电子通用设备	台	39	12233
（一）真空获得设备	台	9	329
（二）超声波设备	台	12	421
（三）精密焊接设备	台	7	4276
（四）干燥设备	台	6	7193
（五）精密电子丝网印刷设备	台	3	14
（六）防静电系列产品	台	2	

生产量、销售量和库存量

本年生产量	全年销售量	企业自用及其他	年末库存	本年实际出口
1639	1639			
7682	7734		6972	
16946	17050		722	20
9316	9316			
4759	4756		41	
2436	2569		520	20
435	409		161	
517012	516254	5	11127	150407
422470	422157	2	10052	72337
397648	397536	2	9829	72337
2293	2293			
9018	8817		223	
13511	13511			
90847	90398	2	1041	78070
3695	3699	1	34	
159890	156375		5280	166
1000	1000		100	
5239	5236		5	
8336	8263		184	163
80	80			
144542	141103		4987	3
650	650			
43	43		4	
155237	163232	2	4236	4719
24182	24277		234	
16285	15522	2	1182	
57746	61518		504	20
43641	48518		2316	4699
2865	2879			
10518	10518			

2013年电子信息产业主要产品

产品名称	计算单位	企业个数	年初库存
电子工业模具及齿轮制造（H3625）			
一、电子工业模具及齿轮			
（一）模具	付	107	732108
（二）模架	套	15	29063
（三）模具标准件	件	24	1572149
（四）气动工具	件	15	1842
（五）电动工具	件	17	82756
（六）焊接工具	件	12	2492
其他电子设备制造（H3626）	**台**	**56**	**1966**
一、邮政专用设备及器材制造	台	1	
（一）邮政营业设备	台	1	
（二）邮政内部处理设备	台		
（三）邮政投递设备	台		
二、激光设备制造	台	45	1876
三、电子垃圾处理设备制造	台	10	90
电子元件行业			
电子元件制造			
电子元件及组件制造（I4071）			
一、电容器	万只	246	4166070
（一）纸介电容器	万只	27	48091
（二）塑料介质电容器	万只	75	127751
1. 聚酯膜电容器	万只	30	96164
2. 聚丙烯膜电容器	万只	25	7340
3. 聚苯乙烯电容器	万只	11	334
4. 聚碳酸酯电容器	万只	4	8214
5. 片式有机介质电容器（SMC）	万只	5	15700
（三）瓷介电容器	万只	35	2199207
1. 圆片瓷介电容器	万只	18	71425
2. 多层瓷介电容器	万只	17	2127782
其中：片式贴装瓷介电容器	万只	2	865291
（四）超大容量电容器	万只	5	77
（五）云母电容器	万只	5	74

生产量、销售量和库存量

本年生产量	全年销售量	企业自用及其他	年末库存	本年实际出口
23998538	23851606	274	878766	8956129
3178353	3189419	1000	16997	15113
113345718	110145147	3073767	1698953	5787091
7521597	7520710		2729	1384
4134640	4138512	301	78583	2226283
5647573	5646882	15	3168	11366
100815029	**100815476**	**1**	**1518**	**1045277**
3084	3084			
3084	3084			
800289	800792		1373	45277
100011656	100011600	1	145	1000000
62827865	62163545	6402	4823987	43419294
330870	336670	1583	40707	7245
3090649	3080502	417	137482	1147005
1272260	1268095	385	99944	198439
1398117	1394833	27	10597	758485
9182	9155	5	356	
215296	213755		9755	190081
195794	194665		16829	
52795834	52207575	2815	2784650	41775465
496874	507250	17	61032	39259
52298959	51700325	2798	2723618	41736206
46865773	46148515		1582549	41366983
30219	30181		115	63
1724	1742		56	

2013年电子信息产业主要产品

产品名称	计算单位	企业个数	年初库存
（六）玻璃釉电容器	万只	2	
（七）电解电容器	万只	83	1785523
1. 铝电解电容器	万只	75	1769636
其中：片式铝电解电容器	万只	3	2506
2. 钽电解电容器	万只	8	15887
其中：片式钽电解电容器	万只	2	2041
3. 铌电解电容器	万只		
（八）可变电容器	万只	11	5347
（九）真空电容器	万只	3	0
1. 固定真空电容器	万只	2	0
2. 可变真空电容器	万只	1	
（十）电容网络	万只		
二、电阻、电位器	万只	106	2766510
（一）固定电阻器	万只	83	2752098
1. 碳膜电阻器	万只	12	1078507
2. 金属膜电阻器	万只	19	49926
3. 氧化膜电阻器	万只	4	20954
4. 玻璃釉电阻器	万只	3	782
5. 线绕电阻器	万只	12	9157
6. 合成膜电阻器	万只	3	15889
7. 实芯电阻器	万只	1	1
8. 片式电阻器	万只	24	1572383
9. 熔断电阻器	万只	5	4500
（二）电位器	万只	23	14412
1. 线绕电位器	万只	5	420
2. 碳膜电位器	万只	8	1002
3. 实芯电位器	万只	2	525
4. 玻璃釉电位器	万只	1	565
5. 导电塑料电位器	万只	2	5868
6. 片式电位器	万只	5	6032
（三）电阻网络	万只		

生产量、销售量和库存量

本年生产量	全年销售量	企业自用及其他	年末库存	本年实际出口
1024	1024			
6524239	6452464	1347	1855951	484112
6467538	6395342	821	1841011	484112
20221	16807		5920	2784
56701	57122	526	14939	
12800	11288	523	3030	
53299	53381	239	5026	5404
6	6		0	0
0	0		0	0
5	5			
37716859	36320282	1353625	2809462	1371981
37322214	35926880	1353584	2793848	1344773
12286800	10897922	1327760	1139626	767463
4039800	4029946	380	59399	1402
268552	260603		28902	2804
8429	8215		996	30
236141	230167		15131	
160180	163511		12558	21
9	10		0	1
20216161	20228820	25203	1534522	573036
106141	107686	241	2714	16
394644	393402	41	15614	27208
15775	15818		377	6479
248986	248620	35	1334	14868
9212	9571		166	3768
2510	2461		614	1015
43322	43322		5868	
74839	73610	6	7255	1078

2013年电子信息产业主要产品

产 品 名 称	计算单位	企业个数	年初库存
三、电连接器			
（一）低频连接器	万只	152	176956
1. 圆形连接器	万只	34	17854
2. 矩形连接器	万只	20	6686
3. 条形连接器	万只	38	86373
4. 印制电路连接器	万只	10	808
5. 带状电缆连接器	万只	17	3574
6. 端子	万只	28	58884
7. 表面贴装型低频连接器	万只	5	2777
（二）射频连接器	万只	23	12287
其中：表面贴装型射频连接器	万只		
（三）光连接器	万只	18	13723
（四）特种连接器	万只	25	5216
（五）各类开关	万只	76	35382
（六）各类插座	万只	19	19201
（七）各类插塞、插孔	万只	18	7037
四、控制元件	万只	38	19979
（一）电子继电器	万只	38	19979
1. 电磁继电器	万只	30	19711
2. 固态继电器	万只	8	268
（二）斩波器	万只		
五、磁性材料元件及感性器件			
（一）软磁材料元件	万公斤	51	12222
1. 金属软磁	万公斤	15	7380
（1）硅钢片	万公斤	10	6562
（2）金属磁粉心	万公斤	3	38
（3）铁镍合金	万公斤	2	781
2. 铁氧体软磁	万公斤	36	4842
（1）锰锌铁氧体	万公斤	27	4491
（2）镍锌铁氧体	万公斤	8	342
（3）镁锌铁氧体	万公斤	1	8

生产量、销售量和库存量

本年生产量	全年销售量	企业自用及其他	年末库存	本年实际出口
5484660	5410554	3704	247358	3130732
125375	123817	36	19376	25485
1026705	1007189		26201	927338
1478445	1447796	544	116478	573579
62722	62662		867	640
46912	45745	14	4727	4823
2667268	2646635	3126	76392	1538373
77234	76710		3302	60495
129506	126070	10	15713	4111
513105	515438		11389	360141
77909	75154	316	7655	12558
1045011	1033908	246	46239	226569
245556	228687	6	36065	19175
173972	173990	105	6914	58628
247327	238297	2209	26799	83087
247327	238297	2209	26799	83087
242343	233357	2207	26490	83084
4984	4940	2	310	3
222124	155152	67733	11461	2316
202118	135537	67502	6460	
201462	134825	67499	5700	
30	28	3	37	
627	684	0	723	
20006	19615	231	5002	2316
18401	18151	231	4510	2078
1347	1238	0	451	208
258	226		40	30

2013年电子信息产业主要产品

产品名称	计算单位	企业个数	年初库存
（二）硬磁材料元件	万公斤	43	6238
1. 铁氧体永磁	万公斤	18	5805
2. 钕铁硼永磁	万公斤	24	433
3. 铝镍钴永磁	万公斤	1	0
（三）其他磁性材料元件	万公斤	7	2
（四）感性器件	万只	255	165483
1. 变压器	万只	171	34514
（1）电源变压器	万只	80	21277
（2）开关电源变压器	万只	31	1397
（3）音频变压器	万只	4	306
（4）脉冲变压器	万只	2	14
（5）其他功能变压器	万只	54	11519
2. 电感器	万只	84	130969
（1）小型电感器	万只	49	89932
（2）电感滤波器	万只	20	5553
（3）扼流圈	万只	2	31800
（4）发射或接收线圈	万只	1	16
（5）空心线圈	万只	12	3668
六、电声器件	万只	158	498875
（一）通信传声器件	万只	44	19885
1. 送话器	万只	4	2569
2. 受话器	万只	13	4505
3. 组合件	万只	27	12811
（二）传声器	万只	12	413423
1. 电容式传声器	万只	5	196
2. 动圈式传声器	万只		
3. 驻极体传声器	万只	5	1488
4. 硅传声器	万只		
5. 无线传声器	万只	2	411739
（三）扬声器	万只	47	5296
1. 号筒扬声器	万只	14	1409
2. 直接辐射式扬声器	万只	15	1506

生产量、销售量和库存量

本年生产量	全年销售量	企业自用及其他	年末库存	本年实际出口
57690	53910		10019	19316
48700	45667		8837	16696
8988	8240		1181	2620
2	2		0	
6768	6687	1	82	1
3055472	3051278	308	169368	595590
658475	653975	255	38758	128445
248080	245029	231	24096	65140
264103	263465	2	2033	4109
5945	5925		327	
4815	4792		37	1050
135532	134764	22	12264	58146
2396997	2397303	53	130610	467145
1935744	1942289	0	83387	217641
77458	73593		9417	15238
292692	291437		33055	200597
681	650	0	46	621
90423	89334	53	4704	33047
3100380	3083088	727	515440	2306690
442090	429216	484	32275	101309
59319	57294	474	4120	14315
71252	73080		2677	12811
311520	298843	10	25478	74183
461805	461096	67	414065	420342
18967	18045		1118	1925
30903	31116	67	1208	6678
411935	411935		411739	411739
2068658	2067405	175	6374	1770896
178573	178927		1055	41282
1837795	1837427	168	1705	1725262

产品名称	计算单位	企业个数	年初库存
3. 球顶形扬声器	万只	2	85
4. 汽车扬声器	万只	16	2296
（四）音箱、音柱	万只	14	38
1. 专业用音箱（厅堂馆所）	万只	8	19
2. 家庭用音箱	万只	6	18
3. 监听用音箱	万只		
（五）耳机	万只	30	56242
其中：无线耳机	万只	2	31
（六）蜂鸣器	万只	7	1965
（七）蜂鸣片	万只	4	2026
七、频率控制元件	万只	83	119337
（一）压电陶瓷及频率元件	万只	17	21025
1. 压电陶瓷滤波器	万只	2	55
2. 压电陶磁谐振器	万只	1	6103
3. 压电陶磁振荡器	万只	2	11769
4. 压电陶瓷检频器	万只	1	168
5. 片式压电陶瓷器件	万只	6	1521
6. 声表面波滤波器	万只	2	1256
7. 声表面波振荡器	万只	1	1
8. 片式声表面波器件	万只	2	152
（二）压电石英晶体元器件			
1. 压电石英晶体谐振器	万只	30	67763
2. 压电石英晶体滤波器	万只	2	4
3. 压电石英晶体振荡器	万只	16	7549
4. 片式压电晶体器件	万只	6	5410
5. 石英晶片	万片	12	17586
八、其他元件及零部件	万公斤	24	3283
（一）电子陶瓷零件	万公斤	15	68
1. 氧化铝瓷件	万公斤	13	68
2. 氧化铍瓷件	万公斤	1	0
3. 氮化铝瓷片	万公斤	1	
（二）石英晶体管壳、管座	万公斤	1	2

生产量、销售量和库存量

本年生产量	全年销售量	企业自用及其他	年末库存	本年实际出口
3053	3056		82	1053
49237	47995	7	3531	3299
1904	1847	0	95	447
579	559		39	402
1325	1288	0	55	45
82567	81735	1	57073	9274
101	98	0	34	
8581	8246		2299	4422
34776	33542		3260	
1558229	1539688	2078	135801	425177
567350	561459	524	26392	115379
295295	294990		360	
30319	30241	517	5664	6501
194725	189694		16800	97641
495	531		132	89
28238	27461	6	2292	9592
4991	5282	1	964	1137
1000	1000		1	
12288	12261		179	419
556022	551707	127	71951	211274
11	11		4	
320367	312972	282	14661	59491
54742	54595	6	5552	32530
59738	58944	1139	17240	6504
505256	504539		4000	347
3768	3776		61	344
3688	3695		60	344
1	1		0	
80	80			
10	10		2	

产品名称	计算单位	企业个数	年初库存
（三）电声器件零部件	万公斤	5	0
（四）电容器用铝壳	万公斤	3	3212
电子印制电路板制造（I4072）			
一、电子印制电路板	平方米	290	32411651
（一）刚性印制电路板	平方米	193	7395249
1. 刚性单面板	平方米	58	2782467
2. 刚性双面板	平方米	60	883639
3. 刚性多层板	平方米	75	3729143
（二）挠性印制电路板	平方米	57	8755989
（三）刚-挠性印制电路板	平方米	40	16260413
电力电子元件制造（I4073）			
一、继电器	万只	30	12687
（一）电磁继电器	万只	18	12578
（二）永磁继电器	万只	2	0
（三）热电继电器	万只	3	2
（四）感应继电器	万只	2	
（五）静电继电器	万只	2	3
（六）光电继电器	万只	3	105
二、继电器保护装置	万只	10	132
三、配电或电器控制设备专用零件	万只	43	14713
敏感元件及传感器制造（I4074）			
一、敏感元件及传感器	万只	176	59470
（一）敏感元件	万只	92	47689
1. 力敏元件	万只	17	5036
2. 压敏电阻器	万只	14	13995
3. 光敏电阻器	万只	12	714
4. 热敏电阻器	万只	28	26017
5. 磁敏感元件	万只	15	1913
6. 湿敏元器件	万只	2	0
7. 气敏元器件	万只	4	13
（二）传感器	万只	84	11781
电子器件行业			

生产量、销售量和库存量

本年生产量	全年销售量	企业自用及其他	年末库存	本年实际出口
481717	481713		4	
19761	19040		3933	3
575565573	568122333	122250	39732641	54736799
169715579	167339470	118628	9652730	23291227
62877436	60333416	23874	5302613	7868235
22299052	22103155	2709	1076827	3046327
84539091	84902900	92045	3273289	12376664
194457642	193407742	14	9805876	3635848
211392352	207375120	3608	20274036	27809725
203076	201736	368	13658	94741
200953	199506	368	13656	94733
24	24		0	
1289	1289		2	7
96	96			
147	150			
567	672			
4563	4604		92	500
64999	62552	2	17158	2789
991417	978493	1237	71156	265909
810944	804278	1207	53147	157596
433019	432544	158	5353	12082
173415	170242	21	17147	76700
21012	20929		797	6148
127326	123642	567	29134	22903
55786	56535	461	703	39763
42	42		1	
344	344		13	
180473	174215	30	18009	108313

产品名称	计算单位	企业个数	年初库存
电子器件制造			
真空电子器件制造（J4061）			
一、电子管	万只	62	4734
（一）收讯放大管	万只	3	165
（二）发射管	万只	17	971
1. 中小功率发射管	万只	11	870
2. 大功率玻璃发射管	万只	3	0
3. 调制管	万只	3	102
（三）超高频管	万只	19	1441
1. 磁控管	万只	5	33
2. 微波气体放电管	万只	3	3
3. 速调管	万只	4	0
4. 行波管	万只	4	15
5. 天线开关管	万只	3	1390
（四）稳定管	万只	14	176
1. 稳压管	万只	11	176
2. 稳流管	万只	3	
（五）离子管	万只	9	1981
1. 闸流管	万只		
2. 放电管	万只	9	1981
二、电子束管	万只	7	33
（一）彩色电视显像管（CPT）	万只	3	18
1. 74cm及以上	万只		
2. 54cm	万只	2	15
3. 37cm	万只	1	3
（二）彩色显示管（CDT）	万只	2	10
（三）其他电子束管	万只	2	5
1. 投影管	万只	2	5
2. 监视管	万只		
3. 示波管	万只		
三、真空开关管	万只	29	1851
（一）高、中压真空开关管（3kV以上）	万只	22	542

生产量、销售量和库存量

本年生产量	全年销售量	企业自用及其他	年末库存	本年实际出口
154799	153442	35	6056	2354
2001	2062	5	100	0
28207	27999	0	1179	1
27896	27692	0	1073	0
10	10	0	0	0
301	296	0	107	0
4561	4589	0	1413	
429	441	0	21	
542	545			
441	439		2	
112	127		0	
3038	3038		1390	
36140	35853	30	433	64
24841	24784	30	203	64
11299	11069		230	
83889	82939		2931	2289
83889	82939		2931	2289
872	886		19	
231	243		6	
178	188		5	
53	55		1	
246	254		2	
396	390		11	
396	390		11	
12014	11295	4	2566	19
11675	10964	4	1250	19

产品名称	计算单位	企业个数	年初库存
（二）低压真空开关管（3kV以下）	万只	7	1309
四、其他电真空器件	万只	2	3
（一）真空规管	万只	2	3
（二）频标管	万只		
五、真空电子器件零件			
（一）显像管配件	万只	4	
1. 彩色显像管电子枪零件	万只	1	3557
2. 彩色显像管玻壳	万只	1	
（1）74cm及以上	万只		
（2）54cm	万只		
（3）37cm	万只	1	
3. 彩色显象管用荫罩	万只	2	6
（1）74cm及以上	万只	1	
（2）54cm	万只		
（3）37cm	万只		
（4）其他规格	万只	1	6
（二）电子管零件	万件	9	450
半导体分立器件制造（J4062）			
一、半导体二极管	万只	88	1579828
（一）小信号二极管	万只	23	1196313
（二）稳压、整流、开关二极管	万只	54	361334
（三）过电流保护二极管	万只	7	22018
（四）高频（微波）二极管	万只	4	163
二、小信号晶体管	万只	34	322939
（一）双极晶体管	万只	15	11137
（二）场效应晶体管	万只	12	290766
（三）高频（射频与微波）晶体管	万只	7	21036
三、功率晶体管	万只	24	80300
（一）高频（微波）功率晶体管	万只	8	39664
（二）高频（微波）功率晶体管模块	万只	3	108
（三）通用双极功率晶体管	万只	9	38373
（四）通用双极功率晶体管模块	万只	1	224

生产量、销售量和库存量

本年生产量	全年销售量	企业自用及其他	年末库存	本年实际出口
339	332	0	1316	0
24690	24120		573	
24690	24120		573	
3060361				
1744	1744			
3053773				
4844	4847			
4800	4800			
44	47			
8116	8079			3995
21767755	22019367	6884		9062557
12611924	12876995	746		8345288
8240924	8234439	6136		601071
909067	901976	2		116198
5840	5957			
5460667	5486065	1726		429910
755191	755822	65		370206
4355640	4387736	15		57645
349837	342508	1646		2059
640748	633839	855		128573
292747	293064	583		101104
25818	25647	271		4
314434	307788	0		27202
1437	1452			263

产品名称	计算单位	企业个数	年初库存
（五）通用场效应功率晶体管	万只	3	1930
（六）通用场效应功率晶体管模块	万只		
四、整流管	万只	13	6081
（一）0.5～3.0 A（含）整流管	万只	4	5017
（二）3.0～35.0 A（含）整流管	万只	3	710
（三）大于35.0 A 整流管	万只	6	355
五、半导体敏感器件	万只	32	127777
（一）压力敏感器件	万只	11	59975
（二）磁敏器件	万只	2	264
（三）气敏器件	万只	1	181
（四）湿敏器件	万只		
（五）离子敏感器件	万只	1	186
（六）声敏感器件	万只		
（七）射线敏感器件	万只		
（八）生物敏感器件	万只		
（九）静电感器件	万只	1	10
（十）光敏感器件	万只	8	67055
（十一）热敏感器件	万只	7	105
（十二）速度和加速度敏感器件	万只	1	
集成电路制造（J4063）			
一、集成电路制造	万片	55	90334
（一）12英寸集成电路硅片	万片	9	17422
1. 线宽90纳米及以下	万片	8	16865
2. 线宽90纳米以上	万片	1	557
（二）8英寸集成电路硅片	万片	13	2203
1. 线宽0.18微米及以下	万片	5	1504
2. 线宽0.18微米至0.35微米	万片	5	678
3. 线宽0.35微米以上	万片	3	22
（三）6英寸集成电路硅片	万片	14	20431
1. 线宽0.8微米及以下	万片	11	20083
2. 线宽0.8微米以上	万片	3	348

生产量、销售量和库存量

本年生产量	全年销售量	企业自用及其他	年末库存	本年实际出口
6313	5888			
77655	72026	1		124
70155	65153			
5165	4534	0		124
2336	2338	1		1
1456313	1505009	1393		8542
707145	721658	1344		7184
16465	16484			
887	796	49		
9236	9200			
98	101			59
720003	754251			759
2375	2414			540
105	105			
2661604	2666536	3018		141155
706535	698274	11		13122
695894	687464	11		5945
10641	10810			7177
173691	170259			122548
136815	134452			118054
34279	33193			1945
2597	2614			2548
260464	262572	3000		5206
239480	241758	3000		3004
20984	20814			2202

2013年电子信息产业主要产品

产品名称	计算单位	企业个数	年初库存
（四）5英寸集成电路硅片	万片	4	717
1. 线宽0.8微米及以下	万片	3	481
2. 线宽0.8微米以上	万片	1	236
（五）4英寸集成电路硅片	万片	9	6026
（六）4英寸以下集成电路硅片	万片	6	43535
二、集成电路封装测试	万只	67	192077
（一）TO系列	万只	12	22630
（二）SOT（SOD）系列	万只	6	46586
（三）DIP/SIP/ZIP系列	万只	9	11863
（四）SOP/SOJ系列	万只	14	105260
（五）QFP系列	万只	13	4922
（六）BGA/PGA 系列	万只	7	384
（七）Flip Chip系列	万只	2	6
（八）CSP系列	万只	3	405
（九）MCP系列	万只	1	21
三、集成电路产品	万只	95	86741
（一）MOS微器件	万只	1	48
1. MOS MPU	万只		
2. MOS MCU	万只	1	48
3. MOS DSP	万只		
（二）逻辑电路	万只	5	1896
1. 数字双极电路	万只	3	1895
2. MOS逻辑电路	万只	1	1
3. 门阵列逻辑电路	万只		
4. 现场可编程逻辑电路（FPLD，含FPGA）	万只	1	
5. 标准单元逻辑电路	万只		
（三）MOS存储器	万只	5	43
1. DRAM	万只	2	35
2. SRAM	万只		
3. 只读存储器（含ROM）	万只		
4. 可擦写只读存储器（EPROM、E2PROM）	万只		
5. Flash 存储器	万只		

生产量、销售量和库存量

本年生产量	全年销售量	企业自用及其他	年末库存	本年实际出口
677	649	3		1
538	538			
139	111	3		1
20896	23966			8
1499341	1510816	4		271
7211905	7187299	550		2258663
713167	711410	500		323008
293730	291404	1		20610
1136623	1132345	30		333499
1763859	1749992			947173
3005771	3006184	19		340465
141458	139731			137679
35359	35345			35345
120028	118957			118953
1910	1931			1931
907972	908703	2538		141495
2449	2432			
2449	2432			
9537	9407	476		
9343	9213	476		
158	158			
36	36			
2498	2496	2		1353
2444	2442			1353

产品名称	计算单位	企业个数	年初库存
6. 其他存储器	万只	3	8
（四）模拟电路	万只	16	7573
1. 放大器电路	万只	4	2447
2. 接口电路	万只		
3. 电源电路（模拟开关、线性滤波器等）	万只	5	355
4. 数模/模数转换电路	万只	2	327
5. 电压比较器	万只	2	2
6. 压控振荡器	万只		
7. 锁相环电路	万只		
8. DC-DC变换器	万只	1	955
9. 函数发生器	万只		
10. 其他模拟电路	万只	2	3488
（五）专用电路	万只	27	19892
1. 消费电子类电路	万只	8	4123
2. 计算机及外部设备电路	万只	2	102
3. 通信与网络电路	万只	3	5385
4. 机动车专用电路	万只	1	
5. 电源管理电路	万只	6	7626
6. 其他专用电路	万只	7	2656
（六）智能卡芯片及电子标签芯片	万只	18	4636
1. 接触式智能卡芯片	万只	9	4493
2. 非接触式智能卡芯片	万只	9	143
其中：RFID电子标签芯片	万只	2	10
3. 读写器电路	万只		
（七）传感器电路	万只	2	99
（八）微波单片集成电路	万只		
（九）混合集成电路	万只	21	52554
显示器件制造（J4064）			
一、显示器件			
（一）液晶显示屏	万片	62	4160
1. 24英寸及以上	万片	19	313
2. 7英寸＜尺寸≤11英寸	万片	23	1912

生产量、销售量和库存量

本年生产量	全年销售量	企业自用及其他	年末库存	本年实际出口
54	54	2		
183874	183333	17		3607
15262	15244	17		525
4385	4141			2748
2848	2397			193
886	888			
3492	3663			141
157000	157000			
210599	213800	261		51631
46346	45045	2		16048
5039	5039			
58446	61809			70
30	30			
84315	85760			31575
16423	16117	259		3938
282814	278591	1750		36213
267292	264152	1241		36206
15522	14439	509		7
17	15			7
547	589			1
215654	218056	32		48689
5442553	5437897	1979		34535
5275222	5274539			3097
81074	79684	890		8174

产品名称	计算单位	企业个数	年初库存
3. 2.5英寸≤尺寸≤7英寸	万片	20	1935
（二）等离子显示器件PDP	万片	3	
（三）液晶显示模组及主要配套材料	万套	99	24701
（四）等离子显示模组	万套	4	1
（五）有机发光显示器件OLED	万只	34	40319
（六）其他显示器件	万只	74	7984
电力电子器件制造（J4066）			
一、晶闸管	万只	13	1845
二、绝缘栅极晶体管及模块（IGBT、IGCT）	万只	11	8957
三、快恢复二极管（FRD）	万只	4	1289
四、肖特基二极管	万只	7	1212
五、金属氧化物半导体场效应管（MOSFET）器件及模块	万只	4	370
微电子组件制造（J4067）	**万只**	**75**	**77973**
一、集成电路模块	万只	33	67644
二、多芯片封装组件（MCM）	万只	11	67
三、其他微电子组件	万只	31	10262
光电子器件及其他电子器件制造（J4069）			
一、电子束光电器件	万只	28	6774
（一）光电倍增管	万只	10	4645
（二）X射线图像增强管	万只	1	
（三）摄像管	万只	3	
（四）光电图像器件	万只	14	2129
二、电真空光电子器件	万只	121	60584
（一）发光器件	万只	61	48599
（二）光敏器件	万只	23	5609
（三）光电耦合器件	万只	7	90
（四）红外器件	万只	3	129
（五）X射线（光）管	万只	4	410
1. 医用X射线（光）管	万只	1	1
2. 工业用X射线（光）管	万只	3	409
（六）其他真空光电子器件	万只	23	5747

生产量、销售量和库存量

本年生产量	全年销售量	企业自用及其他	年末库存	本年实际出口
86257	83674	1089		23264
430	430			254
8132328	8132822	1098		116905
196	196			
889049	874314	273		629
339904	331739	382		78523
12156	12436	7		8
176286	171570	0		9153
23991	24129			0
2425146	2242820	260		
2776	2787			
610521	**610027**	**266**		**131483**
348308	352734	266		75564
34328	34194			15000
227885	223099			40919
122676	123504	10		27171
68955	70137			18
23	23			
118	111			
53580	53233	10		27153
2251112	2235584	217		515365
1680178	1681566	202		135415
132255	130059			113460
1471	1528			208
309027	294613			266107
12137	12034			1
1	1			1
12135	12032			
116044	115784	15		174

2013年电子信息产业主要产品

产品名称	计算单位	企业个数	年初库存
三、电光源	万只	139	23312
（一）白炽灯	万只	21	433
（二）荧光灯	万只	69	21632
（三）卤钨灯	万只	25	1111
（四）气体放电灯	万只	13	52
（五）汞蒸汽灯（含汽车灯）	万只	7	73
（六）钠蒸汽灯	万只	4	10
四、半导体光电器件	万只	147	3607145
（一）光电探测器件	万只	8	12044
（二）发光二极管	万只	139	3595101
五、激光器件	万只	21	5723
（一）半导体激光器件	万只	17	5723
（二）固体激光器件	万只	2	
（三）气体激光器件	万只	2	1
电子信息机电产品行业			
电子信息机电产品制造			
电子微电机制造（K3919）			
一、微特电机	万只	323	27053
（一）驱动微电机	万只	174	12734
1. 异步电动机	万只	37	910
2. 同步电动机	万只	20	915
3. 直流电动机	万只	51	6203
4. 直线电动机	万只	5	119
5. 冷却用小型风机	万只	15	943
6. 平面无刷电动机	万只	3	312
7. 其他驱动微电机	万只	43	3332
（二）控制微电机	万只	88	3481
1. 自整角机	万只	1	0
2. 旋转变压器	万只	7	721
3. 感应移相器及同步器	万只	7	1
4. 伺服电动机	万只	16	66
5. 测速发电机	万只	4	3

生产量、销售量和库存量

本年生产量	全年销售量	企业自用及其他	年末库存	本年实际出口
522844	517650	79		26780
62190	62095			452
354472	350843	46		23924
98617	97234	19		1693
2522	2483			544
4665	4622	14		4
378	374			164
36260921	35249193	327976		875396
945	960			17
36259976	35248234	327976		875379
6312	6216	165		367
6239	6146	165		366
12	12			
61	58			0
524045	519162	95		99646
352316	345602	54		75653
14925	14558	0		1410
6476	6477			7
169539	170026	26		34831
79028	72468			1348
15173	14986			11305
5980	5913	26		5820
61195	61174	3		20932
57926	55204	31		2425
0	0			
2669	2118	0		
424	419	5		1
1675	1665	2		
39	39			

产品名称	计算单位	企业个数	年初库存
6. 步进电机	万只	15	2342
7. 力矩电机	万只	11	2
8. 微特电机机组及组合装置	万只	23	325
9. 伺服测速机组	万只	4	20
（三）专用微特电机	万只	11	10170
1. 传真机、电传机用电机	万只		
2. 计算机外设用电机	万只		
3. 复印机用电机	万只		
4. 音视盘机用电机	万只	1	
5. 手机、BP机用微型振动马达	万只	10	10170
6. 录音机电机	万只		
（四）电源电机	万只	27	124
1. 手摇发电机组	万只		
2. 变频、变流电机	万只	10	124
3. 发电机组	万只	17	0
（五）其他电机	万只	23	543
1. 洗衣机电机	万只	3	13
2. 风扇电机	万只	6	25
3. 压缩机电机	万只	14	505
电子电线电缆制造（K3931）			
一、安装线缆			
（一）安装线	公里	74	524041
（二）安装电缆	公里	219	1269848
（三）带状电缆	公里	12	302724
（四）电话机、计算机用弹簧绳	万根	6	154
（五）电源插头线	万根	41	7169
二、射频电缆	公里	60	114632
1. 柔软同轴电缆	公里	31	62420
其中：CATV电缆	公里	2	1101
2. 半硬（半软）同轴电缆	公里	15	32863
其中：波纹管电缆（RF电缆）	公里	2	1796
3. 硬同轴电缆	公里	6	2

生产量、销售量和库存量

本年生产量	全年销售量	企业自用及其他	年末库存	本年实际出口
43119	41087			1
730	718			
9013	8889	24		2423
259	268			
98090	102699	3		20162
5100	5100			
92990	97599	3		20162
4619	4604	3		1164
1994	1979	3		1158
2625	2624			6
11094	11054	4		242
305	311			139
384	377	3		40
10405	10365	1		63
35869862	35696172	500		382922
30641181	30179077	1711		40720
2972166	2919017			
49438	49531			8
146997	147229	150		16473
5479777	5434189	1569		323737
3972048	3945117	1452		321415
21273	21037			
441336	425958	108		2322
4370	4976	108		1702
200378	200078			

产品名称	计算单位	企业个数	年初库存
4. 特种同轴电缆	公里	8	19348
（1）漏泄电缆	公里	4	23
（2）稳相电缆	公里	3	12392
（3）水密电缆	公里	1	6933
三、软波导	公里		
四、综合电缆	公里	114	224353
五、通信及电子网络用电缆	公里	84	870166
（一）军用通信电缆	公里	4	2180
（二）电话电缆	公里	27	200918
（三）井下及隧道用监控、通信电缆	公里	16	13176
（四）计算机网络用电缆	公里	37	653893
六、电子线材	吨	211	198875
（一）电子元器件引线	吨	29	159534
（二）裸铜线	吨	66	7744
（三）铜包钢线	吨	15	7676
（四）铜包铝线	吨	17	1401
（五）微细漆包线（小于0.6mm）	吨	18	4242
（六）一般漆包线（大于0.6mm）	吨	55	17450
（七）纱包线及绕包线	吨	11	828
光纤、光缆制造（K3932）			
一、光纤接入设备	公里	26	7400926
（一）单模光纤	公里	13	7395330
（二）多模光纤	公里	4	
（三）塑料光纤	公里	9	5596
二、光缆	芯公里	81	8388984
（一）通信用室（野）外光缆	芯公里	44	6739028
（二）通信用移动式光缆	芯公里	9	340533
（三）通信用室（局）内光缆	芯公里	11	972740
（四）通信用设备内光缆	芯公里	1	
（五）通信用海底光缆	芯公里		
（六）接入网用光纤带光缆	芯公里	5	105737
（七）通信用特殊光缆	芯公里	4	6315
（八）非通信用光缆	芯公里	7	224631

生产量、销售量和库存量

本年生产量	全年销售量	企业自用及其他	年末库存	本年实际出口
866016	863037	8		
6542	6515	8		
771474	768622			
88000	87900			
9183406	9138551	300		1622379
8653886	8673668	54231		1663694
51976	53274			
3320510	3357591	57		108259
378990	373622	22		
4902409	4889181	54152		1555435
123242290	118209262	1091		6346
121480304	116449587			1671
711147	709803	212		
168845	168108			33
148942	148099			103
222675	221286	744		1514
446936	448956	90		1573
63442	63424	45		1453
76150537	74859342	17209		1273671
75174729	73889911	16189		1273671
306556	303686			
669252	665744	1020		
166353303	165019662	325		6365999
84987865	85009061			2528195
37643728	37597580			1230244
29207564	27922535			2197560
11776	11776			
10200019	10199402	325		410000
135406	130233			
4166945	4149076			

2013年电子信息产业主要产品

产品名称	计算单位	企业个数	年初库存
电池制造（K3940）			
一、碱性蓄电池	千伏安时	25	357277
（一）锌银蓄电池	千伏安时	5	437
（二）铁镍蓄电池	千伏安时	1	
（三）圆柱形密封镉镍蓄电池	千伏安时	7	4677
（四）扣式镉镍蓄电池	千伏安时		
（五）非密封镉镍蓄电池	千伏安时		
（六）镍氢蓄电池	千伏安时	12	352163
二、酸性蓄电池	万KVH	82	18067
（一）密封铅酸蓄电池	万KVH	76	8761
（二）非密封铅酸蓄电池	万KVH	6	9306
三、锂蓄电池	万只	95	22340
（一）液体锂离子蓄电池	万只	25	4181
（二）聚合物锂离子蓄电池	万只	34	15743
（三）其他锂蓄电池	万只	36	2416
四、原电池	万只	21	10819
（一）普通锌锰干电池	万只	11	2628
（二）碱性锌锰电池	万只	6	8191
（三）锌空气电池	万只	1	
（四）锌银扣式电池	万只	1	
（五）锌锰扣式电池	万只	2	
（六）锌汞电池	万只		
五、贮备电池	万只	2	180
（一）银激活电池	万只		
（二）热电池	万只	1	180
（三）铅激活电池	万只	1	
（四）镁贮备电池	万只		
六、物理-化学电源能电源系统	套	1	
七、燃料电池	千伏安		
（一）质子交换膜燃料电池	千伏安		
（二）固体氧化物燃料电池	千伏安		
（三）熔融碳酸盐燃料电池	千伏安		
（四）磷酸盐燃料电池	千伏安		

生产量、销售量和库存量

本年生产量	全年销售量	企业自用及其他	年末库存	本年实际出口
981435	945288	1811		137416
174139	174126			
1000	1000			
167439	169554	500		
638857	600608	1311		137416
159320	161496	3811		693
87224	88073	3		693
72096	73423	3807		
448703	441834	4513		171335
40048	38116	285		21663
318853	314011	4234		142416
89802	89706	2	2509	7256
339075	333533			221957
90484	88112			70868
238554	235418			151089
3	3			
4				
10030	10000			
15884	15818			
15800	15738			
84	80			
7935	7869			

2013年电子信息产业主要产品

产品名称	计算单位	企业个数	年初库存
（五）直接醇类燃料电池	千伏安		
（六）微型燃料电池	千伏安		
八、蓄电池充电器	万只	3	5
九、电池专用配件			
（一）泡沫镍、纤维镍带	平方米	3	98000
（二）镍氢电池正负极带	平方米		
（三）锂蓄电池专用配件	万只	13	2273
太阳能电池（K3950）			
一、太阳能电池	千瓦	89	882084
（一）多晶硅电池	千瓦	43	485515
（二）单晶硅电池	千瓦	16	123443
（三）硅基薄膜电池	千瓦	4	42112
（四）铜铟镓硒薄膜电池	千瓦		
（五）砷化镓硒薄膜电池	千瓦	1	72646
（六）碲化镉薄膜电池	千瓦		
（七）其他太阳能电池	千瓦	25	158368
（八）温差发电器	千瓦		
二、太阳能电池组件	千瓦	86	1992766
（一）单晶硅电池组件	千瓦	31	39950
（二）多晶硅电池组件	千瓦	50	1931965
（三）薄膜电池组件	千瓦	5	20852
电子信息专用材料行业			
电子信息专用材料制造			
电子元件材料制造（L9001）			
一、电子元件材料	公斤	129	102364240
（一）纸绝缘板	公斤	25	2199018
（二）纸基敷铜板	公斤	12	2423014
（三）玻璃布基敷铜板	公斤	12	10280161
（四）电子光学玻璃	公斤	21	15431233
（五）电解二氧化锰粉	公斤	1	
（六）电容器用材料	公斤	40	70396587
1. 铝箔	公斤	26	3414721
2. 聚酯膜	公斤	6	64626598

生产量、销售量和库存量

本年生产量	全年销售量	企业自用及其他	年末库存	本年实际出口
643	638	0		
4538244	4217581			670000
48800	50030	76		22327
15282955	15054700	529712		1780104
7730382	7727918	104610		1090055
2230253	2236958	16817		549041
42667	53250	1066		54
429406	497761			17326
4850248	4538814	407219		123628
11836574	11633572	223202		2108814
2372806	2356850	5479		371819
9427037	9240635	217116		1736885
36732	36087	607		110
739954866	735344339	2920501		75593544
60566751	57902489			5492652
35709111	35300259			16791631
100604488	101011428	2751079		37877658
342443396	346301619	10000		686926
9500000	9500000			
118748832	114139180	125943		13186661
48170438	46867223	76955		7151610
62155092	57868485	65		6035051

产品名称	计算单位	企业个数	年初库存
3. 聚丙烯膜	公斤	8	2355267
（七）压电材料	公斤	4	448610
1. 铌酸锂单晶	公斤		
2. 钽酸锂单晶	公斤		
3. 人造水晶	公斤	4	448610
（八）光纤预制棒	公斤	6	331618
（九）电解铜箔	公斤	8	854000
真空电子器件材料制造（L9002）			
一、真空电子器件材料	公斤	74	8465427
（一）钨制品	公斤	4	2467
（二）钼制品	公斤	6	533480
（三）镍基合金	公斤	2	1796
（四）复合金属电子材料	公斤	20	6838451
（五）触头材料	公斤	5	186711
其中：铜钨合金	公斤		
（六）电真空器件用玻璃	公斤	4	48825
（七）液晶材料	公斤	9	698
（八）合金材料	公斤	24	852999
半导体材料制造（L3353）			
一、半导体材料	公斤	223	26398275
（一）半导体单晶	公斤	89	8748786
1. 锗单晶	公斤	1	
2. 硅单晶	公斤	38	2239120
3. 化合物单晶	公斤	4	364
4. 多晶硅	公斤	46	6509302
（二）半导体片材	万片	50	4503
1. 硅抛光片	万片	8	992
2. 硅外延片	万片	7	262
3. 其他半导体片材	万片	35	3249
（三）半导体封装材料			
1. 键合用金丝	公斤	3	288
2. 键合用硅铝丝	公斤	5	12332
3. 封装用金属管壳	万只	3	396

生产量、销售量和库存量

本年生产量	全年销售量	企业自用及其他	年末库存	本年实际出口
8423303	9403473	48923		
1200575	1176220	33479		1016
1200575	1176220	33479		1016
10873190	10978155			500000
60308523	59034989			1057000
425101060	416040243	39387		79020239
197872	196081			
4069177	4069312			6007
6912	6570			
396096867	387243072	517		78459311
810627	882220			130019
2847603	2841761			
77636	77071			13355
20994367	20724156	38870		411547
341819913	330300465	6243335		16864429
206890264	200312076	6233947		6853378
1312	1180	132		
49524512	47573147	138022		5562403
1588240	1588203	23		
155776200	151149545	6095770		1290975
539456	536626	1230		15038
48836	47839	940		529
327434	326295	80		19
163186	162492	209		14490
15557	15525			189
4584932	4576213			10649
411	403			9

产品名称	计算单位	企业个数	年初库存
4. 封装用陶瓷外壳	万只	9	2409
5. 分立器件塑封引线框架及金属带材	万只	9	652079
6. 集成电路塑封引线框架及金属带材	万只	12	826898
7. 封装用模塑料粉及辅料	吨	10	5314
（四）光刻掩膜版	公斤		
（五）石英制品	公斤	23	504803
（六）导电膜玻璃	公斤	10	15640468
信息化学品材料制造（L2665）			
一、信息化学品材料			
（一）荧光粉	公斤	9	631276
（二）消气剂	万只	1	
（三）光刻胶	公斤	3	193701

生产量、销售量和库存量

本年生产量	全年销售量	企业自用及其他	年末库存	本年实际出口
200203	199279			31793
6022350	6026604	2000		16058
7927055	7882508	6004		957922
181417	180599	154		10444
16806977	16613738			6804043
98651293	93956895			2164907
3230219	2816673	653516		
8	8			
3549074	3509083	10802		44000

2013年电子信息产业主要产品生产能力汇总表

主要产品名称	计量单位	年初生产能力	年末生产能力
手机	万部	167964	219977
传真机	万部	897	897
程控交换机	万线	3848	3962
台式微型计算机	万台	12355	9529
服务器	万台	701	709
笔记本计算机	万台	23118	43658
平板计算机	万台	12338	15092
电视机	万台	41230	43140
其中：彩色电视机	万台	15759	17744
激光视盘机	万台	19368	22398
数码摄像机	万台	3773	3904
显示器	万台	25662	29023
集成电路	万块	7968055	8831352
半导体分立器件	万只	24106116	32238706
半导体发光二极管（LED）	万只	26901538	36264741

2013年电子信息产业主要产品分省市产量情况

省市名称	程控交换机（含移动）（线）	移动电话机（部）	电话单机（部）	传真机（部）	彩色电视机（台）
总　计	**31157400**	**1455609900**	**125403570**	**1609999**	**127760500**
北京市	7590000	187167000	186041		1000000
天津市	40000	103363000	1315644	37024	2771000
河北省	77000				
山西省		23876000			
内蒙古自治区					1809400
辽宁省	584000	27150000	23274		4406000
吉林省					
黑龙江省					
上海市	1269000	43849000	2166032	566	994000
江苏省	52000	30196000	1284705		8844200
浙江省	1255000	9878000			6286000
安徽省		11000			3204700
福建省		38418000	5998186		8913000
江西省	12000	55134000	913583		468000
山东省	309000	50967000	3210238		14696900
河南省		97207000	6868		464000
湖北省	561000	7148000			194000
湖南省	1168000	875000			110000
广东省	18219400	736722900	108548915	1572409	63646100
广西壮族自治区					772100
海南省					
西藏自治区					
重庆市		35457000	7110		9000
四川省		8144000	1742974		7952100
贵州省		47000			1220000
云南省	21000				
陕西省					
甘肃省					
青海省					
宁夏回族自治区					
新疆维吾尔自治区					

2013年电子信息产业主要产品分省市产量情况

省市名称	移动通信基站设备（信道）	激光视盘机（台）	微型计算机（部）	其中：笔记本电脑（部）	打印机（部）
总　计	**142485253**	**178876609**	**336609800**	**272788500**	**73791361**
北京市	14210810		11411000	2075000	1338229
天津市	84624	2964568	10722000		
河北省					
山西省					
内蒙古自治区					
辽宁省		2115677	2000		646447
吉林省					
黑龙江省			35000		
上海市	897294		81013000	61881000	3412138
江苏省	1171574	709825	75207000	68325000	1437662
浙江省	1129	643100	1643000	1642000	5323
安徽省	83262		6718000	6718000	
福建省	9968	744486	12848000	8547000	1331322
江西省		291306	77000	77000	
山东省	13095150		224000		6046405
河南省		114800			2240
湖北省			979000		
湖南省			347000	102000	51736
广东省	112805706	170201364	20286800	9548500	40002349
广西壮族自治区					
海南省					
西藏自治区					
重庆市	125736	1091483	55935000	54711000	19436941
四川省			59162000	59162000	
贵州省					
云南省					80569
陕西省					
甘肃省					
青海省					
宁夏回族自治区					
新疆维吾尔自治区					

2013年电子信息产业主要产品分省市产量情况

省市名称	显示器（台）	彩色显像管（只）	半导体分立器件（万只）	半导体集成电路（万块）	数码照相机（台）
总　计	**132571171**	**3053773**	**46059726**	**8665400**	**46834279**
北京市	5515253		216780	374000	75437
天津市	4204039		1522072	96000	6270899
河北省			130	3000	
山西省					
内蒙古自治区					
辽宁省			447140	1000	
吉林省			371694		
黑龙江省				28000	
上海市	1019470		4732174	1614000	
江苏省	38365067		15165259	2856000	12834592
浙江省	33752		1898634	498900	236674
安徽省	5004		629058		
福建省	33663231			5000	1564203
江西省			13654		
山东省	1092438		1361019	49000	
河南省			44049		
湖北省	13735601		1282784		
湖南省	31473		738	500	
广东省	15949018	3053773	12430259	1818000	25852474
广西壮族自治区	9008757		314394		
海南省					
西藏自治区					
重庆市	9948068				
四川省			5322147	404000	
贵州省			35733	2000	
云南省					
陕西省					
甘肃省			208021		
青海省			63986	916000	
宁夏回族自治区					
新疆维吾尔自治区					

III　固定资产投资

2013年电子信息产业制造业固定资产投资主要指标

指 标 名 称	计算单位	本 年 累 计	去 年 同 期	增长%
一、投资额和新增固定资产				
计划总投资	亿元	27367.6	25917.8	5.6
自开始建设累计完成投资	亿元	17672.7	15325.7	15.3
自年初累计完成投资	亿元	10827.8	9591.5	12.9
按构成分：				
1．建筑工程	亿元	4638.0	3935.7	17.8
2．安装工程	亿元	674.3	597.4	12.9
3．设备工器具购置	亿元	4764.3	4285.0	11.2
4．其他费用	亿元	751.2	773.4	-2.9
本年新增固定资产	亿元	6749.4	6664.4	1.3
二、投资项目个数				
施工项目个数	个	11996	11462	4.7
其中：本年新开工	个	7949	7571	5.0
本年投产项目数	个	7051	6796	3.8
三、固定资产投资资金来源				
上年末结余资金	亿元	592.2	396.6	49.3
本年资金来源小计	亿元	11228.3	10334.0	8.7
1．国家预算内资金	亿元	51.4	96.5	-46.7
2．国内贷款	亿元	885.0	1113.3	-20.5
3．债券	亿元		0.7	-97.0
4．利用外资	亿元	585.0	724.6	-19.3
其中：外商直接投资	亿元	449.7	524.8	-14.3
5．自筹资金	亿元	9549.8	8190.7	16.6
其中：企事业单位自有资金	亿元	3012.8	2852.6	5.6
6．其他资金来源	亿元	157.2	208.2	-24.5
四、各项应付款合计	亿元	541.6	509.8	6.2

	计 划 总投资	自开始建设 累计完成投资	本年累计 完成投资
总 计	**27367.6**	**17672.7**	**10827.8**
一、按企业登记注册类型分列			
内资企业	21919.8	13949.5	8772.3
国有企业	2154.4	1224.4	658.5
集体企业	111.7	85.3	51.9
股份合作企业	134.7	108.9	63.8
联营企业	44.0	24.4	16.7
国有联营企业	9.1	5.7	5.5
集体联营企业	23.3	7.2	4.4
其他联营企业	11.5	11.4	6.7
有限责任公司	8695.9	5279.1	3050.1
国有独资公司	714.9	232.3	89.7
其他有限责任公司	7981.0	5046.8	2960.3
股份有限公司	2309.6	1519.5	804.3
私营企业	7541.6	5017.6	3618.7
私营独资企业	2271.8	1512.2	1038.7
私营合伙企业	373.5	286.2	133.3
私营有限责任公司	4468.6	2951.4	2265.9
私营股份有限公司	427.7	267.8	180.7
其他内资企业	927.7	690.4	508.3
中国港、澳、台商投资企业	1999.0	1525.6	830.4
合资经营企业（中国港、澳、台资）	372.9	312.5	170.5
合作经营企业（中国港、澳、台资）	12.7	10.2	5.3
中国港、澳、台商独资经营企业	1259.0	1043.1	567.5
中国港、澳、台商投资股份有限公司	342.3	150.3	80.3
其他中国港、澳、台商投资企业	12.2	9.5	6.7
外商投资企业	3448.9	2197.6	1225.2
中外合资经营企业	987.9	546.9	344.1
中外合作经营企业	23.4	15.4	7.1
外商独资企业	2335.9	1549.7	819.2

固定资产投资指标（一表）

单位：亿元

按构成分： 建筑工程	安装工程	设备工器具购置	其他费用
4638.0	**674.3**	**4764.3**	**751.2**
4021.3	594.0	3507.1	649.9
360.7	39.4	183.2	75.2
33.3	1.3	11.7	5.6
36.5	6.6	17.4	3.4
6.2	0.6	8.7	1.3
1.2	0.2	3.1	1.0
1.3	0.1	2.9	0.05
3.7	0.3	2.5	0.2
1376.0	216.2	1238.8	219.0
74.3	1.6	10.4	3.5
1301.8	214.6	1228.5	215.6
345.6	54.1	343.3	61.3
1578.1	244.8	1537.3	258.5
462.0	71.0	442.4	63.5
45.9	21.1	59.6	6.7
980.4	140.9	976.1	168.5
89.8	11.8	59.3	19.8
284.9	31.0	166.9	25.6
220.2	39.7	516.1	54.5
63.6	10.4	91.3	5.2
2.2	0.3	2.6	0.2
128.2	25.4	380.5	33.4
23.4	3.2	38.3	15.4
2.8	0.3	3.4	0.3
396.5	40.6	741.1	46.9
139.2	9.7	171.2	24.0
1.6		4.9	0.6
228.4	29.1	546.0	15.6

	计划总投资	自开始建设累计完成投资	本年累计完成投资
外商投资股份有限公司	77.1	62.1	31.5
其他外商投资企业	24.5	23.6	23.3
二、按行业分列			
（一）通信设备工业行业	2482.7	1468.5	897.0
通信系统设备制造	1008.1	694.0	463.4
通信终端设备制造	1474.6	774.5	433.6
（二）雷达工业行业	177.4	125.1	67.2
雷达及配套设备制造	177.4	125.1	67.2
（三）广播电视设备工业行业	479.0	377.3	218.1
广播电视节目制作及发射设备制造	124.7	102.6	63.5
广播电视接收设备及器材制造	176.3	143.8	87.0
应用电视设备及其他广播电视设备制造	178.0	130.9	67.5
（四）电子计算机工业行业	1982.8	1377.3	823.9
计算机整机制造	747.5	533.3	280.8
计算机零部件制造	564.4	360.0	243.2
计算机外围设备制造	280.5	253.5	124.3
其他计算机制造	334.7	190.4	146.2
幻灯及投影设备制造	36.1	25.0	17.6
计算器及货币专用设备制造	19.5	15.1	11.8
（五）家用视听设备工业行业	394.2	296.6	210.0
电视机制造	242.9	175.4	120.9
音响设备制造	99.3	83.2	57.1
影视录放设备制造	52.0	38.0	31.9
（六）电子器件工业行业	7406.4	4482.8	2470.6
电子真空器件制造	216.2	176.5	120.7
半导体分立器件制造	251.6	167.3	113.3
集成电路制造	1941.1	1261.9	578.5
光电子器件及其他电子器件	4997.6	2877.2	1658.1
（七）电子元件工业行业	4454.2	3166.7	2239.3
电力电子元器件制造	1137.9	842.6	589.6

固定资产投资指标（一表）

单位：亿元

按构成分： 建筑工程	安装工程	设备工器具购置	其他费用
13.0	0.9	12.2	5.4
14.2	0.8	6.9	1.4
458.6	40.4	307.4	90.6
260.6	22.3	131.9	48.5
197.9	18.1	175.5	42.1
26.7	6.4	29.6	4.5
26.7	6.4	29.6	4.5
84.4	17.2	104.4	12.1
27.9	7.3	25.0	3.3
25.3	5.8	51.7	4.2
31.2	4.1	27.6	4.6
308.5	46.6	408.0	60.8
67.8	12.0	186.0	15.0
107.1	16.9	101.5	17.8
51.4	8.0	56.2	8.8
67.9	8.4	51.49	18.33
9.3	0.9	7.0	0.5
5.1	0.5	5.9	0.4
82.1	13.4	101.7	12.8
48.0	8.1	57.5	7.4
25.2	3.8	25.2	3.0
9.0	1.4	19.1	2.5
955.5	122.4	1249.9	142.8
51.7	8.5	52.5	7.9
44.9	9.5	55.4	3.5
223.0	13.7	313.2	28.6
635.9	90.7	828.8	102.8
992.6	144.2	944.9	157.6
287.3	44.7	214.3	43.3

	计 划 总投资	自开始建设 累计完成投资	本年累计 完成投资
电子元件及组件制造	2716.5	1940.9	1374.4
印刷电路板制造	599.8	383.2	275.3
（八）电子测量仪器工业行业	941.0	710.0	513.0
环境监测专用仪器仪表制造	73.3	57.7	38.4
运输设备及生产用计数仪表制造	69.9	56.6	39.7
导航、气象及海洋专用仪器制造	95.8	75.6	58.3
农林牧渔专用仪器仪表制造	12.3	9.2	9.1
地质勘探和地震专用仪器制造	42.9	36.9	15.2
核子及核辐射测量仪器制造	9.1	8.6	6.2
电子测量仪器制造	96.4	76.5	57.9
医疗诊断、监护及治疗设备制造	386.0	277.4	212.4
其他专用仪器制造	155.3	111.5	75.8
（九）电子工业专用设备行业	3239.0	1972.1	1343.3
电子工业专用设备制造	1074.3	768.9	489.2
其他电子设备制造	2164.8	1203.2	854.2
（十）电子信息机电工业行业	4885.9	3072.7	1779.2
微电机及其他电机制造	407.6	312.5	236.0
光纤、光缆制造	281.1	195.0	133.7
光伏设备及元器件制造	2508.3	1488.2	774.1
锂离子电池制造	1558.4	969.6	564.2
镍氢电池制造	130.5	107.4	71.2
（十一）其他电子信息行业	925.1	623.5	266.5
信息化学品制造	925.1	623.5	266.5
三、按省、自治区、直辖市分列			
北京市	725.0	570.8	76.3
天津市	423.3	344.7	211.2
河北省	815.5	479.0	265.7
山西省	285.3	156.1	82.7
内蒙古自治区	452.6	190.4	136.7
辽宁省	571.9	459.9	308.5

固定资产投资指标（一表）

单位：亿元

按构成分： 建筑工程	安装工程	设备工器具购置	其他费用
593.1	80.6	603.3	97.3
112.2	18.9	127.3	16.9
232.2	42.2	205.8	32.7
15.9	1.9	18.6	2.0
16.7	3.7	15.9	3.4
26.5	4.55	23.5	3.7
4.3	0.6	3.8	0.4
8.3	1.04	5.3	0.6
2.2	1.0	2.6	0.46
27.1	8.44	18.7	3.7
96.8	14.4	89.8	11.4
34.4	6.5	27.8	7.2
684.4	92.6	441.8	124.5
230.7	35.5	177.2	45.8
453.7	57.1	264.6	78.7
709.4	135.5	834.9	99.3
102.0	13.1	105.9	15.0
62.3	7.4	56.1	7.9
279.7	66.8	387.3	40.3
233.8	42.3	254.9	33.2
31.7	6.0	30.8	2.8
103.6	13.4	135.9	13.6
103.6	13.4	135.9	13.6
27.9	0.4	38.9	9.1
132.0	13.1	48.9	17.2
102.8	24.6	119.3	19.0
29.7	5.1	37.7	10.2
50.2	19.5	65.8	1.3
154.9	17.8	122.6	13.1

2013年电子信息产业制造业

	计 划 总投资	自开始建设 累计完成投资	本年累计 完成投资
吉林省	205.4	129.8	109.7
黑龙江省	100.3	79.3	53.6
上海市	794.7	511.7	206.2
江苏省	4320.4	3113.7	2221.5
浙江省	1134.2	731.1	415.5
安徽省	1798.1	1088.8	722.4
福建省	832.9	602.8	314.8
江西省	1119.4	778.4	592.4
山东省	1509.7	1153.8	777.5
河南省	2283.2	1451.7	884.9
湖北省	1553.8	1019.5	612.9
湖南省	1233.3	712.3	490.8
广东省	2034.1	1433.2	798.5
广西壮族自治区	365.0	243.1	153.8
海南省	206.9	106.3	33.1
重庆市	1568.8	519.7	260.6
四川省	1097.6	858.4	599.8
贵州省	68.5	49.2	26.5
云南省	63.6	30.0	19.1
西藏自治区	1.4	1.2	1.2
陕西省	1365.1	598.2	345.8
甘肃省	121.6	56.6	31.9
青海省	103.1	58.6	32.1
宁夏回族自治区	55.1	33.5	11.9
新疆维吾尔自治区	157.9	111.0	30.2

固定资产投资指标（一表）

单位：亿元

按构成分： 建筑工程	安装工程	设备工器具购置	其他费用
37.1	13.4	55.8	3.4
25.0	1.4	26.1	1.1
58.3	10.6	119.0	18.4
657.4	95.4	1334.0	134.7
170.8	20.6	178.2	45.9
308.6	40.3	346.4	27.2
126.1	9.3	159.7	19.8
308.8	58.9	193.1	31.6
336.3	71.5	325.7	44.1
413.5	16.9	389.1	65.5
324.6	73.7	146.2	68.5
254.7	36.0	129.1	71.0
303.7	49.8	401.5	43.5
56.1	14.4	77.4	6.0
17.00	3.2	7.8	5.21
158.3	12.6	45.1	44.6
297.3	32.8	233.7	36.0
17.4	1.37	6.0	1.7
12.5	0.94	2.9	2.75
0.9	0.04	0.2	0.06
211.2	23.1	104.8	6.7
21.4	4.2	4.1	2.2
11.9	1.3	18.2	0.7
5.9	0.90	4.9	0.2
6.0	1.09	22.11	1.0

2013年电子信息产业制造业

	本年新增固定资产	上年末结余资金	本年资金来源小　　计
总　计	**6749.4**	**592.2**	**11228.3**
一、按企业登记注册类型分列			
内资企业	5486.8	400.1	9138.5
国有企业	343.8	58.1	711.6
集体企业	38.4	0.2	52.2
股份合作企业	27.8	0.1	67.0
联营企业	10.5	0.2	23.8
国有联营企业	0.9	0.1	6.8
集体联营企业	6.2	0.1	10.0
其他联营企业	3.3		6.8
有限责任公司	1936.5	258.0	3102.0
国有独资公司	79.6	0.7	95.6
其他有限责任公司	1856.9	257.3	3006.5
股份有限公司	410.1	25.7	861.6
私营企业	2363.6	45.9	3789.5
私营独资企业	686.4	14.4	1091.5
私营合伙企业	78.1	3.0	131.1
私营有限责任公司	1493.5	26.8	2375.2
私营股份有限公司	105.6	1.7	191.7
其他内资企业	356.2	11.8	530.9
中国港、澳、台商投资企业	480.6	59.8	854.1
合资经营企业（中国港、澳、台资）	116.7	3.1	181.5
合作经营企业（中国港、澳、台资）	3.9	0.04	5.1
中国港、澳、台商独资经营企业	305.5	54.2	574.5
中国港、澳、台商投资股份有限公司	46.5	2.5	87.1
其他中国港、澳、台商投资企业	8.0		5.9
外商投资企业	782.1	132.3	1235.7
中外合资经营企业	137.1	14.2	319.5
中外合作经营企业	2.8	0.4	8.0
外商独资企业	599.9	117.3	852.7

固定资产投资指标（二表）

单位：亿元

国家预算内资金	国内贷款	利用外资	其中：外商直接投资	自筹资金	其他来源
51.4	**885.0**	**585.0**	**449.7**	**9549.8**	**157.2**
48.3	783.9	15.6	1.0	8161.4	129.3
40.1	58.1	1.3		606.3	5.8
0.6	10.3			39.6	1.7
	5.6	0.3	0.2	61.0	0.1
	0.3			23.4	0.07
				6.8	
				10.0	
	0.3			6.4	0.07
4.4	293.7	2.1	0.04	2741.1	60.7
2.3	29.1			46.5	17.7
2.1	264.6	2.1	0.04	2694.6	43.0
0.5	82.5	0.5		767.0	11.2
2.35	302.9	11.4	0.7	3432.8	40.0
0.60	82.2	1.8	0.1	997.3	9.7
0.02	14.0	0.6		116.0	0.5
1.7	195.5	8.7	0.7	2141.8	27.5
0.04	11.2	0.4		177.8	2.3
0.5	30.5			490.1	9.8
0.2	46.9	234.2	185.4	556.7	16.1
0.08	8.6	53.4	45.8	112.2	7.2
	0.1	0.8	0.2	4.2	
0.1	29.3	174.3	136.9	364.4	6.4
0.05	8.9	5.7	2.5	70.1	2.4
				5.9	
2.88	54.2	335.2	263.3	831.7	11.8
2.86	7.2	40.5	22.4	262.6	6.4
		4.9	5.0	3.1	
0.02	46.3	278.5	230.1	522.4	5.4

2013年电子信息产业制造业

	本年新增 固定资产	上年末 结余资金	本年资金来源 小　　计
外商投资股份有限公司	18.9	0.4	32.2
其他外商投资企业	23.4		23.2
二、按行业分列			
（一）通信设备工业行业	502.0	30.4	930.0
通信系统设备制造	228.2	14.5	478.5
通信终端设备制造	273.8	15.9	451.5
（二）雷达工业行业	37.7	2.9	64.5
雷达及配套设备制造	37.7	2.9	64.5
（三）广播电视设备工业行业	154.7	41.4	234.9
广播电视节目制作及发射设备制造	54.0	0.6	69.5
广播电视接收设备及器材制造	62.0	1.7	79.3
应用电视设备及其他广播电视设备制造	38.6	39.05	86.1
（四）电子计算机工业行业	492.1	47.1	873.4
计算机整机制造	152.4	28.03	277.5
计算机零部件制造	155.7	13.28	287.0
计算机外围设备制造	77.8	1.5	128.2
其他计算机制造	90.9	3.1	150.8
幻灯及投影设备制造	8.5		18.5
计算器及货币专用设备制造	6.8	1.2	11.4
（五）家用视听设备工业行业	147.6	7.8	213.1
电视机制造	88.2	5.0	121.9
音响设备制造	34.8	2.8	57.8
影视录放设备制造	24.6	0.0	33.4
（六）电子器件工业行业	1455.1	290.9	2558.1
电子真空器件制造	86.6	2.6	125.5
半导体分立器件制造	76.5	3.9	122.0
集成电路制造	272.2	167.5	562.9
光电子器件及其他电子器件	1019.9	116.9	1747.7
（七）电子元件工业行业	1493.1	35.1	2329.3
电力电子元器件制造	413.8	6.8	619.4

固定资产投资指标（二表）

单位：亿元

国家预算内资金	国内贷款	利用外资	其中：外商直接投资	自筹资金	其他来源
	0.6	11.1	5.7	20.5	
	0.04	0.1	0.1	23.0	
1.9	84.8	59.2	42.5	760.1	24.0
0.6	28.0	18.7	14.2	430.4	0.9
1.3	56.9	40.5	28.4	329.7	23.1
0.24	1.6	3.8	3.1	58.8	
0.2	1.6	3.8	3.1	58.8	
0.4	30.4	22.4	19.5	180.9	0.8
0.4	7.8	4.1	2.2	56.8	0.4
0.0	4.4	1.4	1.4	73.3	0.3
	18.3	16.9	15.9	50.8	0.1
7.65	46.6	49.5	37.1	755.1	14.7
2.3	8.9	1.2	1.2	265.1	
5.3	24.4	23.1	16.2	226.6	7.61
0.0	8.3	6.9	3.3	109.4	3.6
0.1	5.0	18.3	16.5	125.2	2.34
	0.0			18.0	0.5
	0.1			10.8	0.6
0.5	18.6	7.1	4.7	184.28	2.7
0.3	12.1	1.4	1.2	106.0	2.1
	2.0	3.5	2.6	52.1	0.2
0.1	4.5	2.3	1.0	26.2	0.4
8.8	231.1	130.5	102.9	2162.4	25.4
	4.5	3.5	0.6	115.6	1.9
0.04	4.0	16.3	14.9	101.2	0.5
8.2	31.9	77.7	68.5	444.0	1.3
0.57	190.8	33.0	19.0	1501.6	21.7
6.92	164.1	175.9	141.5	1950.1	32.3
0.6	34.9	9.1	5.8	565.5	9.3

	本年新增固定资产	上年末结余资金	本年资金来源小　　计
电子元件及组件制造	911.0	23.6	1413.7
印刷电路板制造	168.3	4.7	296.3
（八）电子测量仪器工业行业	333.7	7.5	544.8
环境监测专用仪器仪表制造	25.9	0.6	38.5
运输设备及生产用计数仪表制造	26.7		40.5
导航、气象及海洋专用仪器制造	37.4	0.0	61.9
农林牧渔专用仪器仪表制造	6.1		9.6
地质勘探和地震专用仪器制造	20.4		16.8
核子及核辐射测量仪器制造	5.1		6.2
电子测量仪器制造	37.3	1.9	59.5
医疗诊断、监护及治疗设备制造	130.0	4.3	229.8
其他专用仪器制造	44.8	0.7	82.0
（九）电子工业专用设备行业	798.5	44.5	1371.0
电子工业专用设备制造	300.1	16.7	505.4
其他电子设备制造	498.4	27.8	865.6
（十）电子信息机电工业行业	1152.1	82.3	1822.5
微电机及其他电机制造	171.9	3.8	247.5
光纤、光缆制造	85.3	4.0	134.2
光伏设备及元器件制造	488.0	60.1	769.4
锂离子电池制造	365.4	12.4	597.2
镍氢电池制造	41.6	2.0	74.3
（十一）其他电子信息行业	182.9	2.4	286.8
信息化学品制造	182.9	2.4	286.8
三、按省、自治区、直辖市分列			
北京市	278.0	104.0	92.2
天津市	189.6	1.7	240.7
河北省	193.3	4.4	263.8
山西省	40.2	5.9	82.1
内蒙古自治区	55.2		105.3
辽宁省	199.4	11.9	311.5

固定资产投资指标（二表）

单位：亿元

国家预算内资金	国内贷款	利用外资	其中：外商直接投资	自筹资金	其他来源
5.9	99.7	142.2	119.6	1145.6	20.3
0.5	29.5	24.6	16.1	239.0	2.7
0.8	29.9	11.2	4.5	498.4	4.5
	2.1	0.5	0.5	34.9	1.1
	1.4	0.6	0.6	38.2	0.3
	3.4	4.7		52.6	1.2
	1.7			7.9	
	0.5			16.3	
	0.3			5.9	
	1.0	0.9	0.9	57.4	0.2
0.7	16.1	3.6	1.6	207.6	1.8
0.1	3.4	0.8	0.8	77.6	0.03
20.34	94.0	51.3	40.7	1178.0	27.4
13.11	41.9	20.1	13.4	418.7	11.6
7.23	52.1	31.2	27.3	759.3	15.8
3.2	155.0	60.4	47.4	1579.4	24.5
0.6	13.0	6.2	4.8	226.2	1.45
0.09	10.8	0.9	0.9	121.8	0.53
1.67	94.7	20.2	15.4	640.5	12.4
0.9	28.3	32.7	25.8	526.5	8.8
	8.2	0.5	0.5	64.3	1.32
0.8	28.9	13.8	5.8	242.3	1.02
0.8	28.9	13.8	5.8	242.3	1.02
0.6	30.7	1.5	1.5	57.0	2.5
0.9	24.7	7.7	5.6	205.8	1.7
1.8	9.4	0.6	0.6	250.3	1.6
0.2	2.0	19.3	19.3	60.6	
	14.2			90.7	0.5
	35.3	16.8	11.7	254.0	5.3

2013年电子信息产业制造业

	本年新增固定资产	上年末结余资金	本年资金来源小　计
吉林省	59.1		110.8
黑龙江省	43.3	0.6	56.8
上海市	72.7	46.8	187.6
江苏省	1658.5	22.3	2300.1
浙江省	251.1	13.5	437.5
安徽省	366.0	98.7	748.0
福建省	173.3	15.6	329.9
江西省	369.1	21.0	619.4
山东省	491.2	19.5	816.3
河南省	460.4	0.4	877.1
湖北省	242.6	10.8	644.9
湖南省	298.6	11.9	499.7
广东省	584.8	90.5	838.8
广西壮族自治区	123.7	1.6	156.8
海南省	20.6	42.2	34.3
重庆市	136.7	16.7	319.3
四川省	273.4	23.2	634.9
贵州省	24.9	3.21	26.0
云南省	3.98		17.3
西藏自治区	0.73		1.3
陕西省	79.6	23.8	358.5
甘肃省	15.9		37.1
青海省	17.8	2.30	37.4
宁夏回族自治区	5.6	0.1	10.9
新疆维吾尔自治区	20.5	0.03	32.0

固定资产投资指标（二表）

单位：亿元

国家预算内资金	国内贷款	利用外资	其中：外商直接投资	自筹资金	其他来源
	0.3	0.8		109.7	
	0.7	0.3	0.3	55.2	0.6
1.2	23.2	5.9	1.5	153.0	4.3
2.9	146.0	263.3	200.6	1865.8	22.2
3.2	21.5	23.0	21.8	383.0	6.8
3.1	30.1	2.1		700.3	12.5
5.59	55.7	32.1	26.8	226.4	10.1
3.8	37.2	7.5	3.6	564.2	6.7
0.0	55.5	31.4	21.2	721.9	7.5
	138.2	34.7	33.6	700.5	3.7
0.6	52.9	1.8	0.4	572.5	17.2
0.84	28.5	3.6	3.1	455.1	11.8
1.2	69.5	120.6	93.0	637.7	9.9
0.11	12.4			142.7	1.6
	4.9			29.4	
5.3	52.9	7.6	3.3	228.2	25.3
19.4	12.1	2.5	1.9	597.9	3.1
				25.7	0.31
	0.6			16.5	0.1
0.1				1.3	
0.6	2.0			354.4	1.6
	0.16			36.9	
	14.38	1.93		21.1	
0.1	1.8			9.1	
	8.7			23.1	0.2

2013年电子信息产业制造业固定资产投资指标（三表）

单位：个

	施工项目 个　　数	其中： 本年新开工	本年投产 项目个数
总　计	**11996**	**7949**	**7051**
一、按企业登记注册类型分列			
内资企业	10626	7164	6274
国有企业	423	233	187
集体企业	91	60	38
股份合作企业	56	30	35
联营企业	28	19	14
国有联营企业	11	9	4
集体联营企业	6	3	3
其他联营企业	11	7	7
有限责任公司	2888	1747	1619
国有独资公司	41	18	20
其他有限责任公司	2847	1729	1599
股份有限公司	749	386	343
私营企业	5835	4307	3675
私营独资企业	1485	1015	1022
私营合伙企业	156	94	100
私营有限责任公司	3953	3041	2408
私营股份有限公司	241	157	145
其他内资企业	556	382	363
中国港、澳、台商投资企业	611	314	333
合资经营企业（中国港、澳、台资）	161	74	86
合作经营企业（中国港、澳、台资）	12	5	9
中国港、澳、台商独资经营企业	362	206	203
中国港、澳、台商投资股份有限公司	64	22	28
其他中国港、澳、台商投资企业	12	7	7
外商投资企业	759	471	444
中外合资经营企业	197	106	97
中外合作经营企业	4	1	1
外商独资企业	514	338	323

2013年电子信息产业制造业固定资产投资指标（三表）

单位：个

	施工项目个数	其中：本年新开工	本年投产项目个数
外商投资股份有限公司	34	17	16
其他外商投资企业	10	9	7
二、按行业分列			
（一）通信设备工业行业	825	506	410
通信系统设备制造	530	336	269
通信终端设备制造	295	170	141
（二）雷达工业行业	93	48	56
雷达及配套设备制造	93	48	56
（三）广播电视设备工业行业	341	205	239
广播电视节目制作及发射设备制造	109	66	77
广播电视接收设备及器材制造	147	84	114
应用电视设备及其他广播电视设备制造	85	55	48
（四）电子计算机工业行业	823	537	483
计算机整机制造	134	67	75
计算机零部件制造	292	198	178
计算机外围设备制造	131	93	86
其他计算机制造	225	155	119
幻灯及投影设备制造	19	13	12
计算器及货币专用设备制造	22	11	13
（五）家用视听设备工业行业	205	141	125
电视机制造	74	46	44
音响设备制造	89	64	56
影视录放设备制造	42	31	25
（六）电子器件工业行业	1635	1030	938
电子真空器件制造	188	109	126
半导体分立器件制造	116	70	72
集成电路制造	252	143	128
光电子器件及其他电子器件	1079	708	612
（七）电子元件工业行业	3749	2669	2251
电力电子元器件制造	1040	735	638

2013年电子信息产业制造业固定资产投资指标（三表）

单位：个

	施工项目 个　　数	其中： 本年新开工	本年投产 项目个数
电子元件及组件制造	2361	1700	1376
印刷电路板制造	348	234	237
（八）电子测量仪器工业行业	747	512	445
环境监测专用仪器仪表制造	70	47	45
运输设备及生产用计数仪表制造	67	44	37
导航、气象及海洋专用仪器制造	62	45	35
农林牧渔专用仪器仪表制造	13	12	9
地质勘探和地震专用仪器制造	26	17	11
核子及核辐射测量仪器制造	7	5	5
电子测量仪器制造	95	66	59
医疗诊断、监护及治疗设备制造	283	199	165
其他专用仪器制造	124	77	79
（九）电子工业专用设备行业	1567	1062	933
电子工业专用设备制造	647	438	415
其他电子设备制造	920	624	518
（十）电子信息机电工业行业	1750	1104	1010
微电机及其他电机制造	475	349	308
光纤、光缆制造	176	114	116
光伏设备及元器件制造	563	333	314
锂离子电池制造	465	264	234
镍氢电池制造	71	44	38
（十一）其他电子信息行业	261	135	161
信息化学品制造	261	135	161
三、按省、自治区、直辖市分列			
北京市	55	9	11
天津市	176	121	105
河北省	258	156	176
山西省	58	27	26
内蒙古自治区	89	76	59
辽宁省	219	151	139

2013年电子信息产业制造业固定资产投资指标（三表）

单位：个

	施工项目个　　数	其中：本年新开工	本年投产项目个数
吉林省	103	78	62
黑龙江省	68	41	37
上海市	174	71	19
江苏省	2419	1869	1897
浙江省	1749	1130	750
安徽省	709	454	470
福建省	360	201	175
江西省	597	425	360
山东省	717	503	452
河南省	458	248	248
湖北省	464	300	199
湖南省	820	585	507
广东省	1148	661	614
广西壮族自治区	386	284	258
海南省	8	3	2
重庆市	286	184	144
四川省	408	245	222
贵州省	19	12	7
云南省	18	10	6
西藏自治区	7	5	4
陕西省	131	57	60
甘肃省	35	14	18
青海省	14	8	7
宁夏回族自治区	20	11	8
新疆维吾尔自治区	23	10	9

IV 进出口情况

2013年电子信息产业出口统计（一表）

单位：万美元

	出口完成	比去年增长%	通信设备	比去年增长%	广播电视设备	比去年增长%
总　计	**78065599.0**	**11.9**	**17725018.1**	**18.7**	**735892.5**	**-38.4**
一、按经济类型分列						
外商独资企业	42245100.2	1.5	7397530.8	8.9	428298.6	-27.6
私人企业	15919059.6	55.4	1956553.9	36.6	131120.3	-53.8
中外合资企业	13740072.1	13.7	6728863.4	29.1	134277.2	-46.5
国有企业	4211503.3	7.7	793152.1	12.3	32239.2	-39.5
集体企业	1309816.2	-2.0	801591.0	4.9	7462.1	-32.7
中外合作企业	631323.5	7.3	46623.7	114.7	2444.4	-15.0
个体工商户	5435.2	20.3	92.8	192.1	42.8	-59.5
其他企业	3288.8	93.2	610.3	-20.3	7.8	28.3
二、按贸易方式分列						
进料加工贸易	46824764.9	2.6	12463916.1	16.1	501291.5	-30.8
一般贸易	15140869.7	23.2	4262233.2	22.6	145034.9	-33.8
保税区仓储转口货物	11379236.8	64.3	598076.6	59.7	41668.1	-74.0
来料加工装配贸易	3341675.0	-16.5	270703.2	-2.2	31074.4	-50.4
保税仓库进出境货物	1045937.1	41.5	77599.7	54.5	14141.2	-41.8
边境小额贸易	160301.4	88.4	43348.1	273.9	606.0	-37.9
对外承包工程出口货物	80730.1	23.9	5998.6	62.9	504.3	-48.2
国家间、国际组织无偿援助和赠送的物资	5890.1	-11.2	901.9	152.6	428.0	508.6
出料加工贸易	1885.8	363.5	0.0		0.0	
租赁贸易	117.4	191.4	0.0		0.0	
其他捐赠物资	104.9	-18.6	0.7	-50.9	0.0	-100.0
寄售代销贸易	31.7	-8.3	0.0		0.0	
易货贸易	0.3	575.7	0.0		0.0	
其他	84054.0	118.5	2239.9	146.4	1144.1	10.2
三、按省、自治区、直辖市分列						
广东省	34327918.9	17.9	9326134.7	16.2	434772.4	-26.4
江苏省	14102638.6	-0.5	1488612.9	36.0	79059.0	-69.5
上海市	9434963.0	-1.7	1391754.7	4.0	56839.9	-22.8

2013年电子信息产业出口统计（一表）

单位：万美元

	出口完成	比去年增长%	通信设备	比去年增长%	广播电视设备	比去年增长%
浙江省	2533196.3	4.5	166115.8	6.5	22363.8	-51.5
重庆市	2495361.3	64.9	63575.6	155.1	847.3	-73.6
天津市	2202003.0	4.3	953998.9	-6.8	23678.0	-70.8
河南省	2066764.1	26.5	2009307.8	27.0	69.6	-57.3
山东省	1990340.7	20.0	466740.4	87.2	50082.8	-4.6
四川省	1849376.5	8.7	62813.4	45.3	898.1	-30.1
福建省	1847685.1	11.9	186770.2	49.2	17922.1	-23.9
北京市	1530900.7	21.6	953446.1	17.3	3711.1	-41.7
辽宁省	615598.5	-1.4	31985.9	-6.6	2415.6	-34.1
湖北省	523294.9	12.2	43659.1	35.1	77.0	-73.5
陕西省	453115.7	86.5	10354.1	34.5	471.5	-37.7
江西省	410406.8	11.1	22599.8	-32.3	30806.9	4.2
安徽省	398384.1	53.1	3992.7	55.5	1125.1	-30.2
山西省	326223.0	66.0	304137.1	82.2	5269.4	-60.3
河北省	241225.0	-10.5	55902.6	-12.5	321.7	10.9
广西壮族自治区	224796.3	21.1	64667.6	33.8	2919.4	-31.8
湖南省	205752.9	22.6	93373.9	92.4	832.4	-4.7
云南省	93156.1	392.2	16597.0	206.4	332.2	156.1
黑龙江省	38576.0	53.2	1673.6	19.5	283.1	-52.3
海南省	37695.3	11.4	77.9	-95.7	98.5	-0.5
吉林省	34739.7	120.6	1651.6	351.2	221.5	177.0
新疆维吾尔自治区	34254.1	21.6	626.4	205.0	161.4	-17.1
甘肃省	16525.1	36.5	514.5	-9.8	76.7	-44.7
贵州省	11574.7	-1.4	3174.8	97.7	126.2	-57.6
宁夏回族自治区	5884.6	69.4	100.7	1054.2	22.5	-36.6
内蒙古自治区	5648.5	-34.6	308.5	-39.4	3.8	-58.6
西藏自治区	5515.3	-18.4	157.1	7.8	83.4	-74.0
青海省	2084.3	-45.6	192.6	1222.2	0.0	-100.0
四、按国别和地区分列						
中国香港地区	24005133.5	25.7	5360144.7	17.9	215425.0	-43.1
美国	13857172.7	6.0	3047918.5	22.7	141629.3	-13.2

2013年电子信息产业出口统计（一表）

单位：万美元

	出口完成	比去年增长%	通信设备	比去年增长%	广播电视设备	比去年增长%
日本	4974157.5	6.2	1045762.4	15.4	53297.8	-55.9
韩国	3935291.8	14.0	1919320.8	16.4	43188.0	-33.3
荷兰	3455776.3	0.7	697910.7	45.1	24504.5	-28.4
德国	2204420.7	-6.7	238532.6	7.5	15437.6	-31.2
中国台湾地区	2066589.2	10.6	251155.3	6.8	9816.1	-80.3
新加坡	1529163.1	8.0	142540.6	-0.1	9448.7	-64.2
英国	1374965.9	15.4	299346.1	50.5	11798.2	-42.0
墨西哥	1366103.3	12.0	387197.5	29.5	10288.8	-1.9
印度	1338779.0	13.0	280628.5	-0.6	12544.9	-31.8
马来西亚	1167222.1	14.2	122891.0	11.6	20430.8	-6.5
巴西	1059179.7	9.6	175547.6	46.6	25745.6	-4.7
越南	1032783.3	78.5	381505.4	123.0	11456.9	-73.6
泰国	902465.1	-4.8	148979.4	18.6	22715.1	-34.2
澳大利亚	879912.9	-2.1	129411.7	-11.3	5191.5	-25.1
俄罗斯联邦	838620.4	-2.5	208929.9	31.9	5816.9	-44.5
阿联酋	780875.7	4.0	153167.0	15.6	4690.1	-26.9
法国	677945.3	-10.3	160850.0	-6.7	5079.7	-17.7
加拿大	655621.3	3.3	145916.3	0.9	9907.2	-28.3
印度尼西亚	653273.8	6.4	149348.3	13.8	7463.3	-4.3
意大利	529558.7	-9.3	103629.4	17.6	3474.0	-33.1
捷克	496960.2	9.8	96872.0	48.5	1224.0	-83.5
土耳其	461644.9	10.0	58520.7	8.2	2051.6	-59.0
波兰	455293.9	1.5	67475.4	38.9	1642.7	-58.5
匈牙利	440216.3	-0.3	247732.5	6.5	2580.7	-64.3
菲律宾	340454.2	17.6	40487.7	1.7	2958.7	10.2
南非	330815.5	34.1	60471.1	59.1	4733.9	-27.5
西班牙	313931.8	1.6	105810.0	21.2	1878.4	-48.5
阿根廷	308015.5	23.5	90331.9	29.8	2108.8	-33.2
沙特阿拉伯	270288.1	-0.7	85980.5	4.2	1130.4	-47.0
智利	223546.8	9.0	67026.6	23.8	1197.5	-44.6
芬兰	220644.8	-34.0	27200.9	-68.0	1824.5	-42.5

2013年电子信息产业出口统计（一表）

单位：万美元

	出口完成	比去年增长%	通信设备	比去年增长%	广播电视设备	比去年增长%
比利时	216313.9	-18.3	19003.6	50.8	2350.2	-26.8
斯洛伐克	211058.6	35.2	12131.7	59.4	4944.0	16.2
巴基斯坦	178035.3	18.0	80353.2	14.3	463.4	-32.4
哥伦比亚	166954.6	25.7	44771.8	51.5	1239.2	-17.8
伊朗	163034.9	15.0	39060.7	26.5	1319.7	-34.3
瑞典	158753.7	-6.3	52568.6	-14.2	1664.1	21.5
卢森堡	156073.7	-14.1	103918.4	-0.8	7.5	-71.9
尼日利亚	152532.6	25.5	25817.8	-5.0	1768.0	54.6
委内瑞拉	148960.0	-17.2	52404.7	0.7	842.4	-74.2
乌克兰	148497.7	4.6	29275.3	77.3	848.4	-42.3
以色列	139149.9	15.2	25867.2	20.2	890.3	-43.4
伊拉克	130610.7	45.6	30811.9	61.8	168.8	-47.2
爱尔兰	115141.9	57.7	11909.3	3.8	229.1	-12.9
秘鲁	102939.8	4.6	30847.2	-0.8	803.7	-10.8
哈萨克斯坦	100781.3	10.5	24710.6	13.6	347.3	-43.2
孟加拉国	98864.8	30.9	28133.7	20.3	1353.0	62.2
缅甸	93164.2	78.9	54207.1	140.4	1477.1	170.1
埃及	92231.9	5.8	18953.2	0.6	1983.3	224.5
阿尔及利亚	91791.0	8.1	14640.3	18.1	203.5	-11.7
罗马尼亚	85294.8	-5.1	24790.8	-0.3	140.8	-79.0
巴拿马	78438.1	-18.5	8221.3	55.9	1280.7	-43.8
新西兰	77183.5	0.9	14911.8	0.1	909.8	87.1
瑞士	75242.8	-5.9	16134.7	16.5	316.9	16.3
丹麦	71695.5	-14.5	7944.3	7.3	1214.9	-30.0
奥地利	71664.4	1.6	23266.2	-19.9	147.9	-71.1
希腊	60114.8	-26.1	11101.0	-27.8	156.9	-74.1
老挝	59302.3	343.2	4498.8	-6.3	57.1	-76.0
葡萄牙	59017.4	-13.4	17144.8	8.1	192.3	-80.1
乌拉圭	55315.0	-7.7	6758.6	-20.7	708.0	-44.7
摩洛哥	48918.8	6.8	12593.6	12.5	413.7	-34.7
厄瓜多尔	47489.3	31.5	10311.4	23.8	532.4	-31.8

2013年电子信息产业出口统计（一表）

单位：万美元

	出口完成	比去年增长%	通信设备	比去年增长%	广播电视设备	比去年增长%
利比亚	46772.2	32.8	2901.7	10.5	142.0	32.4
科威特	44767.6	52.1	23556.8	92.0	282.2	15.5
安哥拉	44015.5	4.6	5422.5	-30.1	546.6	-31.3
加纳	42472.2	-1.2	8424.3	-9.0	385.0	-54.1
巴拉圭	40873.6	22.0	11484.2	59.3	1100.0	-26.2
斯里兰卡	39258.0	13.3	11854.5	-5.4	241.8	-22.0
肯尼亚	38984.6	26.4	8982.5	9.5	324.5	26.5
约旦	37591.6	-2.8	5951.9	-22.4	190.3	-53.3
挪威	36963.9	-1.3	12554.1	9.9	353.5	-7.1
立陶宛	36110.8	-0.9	2594.9	-16.8	232.4	-58.6
突尼斯	34687.8	0.2	6256.3	-22.2	63.9	-73.6
克罗地亚	33219.9	149.6	3812.7	12.1	66.4	-64.5
黎巴嫩	31992.4	33.3	6624.5	87.4	195.5	-33.3
中国澳门地区	31553.8	-0.9	10860.2	1.4	215.6	18.1
爱沙尼亚	30525.2	-15.6	15754.1	-15.3	327.9	-74.4
斯洛文尼亚	29873.9	21.2	2740.5	22.0	143.6	-48.0
乌兹别克斯坦	28383.4	1.2	7693.8	-33.0	95.1	65.2
保加利亚	27609.4	-7.1	6376.4	6.9	65.6	-78.0
贝宁	27350.8	-3.9	417.9	17.9	71.3	-59.2
坦桑尼亚	25728.4	10.4	3383.3	-37.1	384.7	-40.5
朝鲜	25321.1	-3.1	7495.3	-19.2	257.6	-69.6
卡塔尔	24662.6	38.5	6749.6	41.3	188.3	-3.4
白俄罗斯	22404.5	5.9	11265.9	37.1	36.7	-75.7
拉脱维亚	21983.5	12.4	8175.6	80.2	456.4	-43.3
也门	21227.9	19.8	3249.2	-13.5	187.8	-50.9
苏丹	20363.3	-8.6	5822.7	-29.0	158.6	-36.9
喀麦隆	20073.9	75.9	10707.4	102.1	118.9	128.6
柬埔寨	19567.3	-9.7	6935.8	-51.0	201.9	21.9
古巴	19227.4	61.3	3743.3	103.7	658.8	148.0
土库曼斯坦	19178.7	17.9	3909.1	28.6	158.1	107.9
阿曼	18861.8	2.6	4465.5	-30.3	112.6	-56.9

2013年电子信息产业出口统计（一表）

单位：万美元

	出口完成	比去年增长%	通信设备	比去年增长%	广播电视设备	比去年增长%
波多黎各	18271.3	31.1	2210.3	46.4	448.5	549.4
哥斯达黎加	17907.2	8.4	5834.9	5.0	584.2	491.4
莫桑比克	17324.6	28.7	4802.6	-14.7	156.7	17.4
巴林	17285.9	39.0	4676.4	55.0	237.6	83.6
尼泊尔联邦民主共和国	16962.5	7.6	8137.1	17.7	52.8	-75.4
多米尼加共和国	16889.0	-7.8	5875.1	-4.0	148.9	-30.5
吉尔吉斯斯坦	16232.5	20.2	3014.6	14.8	31.6	-64.8
多哥	15933.0	24.3	2169.8	135.0	172.5	-63.9
塞尔维亚	14361.1	9.7	6257.6	17.5	15.1	-90.6
危地马拉	14177.8	-1.7	5232.5	-7.4	253.1	-5.0
文莱	13762.5	82.6	1235.2	-17.0	531.2	206.4
阿塞拜疆	13460.6	0.3	4121.9	9.7	17.3	-77.9
格鲁吉亚	13202.2	-10.5	2010.3	29.9	16.0	-90.4
刚果（金）	12497.7	-7.4	3202.6	-35.2	58.5	64.3
马耳他	12489.8	22.0	1419.2	1019.6	199.0	-15.6
埃塞俄比亚	12306.7	-1.2	392.3	-86.2	15.4	-85.1
科特迪瓦	11514.0	-18.2	3094.2	-22.6	14.9	-65.4
塔吉克斯坦	11366.1	90.6	1595.8	-9.0	47.7	3150.1
蒙古	11331.7	-21.1	3328.7	0.5	25.9	-83.7
塞内加尔	11111.6	33.4	3350.9	-23.7	53.7	109.1
毛里求斯	10589.9	25.3	2941.2	53.4	32.1	-77.1
洪都拉斯	9694.2	-0.7	1382.9	7.4	186.3	-55.0
玻利维亚	9264.4	18.0	2977.2	49.1	1011.9	690.1
几内亚	8705.9	40.6	1647.2	62.9	61.0	301.0
赤道几内亚	8594.5	130.6	882.9	60.4	85.8	-36.0
尼加拉瓜	8446.0	106.3	6107.1	251.9	107.0	78.2
纳米比亚	7850.5	128.1	3515.7	202.8	139.0	103.4
塞浦路斯	7678.4	11.7	2972.6	47.9	94.2	22.4
津巴布韦	7407.6	-31.4	2676.2	-63.9	7.2	-91.5
伯利兹	7070.4	1066.6	675.7	94.7	0.3	-98.5
萨尔瓦多	6945.9	10.3	2392.7	12.6	84.6	-18.3

2013年电子信息产业出口统计（一表）

单位：万美元

	出口完成	比去年增长%	通信设备	比去年增长%	广播电视设备	比去年增长%
阿富汗	6877.8	-52.3	2820.4	-71.6	40.3	31.5
乌干达	6789.1	-17.4	2791.6	-34.1	68.9	-42.1
赞比亚	6614.3	-39.7	2782.6	-56.9	76.9	-7.7
叙利亚	5623.2	-60.0	742.2	-70.0	238.3	58.5
马达加斯加	5453.5	44.8	759.7	23.1	111.7	143.9
刚果（布）	5176.2	-11.3	1123.3	-63.7	58.5	-13.5
巴布亚新几内亚	5038.7	-5.3	1908.2	-18.6	35.4	-21.5
吉布提	4854.6	-13.3	221.7	-86.8	103.0	-23.7
毛里塔尼亚	4641.5	27.2	361.8	-52.2	4.8	46.3
加蓬	4212.0	19.9	390.1	-24.3	50.4	4.5
牙买加	4066.6	-8.4	221.1	59.4	19.7	-90.8
海地	4037.4	40.2	2295.2	80.5	3.4	-1.9
博茨瓦那	3818.9	3.0	434.6	-46.3	27.0	-50.9
利比里亚	3737.3	14.5	1197.2	9.4	60.3	1645.8
阿尔巴尼亚	3290.5	-3.8	423.7	-24.4	9.6	-85.1
前南马其顿	3186.9	15.0	1528.5	13.2	1.4	-91.9
摩尔多瓦	3160.9	-9.0	1199.6	-31.1	5.3	-83.0
乍得	2913.9	92.2	387.0	22.2	92.2	756.3
马里	2764.3	-32.0	922.8	-62.7	29.7	-72.5
特立尼达和多巴哥	2729.2	-8.6	97.1	-65.8	12.0	74.4
亚美尼亚	2695.6	21.1	1050.0	62.9	8.0	-49.1
斐济	2683.8	-14.8	725.4	-47.2	10.5	-24.2
马拉维	2647.1	-16.9	452.5	-65.6	30.7	-23.3
波黑	2592.8	33.3	1584.2	48.7	1.1	-93.2
留尼汪	2225.1	-16.3	275.4	40.2	10.6	-66.6
布隆迪	2192.4	283.7	1803.0	408.1	1.6	306.7
萨摩亚	2130.0	129.2	1092.8	1027.0	0.2	-96.5
索马里	2108.5	88.6	893.5	269.8	5.8	-93.1
卢旺达	2014.8	-21.1	303.8	92.2	2.3	-94.8
尼日尔	1840.7	141.2	862.9	400.9	18.7	1212.9
马尔代夫	1773.2	181.3	559.0	307.7	35.3	255.8

2013年电子信息产业出口统计（一表）

单位：万美元

	出口完成	比去年增长%	通信设备	比去年增长%	广播电视设备	比去年增长%
巴勒斯坦	1665.4	110.0	30.4	167.2	39.3	142.3
南苏丹共和国	1561.2	467.6	736.0	2477.7	20.2	866.1
苏里南	1538.5	-6.9	65.3	81.1	13.9	-76.1
莱索托	1519.1	-51.5	377.1	288.6	0.0	-100.0
冈比亚	1449.4	10.3	174.3	-38.6	10.7	2510.6
圭亚那	1333.4	-69.5	206.8	-86.1	20.2	-69.3
黑山	1284.6	8.6	478.5	8.4	1.7	-29.5
冰岛	1142.9	50.4	357.6	37.2	1.4	-94.9
塞拉利昂	1140.4	3.9	468.6	81.4	18.3	6.9
巴哈马	1078.3	22.0	495.9	333.7	0.8	-97.9
瓜德罗普	1000.4	-25.8	48.0	0.7	4.3	347.4
佛得角	970.1	8.3	371.2	92.3	11.6	-77.3
马约特	872.5	63.2	37.2	-23.7	8.5	
法属波利尼西亚	835.3	-34.5	136.5	-76.7	1.5	-81.9
厄立特里亚	815.2	70.4	426.0	58.5	0.3	257.6
布基纳法索	772.3	-30.4	267.1	-51.1	3.8	19.0
新喀里多尼亚	769.0	26.3	65.1	336.4	3.9	-32.5
马提尼克	640.9	-11.3	92.3	-40.5	1.3	-60.2
荷属安的列斯	640.1	44.0	284.1	1177.5	0.0	-100.0
汤加	556.8	204.3	314.1	955.9	1.2	-97.1
巴巴多斯	520.4	-6.3	62.8	40.1	0.0	-100.0
东帝汶	447.7	-47.6	241.5	-58.5	1.8	-89.6
科摩罗	404.3	32.5	95.6	-22.0	1.6	-96.6
列支敦士登	396.5	153.1	154.1	311.3	0.0	
斯威士兰	396.4	-42.9	103.9	-81.8	0.0	
法属圭亚那	342.3	-3.6	0.0	-93.7	0.0	-100.0
摩纳哥	326.7	-56.1	34.1	-21.7	0.0	-100.0
阿鲁巴	322.4	102.6	12.2	-14.5	0.0	-98.9
塞舌尔	316.2	54.2	50.4	77.5	1.5	-79.4
英属维尔京群岛	279.6	124.8	103.9	440.0	0.0	-100.0
多米尼克	277.7	-6.8	46.7	341.2	0.8	94.5

2013年电子信息产业出口统计（一表）

单位：万美元

	出口完成	比去年增长%	通信设备	比去年增长%	广播电视设备	比去年增长%
不丹	210.1	55.6	116.0	134.0	5.0	-80.5
圣多美和普林西比	195.4	394.2	134.7		0.7	-10.2
圣卢西亚	194.3	-31.8	3.5	-88.3	0.0	-100.0
所罗门群岛	186.0	-30.7	54.9	-17.7	0.4	28.2
瓦努阿图	160.0	21.4	26.7	-50.7	18.1	1474.3
圣基茨和尼维斯	128.7	899.2	0.2	12.3	0.0	
安提瓜和巴布达	112.5	-26.0	10.1	-92.1	0.4	
几内亚比绍	105.2	-56.5	8.7	-69.5	9.4	-41.6
中非	88.5	-71.7	55.3	-69.5	0.0	-100.0
马绍尔群岛	88.3	0.5	2.1	-37.0	0.0	
格林纳达	81.6	-48.6	10.9	479.3	0.9	-91.1
密克罗尼西亚联邦	78.0	178.9	0.0		0.1	
库腊索岛	76.7	-9.8	5.5	7593.8	0.8	1473.5
安道尔	74.6	-59.5	51.4	-17.6	5.0	-49.6
萨巴	69.5	-14.0	0.0		0.0	
大洋洲其他国家（地区）	64.7	-1.9	1.3		0.0	-100.0
库克群岛	63.6	258.1	46.7		0.0	
法罗群岛	60.6	169.3	0.0	-100.0	0.0	-100.0
百慕大	46.4	-60.0	5.5	-24.9	0.0	
圣文森特和格林纳丁斯	45.0	85.0	2.2	41.2	0.3	370.6
社会群岛	44.5	106.5	0.0	-100.0	0.0	
圣马丁岛	41.0	240.3	2.5	-55.2	0.0	
圣马力诺	38.6	179.9	1.5	47.6	0.0	
帕劳	38.1	26.7	0.0		0.0	-100.0
图瓦卢	31.4	-76.6	0.0	-100.0	0.0	-100.0
开曼群岛	25.6	81.5	8.9	10.4	0.0	
直布罗陀	22.5	62.3	3.2	-53.4	0.8	-24.7
基里巴斯	21.6	-32.4	6.5	838.8	0.3	
加那利群岛	20.7	174.3	0.0	-100.0	0.0	-100.0
梅利利亚	10.5		0.0		0.0	
瑙鲁	8.3	32.0	6.5	290.4	0.0	

2013年电子信息产业出口统计（一表）

单位：万美元

	出口完成	比去年增长%	通信设备	比去年增长%	广播电视设备	比去年增长%
特克斯和凯科斯群岛	6.7	407.1	0.1	-94.7	0.0	
塞卜泰（休达）	6.6		0.0		0.0	
拉丁美洲其他国家（地区）	5.4	1351.3	0.0	-100.0	0.0	
瓦利斯和浮图纳	3.5		0.0		0.0	
格陵兰	2.4	-52.1	0.1		0.0	
非洲其他国家（地区）	1.7	-94.7	0.0		0.0	-100.0
博内尔	1.5	451.0	0.1		0.0	

2013年电子信息产业出口统计（二表）

单位：万美元

	计算机	比去年增长%	家用电子电器	比去年增长%	电子元件	比去年增长%
总　计	22452875.2	-5.7	10273519.1	19.9	7190641.9	-20.6
一、按经济类型分列						
外商独资企业	18301931.4	-7.2	3945719.7	17.9	3485749.1	-34.3
私人企业	1395827.5	18.1	2695836.9	45.4	2042369.2	24.3
中外合资企业	1579206.0	-8.6	2528848.9	13.2	926290.4	-28.8
国有企业	772538.9	5.2	849039.2	-0.4	537889.6	-16.9
集体企业	75914.6	-44.4	194463.1	-13.4	130131.9	38.4
中外合作企业	325067.3	0.3	57365.9	7.9	66605.5	0.2
个体工商户	222.6	16.1	2188.0	63.7	1460.0	-28.7
其他企业	2167.0	804.7	57.4	-32.4	146.2	-6.4
二、按贸易方式分列						
进料加工贸易	18009076.1	-8.5	5984827.6	11.0	3058053.8	-35.6
一般贸易	1223592.4	23.5	2991179.4	24.3	2950434.4	37.8
保税区仓储转口货物	1687840.1	7.3	732389.6	294.5	732090.9	-24.5
来料加工装配贸易	1082790.4	-15.3	356657.9	-16.8	220557.7	-78.7
保税仓库进出境货物	417172.1	51.5	105812.4	9.7	148805.6	28.5
边境小额贸易	10185.0	-17.8	65859.8	88.6	16409.5	70.9
对外承包工程出口货物	13481.0	108.4	6483.4	25.9	43139.0	14.5
国家间、国际组织无偿援助和赠送的物资	1246.5	-68.7	1324.1	63.5	1108.6	120.3
出料加工贸易	0.0		0.0		0.0	
租赁贸易	11.2	6028.6	31.7	39967.7	4.0	
其他捐赠物资	1.1	-98.7	1.2		0.1	
寄售代销贸易	0.0		0.0		7.5	
易货贸易	0.0		0.0		0.0	-100.0
其他	7479.4	4.6	28952.2	67.6	20031.0	495.8
三、按省、自治区、直辖市分列						
广东省	7195452.6	-8.6	5148699.4	15.3	3882389.5	-6.7
江苏省	4629464.3	-19.7	1896786.0	59.9	1057594.6	-50.3
上海市	4733685.6	-8.4	665595.3	-8.8	380249.5	-27.5

2013年电子信息产业出口统计（二表）

单位：万美元

	计算机	比去年增长%	家用电子电器	比去年增长%	电子元件	比去年增长%
浙江省	177751.8	-1.2	730561.4	20.7	709904.6	-17.9
重庆市	2271071.1	61.8	63584.9	32.7	19232.2	134.7
天津市	166226.0	-13.0	388367.9	59.5	216535.7	-5.3
河南省	4703.9	15.3	8755.0	36.9	13852.6	-14.0
山东省	614054.5	-6.2	315931.6	4.7	191551.9	-6.0
四川省	1322182.1	1.2	21960.4	25.4	33345.2	-28.5
福建省	445106.8	-11.4	371207.8	8.2	145160.3	-65.6
北京市	100384.3	108.8	44309.9	67.9	98867.6	-19.4
辽宁省	99600.9	2.6	294693.5	-6.8	79409.7	-1.1
湖北省	304926.5	-1.1	24936.5	-21.0	66427.9	48.4
陕西省	130422.7	100.7	9600.4	-6.4	11414.8	88.4
江西省	80712.3	-30.6	43596.9	18.3	60469.1	81.0
安徽省	73450.1	640.5	163602.6	26.8	40927.2	-31.0
山西省	660.8	-86.9	5573.9	600.5	7321.5	3.1
河北省	6857.3	-16.2	20679.8	20.1	27941.0	-12.2
广西壮族自治区	62436.3	-7.1	9002.6	-40.2	63913.3	100.5
湖南省	15490.9	-60.1	12057.3	-10.4	43835.8	93.5
云南省	2065.9	43.1	3090.4	338.2	2172.9	171.8
黑龙江省	3907.2	31.0	8314.9	83.6	16713.0	1027.3
海南省	19.6	38.8	8.7	130.1	6944.9	28.3
吉林省	7295.0	480.0	2358.8	49.4	2571.7	-8.2
新疆维吾尔自治区	2731.6	-29.8	16061.5	41.1	5378.3	183.7
甘肃省	219.4	-55.6	408.3	-12.1	606.8	44.3
贵州省	443.5	24.9	1328.1	12.8	2289.3	18.3
宁夏回族自治区	55.6	354.2	257.3	331.0	321.6	43.2
内蒙古自治区	483.6	9.3	1280.0	-16.8	2018.2	-28.0
西藏自治区	1013.5	-25.7	902.6	-23.8	1271.2	74.7
青海省	0.0	-100.0	5.5	-94.2	10.2	-61.3
四、按国别和地区分列						
中国香港地区	4847352.6	-4.8	1123856.8	30.9	2684880.2	-19.8
美国	6267831.1	-6.2	2339450.7	18.4	840454.7	3.7

2013年电子信息产业出口统计（二表）

单位：万美元

	计算机	比去年增长%	家用电子电器	比去年增长%	电子元件	比去年增长%
日本	1395975.1	-4.6	1065169.3	12.4	418500.9	-30.1
韩国	466150.5	2.1	209853.2	62.1	321583.8	-35.3
荷兰	1969285.1	-3.1	378227.4	33.7	102584.5	32.6
德国	1021643.8	-13.9	382374.7	53.0	205685.3	-23.7
中国台湾地区	255614.3	-2.0	160322.2	38.3	211916.2	-31.8
新加坡	534190.0	-1.0	109318.1	55.5	127667.1	3.5
英国	537934.7	-3.1	293294.0	23.8	99458.0	33.2
墨西哥	355180.8	9.1	154207.3	10.8	95959.2	-72.8
印度	392424.7	8.4	222472.2	12.0	160697.5	6.5
马来西亚	174184.0	-8.2	110403.4	41.7	164226.5	-42.3
巴西	172586.2	-20.7	268362.0	15.6	117038.5	-48.1
越南	98002.9	35.5	127761.8	152.1	147927.2	10.1
泰国	242032.5	-18.6	152390.4	8.2	123732.8	-48.5
澳大利亚	396143.4	-0.9	190494.5	11.7	79521.2	22.1
俄罗斯联邦	231035.1	-27.0	213593.3	-5.3	73827.4	-14.7
阿联酋	330579.8	-9.9	169851.6	20.1	62727.2	23.6
法国	221897.9	-28.2	134339.6	18.1	54338.2	14.8
加拿大	235324.4	-9.5	154485.7	20.0	48227.0	32.4
印度尼西亚	143143.3	-13.1	115330.8	24.9	87522.7	-30.2
意大利	188329.8	-7.5	108602.2	8.9	65830.3	10.9
捷克	289846.2	0.9	43561.7	11.4	21992.7	-21.5
土耳其	137992.8	5.9	104193.0	31.8	43113.1	-60.8
波兰	135111.1	-3.4	80584.6	-7.1	33076.2	-73.4
匈牙利	39444.0	7.1	41817.1	33.5	29109.1	-71.0
菲律宾	72368.8	-6.3	55097.7	22.4	56649.0	8.5
南非	78489.7	2.2	87745.7	7.8	24652.3	40.6
西班牙	67050.4	-2.6	76829.4	5.9	32739.2	8.9
阿根廷	43933.8	-2.2	87125.9	19.3	19258.5	-35.2
沙特阿拉伯	32083.4	-37.1	111022.6	10.5	18173.3	-7.4
智利	58467.2	-7.7	62187.8	3.3	14249.8	31.2
芬兰	137267.1	-22.7	21820.8	-19.9	16033.6	-7.9

2013年电子信息产业出口统计（二表）

单位：万美元

	计算机	比去年增长%	家用电子电器	比去年增长%	电子元件	比去年增长%
比利时	65585.4	1.9	42305.5	18.4	30048.5	32.8
斯洛伐克	58207.8	7.4	16861.2	37.2	13793.1	-78.1
巴基斯坦	10415.1	-31.8	30039.6	32.7	20356.3	35.1
哥伦比亚	58466.2	17.2	38923.8	25.3	12281.1	44.5
伊朗	15586.5	42.2	49266.5	-20.4	18826.2	57.0
瑞典	43272.9	-19.5	28494.0	20.4	16899.3	18.6
卢森堡	46700.4	-33.8	3922.9	1034.6	213.1	-95.5
尼日利亚	9349.7	9.3	56486.1	23.9	29343.8	95.7
委内瑞拉	38698.3	1.6	37226.0	-38.5	6076.7	-37.6
乌克兰	22638.7	-6.0	47946.2	3.2	10797.9	24.9
以色列	32188.8	1.1	46089.2	25.2	11517.3	23.4
伊拉克	2983.6	112.9	75108.7	37.2	9007.1	61.1
爱尔兰	76121.0	69.0	8707.2	21.7	6078.0	6.4
秘鲁	25792.0	-2.1	27303.7	16.8	8287.3	15.0
哈萨克斯坦	27612.5	-5.9	30466.5	24.4	8532.6	124.6
孟加拉国	10627.3	19.8	24779.1	23.6	14947.2	122.6
缅甸	3258.9	5.9	18056.6	30.5	6441.5	39.2
埃及	8451.5	-29.5	26016.9	-12.0	9141.9	-6.5
阿尔及利亚	9905.6	28.2	52166.2	2.9	6038.0	-30.7
罗马尼亚	13376.5	17.9	16897.7	-21.5	11701.9	-51.8
巴拿马	13464.3	-23.7	36948.2	-24.2	11665.5	-19.3
新西兰	28972.3	-11.0	20626.1	20.9	7261.0	8.5
瑞士	21073.7	-23.0	12744.5	17.7	14422.6	-14.4
丹麦	18449.3	-31.6	13234.1	4.7	16793.0	54.0
奥地利	6886.6	-12.8	8027.9	51.9	18888.0	20.5
希腊	12815.9	47.1	21445.7	-1.9	4779.9	86.4
老挝	1883.7	-43.8	1665.4	6.1	2116.0	15.5
葡萄牙	14179.2	-35.9	16549.7	-13.4	4598.0	-32.7
乌拉圭	18645.4	-22.2	20298.9	7.1	4402.3	6.8
摩洛哥	4650.3	-19.0	20572.8	2.9	3966.0	46.2
厄瓜多尔	7259.5	44.5	14880.0	37.2	7159.2	34.1

2013年电子信息产业出口统计（二表）

单位：万美元

	计算机	比去年增长%	家用电子电器	比去年增长%	电子元件	比去年增长%
利比亚	1136.2	48.5	35496.3	31.9	2178.8	26.6
科威特	2464.1	55.2	12860.3	15.6	2020.0	53.2
安哥拉	2052.0	-39.5	17711.1	26.8	13321.4	12.1
加纳	2549.6	27.4	10437.7	0.6	12005.3	1.5
巴拉圭	7231.7	-22.7	17392.4	44.7	2125.9	2.1
斯里兰卡	7827.6	106.2	8680.9	14.0	5085.3	7.5
肯尼亚	3435.8	-15.4	10689.8	57.6	9354.2	31.6
约旦	2154.5	-33.6	18950.7	-3.5	2976.1	46.7
挪威	10007.1	-19.0	6659.3	22.3	3240.5	13.9
立陶宛	15784.7	24.2	9116.2	-1.0	3464.2	-48.6
突尼斯	5950.2	-5.2	16665.6	18.4	1771.8	8.3
克罗地亚	4645.6	49.1	5428.6	19.6	925.9	30.2
黎巴嫩	3501.7	37.2	13409.6	19.6	3103.4	46.6
中国澳门地区	1761.9	-80.9	5146.9	89.7	7764.8	23.2
爱沙尼亚	1678.6	-6.0	5570.2	-7.2	2249.4	26.7
斯洛文尼亚	3785.2	24.6	9540.8	20.5	5625.8	-6.2
乌兹别克斯坦	2139.4	18.4	12104.2	29.1	2601.8	46.8
保加利亚	5373.1	9.9	10404.6	69.4	2863.0	46.5
贝宁	300.1	-33.8	1296.2	-23.4	23955.0	-1.5
坦桑尼亚	1158.3	19.7	7672.9	43.0	9232.7	27.9
朝鲜	4021.6	-3.3	7676.5	18.5	2432.1	-2.0
卡塔尔	2404.5	39.9	7796.6	38.8	2311.2	218.4
白俄罗斯	3192.1	-7.7	3850.1	-38.1	1350.2	-13.2
拉脱维亚	4436.8	-24.9	4152.6	50.7	1821.1	19.2
也门	919.9	3.2	9290.4	52.5	3625.5	-0.4
苏丹	769.1	-59.3	4790.7	15.2	3756.3	17.5
喀麦隆	287.3	-36.9	3045.5	27.1	4202.8	164.0
柬埔寨	1379.4	52.1	2753.1	63.0	4770.7	106.6
古巴	2137.1	36.7	7432.6	73.3	2591.1	74.6
土库曼斯坦	5358.0	161.8	6343.0	3.2	2169.2	-33.8
阿曼	1686.3	-27.0	8362.1	25.8	2241.5	85.5

2013年电子信息产业出口统计（二表）

单位：万美元

	计算机	比去年增长%	家用电子电器	比去年增长%	电子元件	比去年增长%
波多黎各	236.2	-94.7	6622.0	20.8	863.4	142.4
哥斯达黎加	1421.6	-24.4	5826.8	61.1	1853.5	-1.3
莫桑比克	1132.4	196.2	3836.2	18.0	4974.7	87.3
巴林	1038.0	52.0	5572.2	33.3	1510.8	138.4
尼泊尔联邦民主共和国	1531.9	-21.3	2151.0	-10.0	2123.5	131.0
多米尼加共和国	626.4	-10.3	6013.6	13.5	2284.4	-26.1
吉尔吉斯斯坦	927.0	-62.9	9131.3	48.4	1146.3	25.7
多哥	626.8	-9.3	3886.4	2.1	6314.6	34.9
塞尔维亚	2770.2	-9.9	4224.5	23.1	515.7	-0.7
危地马拉	1031.0	-48.1	4056.8	33.0	1719.6	23.6
文莱	702.4	104.9	3549.4	53.3	3293.7	220.5
阿塞拜疆	3384.2	-12.8	4087.1	-13.9	902.2	122.5
格鲁吉亚	3680.8	-7.9	5712.7	-10.1	965.1	-38.8
刚果（金）	490.7	14.3	2752.0	24.7	4133.8	8.3
马耳他	1337.1	50.5	3265.3	-8.8	4068.2	26.0
埃塞俄比亚	1215.1	24.5	2752.5	-2.5	5380.1	22.1
科特迪瓦	455.1	-28.4	4205.8	29.9	2145.5	-60.3
塔吉克斯坦	1482.0	291.7	5636.0	101.9	1394.5	175.0
蒙古	1118.8	-49.0	4119.2	-13.4	1641.6	-38.0
塞内加尔	1496.4	260.5	2317.0	55.8	1676.9	106.5
毛里求斯	1560.0	37.6	3303.7	24.6	1366.6	-23.8
洪都拉斯	980.4	-32.6	2977.1	-1.3	1429.5	28.7
玻利维亚	825.0	-61.2	2684.3	33.1	721.5	48.5
几内亚	152.5	51.4	1366.3	9.5	4077.4	35.0
赤道几内亚	309.9	2.8	838.0	12.6	6077.8	266.0
尼加拉瓜	416.9	-37.4	1138.4	24.9	300.3	7.2
纳米比亚	191.8	-38.1	2646.1	101.0	805.1	126.2
塞浦路斯	1085.9	31.1	1650.3	-27.2	844.6	164.4
津巴布韦	490.8	25.9	579.6	-8.9	1687.2	46.6
伯利兹	59.4	190.3	152.4	-18.6	29.1	154.4
萨尔瓦多	713.6	-18.6	1977.9	31.5	473.1	59.9

2013年电子信息产业出口统计（二表）

单位：万美元

	计算机	比去年增长%	家用电子电器	比去年增长%	电子元件	比去年增长%
阿富汗	292.6	-18.3	1736.2	-27.1	866.8	90.1
乌干达	511.1	-9.6	1303.8	-6.1	1165.5	70.7
赞比亚	1233.8	97.2	815.3	-15.2	1254.8	-40.7
叙利亚	439.4	-31.2	1582.2	-72.1	1178.8	-21.7
马达加斯加	253.3	26.5	1582.1	31.3	1595.3	33.5
刚果（布）	321.1	153.2	2208.0	33.6	957.1	106.3
巴布亚新几内亚	320.0	30.0	1489.8	-17.7	919.9	45.5
吉布提	490.7	10.2	1377.3	20.9	1484.0	37.8
毛里塔尼亚	173.7	66.0	558.4	17.5	3150.7	65.3
加蓬	195.2	46.3	2221.2	29.3	705.0	-2.9
牙买加	174.8	-40.7	2436.2	-1.5	501.0	33.8
海地	29.1	-77.5	796.0	-17.1	604.9	175.1
博茨瓦那	43.8	-60.6	2279.3	61.9	720.2	-7.3
利比里亚	98.9	30.6	803.5	29.1	1331.2	6.8
阿尔巴尼亚	216.5	-41.6	1639.5	3.0	419.3	52.1
前南马其顿	460.1	0.2	1023.5	59.5	102.9	-51.3
摩尔多瓦	539.8	11.7	1000.4	75.8	220.9	-28.3
乍得	301.0	37.4	338.2	108.8	1611.7	189.4
马里	115.1	-18.1	432.2	30.4	511.7	58.5
特立尼达和多巴哥	147.3	-63.0	1803.1	18.7	392.9	-21.1
亚美尼亚	236.9	-52.6	1033.3	23.9	174.6	123.5
斐济	314.6	-40.8	1028.4	19.8	242.2	128.3
马拉维	225.3	-7.7	287.0	-26.7	584.4	-6.8
波黑	346.7	-12.8	459.4	24.2	81.1	102.2
留尼汪	311.4	-15.6	1487.0	8.8	80.8	13.4
布隆迪	128.8	987.4	95.8	6.5	49.8	0.4
萨摩亚	646.7	12.5	295.2	163.0	56.9	-12.5
索马里	51.0	71.8	415.6	16.0	540.4	71.2
卢旺达	639.1	-56.4	151.4	-39.2	479.2	7.8
尼日尔	125.9	51.7	187.4	11.2	524.2	273.1
马尔代夫	65.9	21.7	485.9	61.1	311.3	383.0

2013年电子信息产业出口统计（二表）

单位：万美元

	计算机	比去年增长%	家用电子电器	比去年增长%	电子元件	比去年增长%
巴勒斯坦	124.0	119.8	1014.3	60.2	298.8	912.2
南苏丹共和国	153.1	79.9	115.5	183.9	223.9	247.9
苏里南	192.4	343.8	927.3	-10.7	176.2	-29.1
莱索托	9.0	-85.7	169.1	-91.7	113.5	-40.7
冈比亚	4.1	-89.1	124.9	-23.6	1030.3	52.3
圭亚那	33.7	-97.7	689.4	-10.5	185.5	-46.6
黑山	138.4	-17.0	429.3	30.5	44.8	-17.9
冰岛	189.1	4.4	207.4	75.7	160.7	126.2
塞拉利昂	51.7	18.3	241.1	26.3	258.0	-49.2
巴哈马	28.4	-53.8	200.1	4.8	133.3	18.6
瓜德罗普	150.3	-66.6	754.3	-8.4	11.2	295.0
佛得角	31.6	-86.8	285.9	20.4	131.9	202.7
马约特	13.9	38.1	569.2	92.9	47.5	13079.0
法属波利尼西亚	5.6	40.1	550.3	14.7	38.3	63.3
厄立特里亚	71.8	-51.8	36.5	306.2	184.2	486.6
布基纳法索	42.5	-17.1	186.1	26.2	165.4	207.9
新喀里多尼亚	80.5	-12.6	512.5	17.6	65.3	174.0
马提尼克	65.6	6.7	441.4	-7.4	8.6	55.5
荷属安的列斯	11.5	-74.1	268.8	-19.5	25.0	32.6
汤加	66.7	409.2	71.6	67.2	16.4	1202.6
巴巴多斯	80.0	-17.0	319.0	7.5	17.9	-13.9
东帝汶	1.9	-52.5	56.6	-21.1	50.5	-51.9
科摩罗	14.4	1205.8	86.4	226.1	133.8	2120.2
列支敦士登	1.0		30.8	242.9	181.3	69.0
斯威士兰	16.1	109.7	203.8	118.0	16.3	27.6
法属圭亚那	19.0	-39.9	317.5	3.2	1.4	30.2
摩纳哥	18.5	29.8	89.9	-76.2	54.7	-51.1
阿鲁巴	22.3	22.9	229.7	169.5	39.5	111.4
塞舌尔	44.1	10.5	195.8	142.8	19.8	-55.5
英属维尔京群岛	142.7	436.7	5.0	-20.2	17.0	-70.8
多米尼克	10.0	-54.8	128.2	-10.6	20.4	-78.8

2013年电子信息产业出口统计（二表）

单位：万美元

	计算机	比去年增长%	家用电子电器	比去年增长%	电子元件	比去年增长%
不丹	9.7	-43.9	23.7	629.0	13.4	-10.1
圣多美和普林西比	0.9	-41.0	38.3	6.3	13.8	1496.8
圣卢西亚	14.2	-51.3	106.6	-16.7	2.3	-87.1
所罗门群岛	6.4	125.2	26.1	-30.8	53.9	89.6
瓦努阿图	8.1	49.8	44.1	73.5	19.6	58.1
圣基茨和尼维斯	2.4	386.0	10.0	-10.2	0.5	782.3
安提瓜和巴布达	2.5	-61.7	19.1	56.0	58.7	887.8
几内亚比绍	6.1	-88.8	30.9	8.4	14.8	-79.6
中非	3.3	-87.1	21.0	-67.4	4.9	26.9
马绍尔群岛	0.0	-99.9	51.1	8.8	34.0	
格林纳达	7.1	-35.6	27.5	-58.1	13.9	-41.8
密克罗尼西亚联邦	0.0	-100.0	13.7	-8.8	42.9	11069.6
库腊索岛	0.5	-92.8	36.0	309.1	6.3	1526.6
安道尔	0.0	-100.0	7.2	53.1	10.9	27.9
萨巴	69.5	-13.8	0.0	-100.0	0.0	
大洋洲其他国家（地区）	0.0	-100.0	62.7	209.0	0.4	22.5
库克群岛	2.3	-61.6	6.2	-17.4	7.9	161185.7
法罗群岛	0.1	127.7	60.5	208.2	0.0	
百慕大	13.0	-86.4	23.0	79.1	4.4	2210.3
圣文森特和格林纳丁斯	1.3	1396.1	12.5	-40.5	2.0	
社会群岛	0.0		10.4	192.1	0.0	
圣马丁岛	0.5		32.1	823.6	1.2	767.4
圣马力诺	0.0	-100.0	4.2	-51.8	2.1	
帕劳	0.0		32.3	120.5	5.4	-64.5
图瓦卢	0.0	-100.0	0.3	-98.3	31.0	469.6
开曼群岛	3.9	-11.2	12.1	738.1	0.4	
直布罗陀	0.0	-100.0	15.8	249.9	1.9	
基里巴斯	0.6	-65.9	10.8	10.7	2.4	-67.5
加那利群岛	3.7	46.6	0.0	-96.1	1.2	1265.8
梅利利亚	1.4		0.0		0.0	
瑙鲁	0.0		1.7		0.1	

2013年电子信息产业出口统计（二表）

单位：万美元

	计算机	比去年增长%	家用电子电器	比去年增长%	电子元件	比去年增长%
特克斯和凯科斯群岛	0.3	79.6	0.6	180.4	0.0	
塞卜泰（休达）	0.0		0.0		6.6	
拉丁美洲其他国家（地区）	0.0	-100.0	0.5		0.0	
瓦利斯和浮图纳	0.0		3.0		0.6	
格陵兰	0.1	-98.2	1.0	-0.9	1.2	
非洲其他国家（地区）	0.0	-100.0	0.0		1.7	137.9
博内尔	0.0		1.3	377.8	0.0	

2013年电子信息产业出口统计（三表）

单位：万美元

	电子器件	比去年增长%	电子材料	比去年增长%	电子仪器设备	比去年增长%
总　计	**16048336.5**	**80.1**	**587282.3**	**10.7**	**3052033.4**	**9.4**
一、按经济类型分列						
外商独资企业	6714010.4	69.5	239310.3	-9.7	1732550.0	5.4
私人企业	6690425.1	117.0	215947.8	27.6	790978.9	32.1
中外合资企业	1584667.2	38.3	64240.8	54.4	193678.2	10.1
国有企业	969000.0	52.8	60473.5	23.0	197170.7	-15.5
集体企业	40630.5	-11.5	4831.0	18.6	54792.0	-2.3
中外合作企业	49015.2	28.4	2279.1	121.9	81922.4	1.3
个体工商户	534.7	80.6	199.8	49.5	694.4	86.0
其他企业	53.4	-59.7			246.8	-22.2
二、按贸易方式分列						
进料加工贸易	5269594.2	85.2	153035.7	3.7	1384969.9	-0.1
一般贸易	2114547.4	14.4	340045.5	34.9	1113802.7	17.0
保税区仓储转口货物	7284621.7	110.9	39445.5	-32.2	263104.6	74.6
来料加工装配贸易	1133968.3	76.5	49685.7	-26.8	196237.4	-7.0
保税仓库进出境货物	210909.3	103.3	2526.8	-40.3	68969.9	-0.5
边境小额贸易	17984.6	63.3	296.8	468.6	5611.6	24.2
对外承包工程出口货物	876.1	50.8	100.0	2978.5	10147.7	-4.7
国家间、国际组织无偿援助和赠送的物资	299.3	83.8	0.8		581.0	-23.0
出料加工贸易	311.8	373.7	1574.1	361.5	0.0	
租赁贸易	1.4		0.0		69.1	72.7
其他捐赠物资	2.7		0.0		99.0	
寄售代销贸易	24.2	-30.0	0.0		0.0	
易货贸易	0.3		0.0		0.0	
其他	15195.3	293.6	571.4	507.8	8440.7	76.5
三、按省、自治区、直辖市分列						
广东省	6546182.8	171.6	53118.1	33.4	1741169.3	11.3
江苏省	4363616.5	39.2	161444.2	-7.4	426061.1	-0.7
上海市	1887991.0	27.4	53119.2	2.1	265727.9	16.7

2013年电子信息产业出口统计（三表）

单位：万美元

	电子器件	比去年增长%	电子材料	比去年增长%	电子仪器设备	比去年增长%
浙江省	526552.5	33.1	36787.1	5.7	163159.3	14.9
重庆市	64669.7	334.7	6671.2	63.7	5709.5	-10.4
天津市	394604.5	30.0	22463.6	587.0	36128.4	-2.4
河南省	17071.9	5.5	10351.7	56.7	2651.7	41.3
山东省	228319.4	149.6	20380.6	44.5	103279.4	13.1
四川省	371200.9	48.1	17613.9	15.2	19362.4	-6.5
福建省	555836.7	348.7	40634.5	11.5	85046.7	12.6
北京市	266734.2	45.3	14801.9	-24.3	48645.6	22.0
辽宁省	49386.0	38.3	18052.2	51.4	40054.7	-11.2
湖北省	72974.2	82.0	3376.5	15.5	6917.2	10.4
陕西省	251491.7	99.1	27653.9	76.7	11706.7	4.6
江西省	134307.2	74.4	24024.6	-27.0	13890.0	37.3
安徽省	80947.8	208.3	5985.2	666.4	28353.4	-7.9
山西省	460.1	-64.9	1235.3	126.3	1565.0	2.1
河北省	111807.0	-17.2	6250.0	39.2	11465.6	32.6
广西壮族自治区	3407.8	391.4	2685.1	8.2	15764.3	0.0
湖南省	5383.9	-8.2	23694.2	-4.4	11084.5	-14.0
云南省	50272.0	3078.8	17635.5	105.8	990.3	249.6
黑龙江省	984.0	26.1	3005.5	-71.7	3694.7	32.3
海南省	30444.5	19.3	2.0	-97.3	99.2	-89.0
吉林省	14877.6	100.0	769.6	23.8	4994.0	211.2
新疆维吾尔自治区	4458.3	-37.0	2469.1	-6.6	2367.5	168.4
甘肃省	12305.2	31.4	2204.2	852.4	190.1	-55.3
贵州省	437.5	14.1	3299.5	-6.1	475.7	-80.7
宁夏回族自治区	195.6	-63.1	4899.0	92.1	32.4	-38.1
内蒙古自治区	15.5	-63.6	1497.5	-41.5	41.4	-94.4
西藏自治区	458.5	25.3	227.6	-75.3	1401.6	-19.2
青海省	942.1	-60.3	930.1	-24.0	3.8	-83.5
四、按国别和地区分列						
中国香港地区	8812577.8	115.6	79296.9	-9.4	881599.6	27.8
美国	693298.2	48.4	30627.4	23.0	495962.9	6.2

2013年电子信息产业出口统计（三表）

单位：万美元

	电子器件	比去年增长%	电子材料	比去年增长%	电子仪器设备	比去年增长%
日本	717849.9	91.6	60162.6	-9.8	217439.6	5.7
韩国	773488.0	64.7	71593.5	6.0	130114.0	10.5
荷兰	214207.6	-53.4	6823.6	-3.3	62232.8	7.1
德国	209125.6	-27.1	14018.9	4.5	117602.4	4.8
中国台湾地区	944498.0	39.6	153805.6	11.0	79461.6	-2.5
新加坡	524371.9	21.0	2294.4	-18.4	79332.3	2.2
英国	68678.3	30.3	11961.9	78.8	52494.9	15.6
墨西哥	306196.0	761.1	4778.6	3.7	52295.0	-1.5
印度	188729.0	104.5	17573.0	64.7	63709.3	-8.1
马来西亚	481130.1	97.4	27914.5	16.1	66041.8	-5.3
巴西	251003.5	151.1	2851.3	157.4	46045.1	5.7
越南	221086.6	190.8	2023.4	73.5	43019.1	45.2
泰国	158986.9	151.6	13516.4	40.2	40111.6	9.3
澳大利亚	57255.6	-33.6	3615.1	-24.8	18279.8	-4.8
俄罗斯联邦	62364.6	175.8	5976.4	8.6	37076.8	7.1
阿联酋	34817.0	26.1	4985.4	13.4	20057.7	-4.6
法国	62255.4	-4.0	560.5	2.1	38623.9	-8.1
加拿大	34383.9	37.6	3186.4	-24.9	24190.4	11.1
印度尼西亚	105483.1	110.9	5309.7	60.5	39672.6	1.1
意大利	26888.8	-70.6	1922.3	25.7	30882.0	-10.9
捷克	25086.2	205.0	492.7	70.8	17884.8	4.9
土耳其	92084.5	383.6	2197.5	55.8	21491.7	3.9
波兰	110504.5	504.1	2030.6	42.6	24869.0	-1.7
匈牙利	57157.7	964.9	189.4	112.1	22185.8	-20.2
菲律宾	67726.6	50.3	26871.1	177.1	18294.8	3.0
南非	60222.1	307.2	1198.3	170.7	13302.5	17.8
西班牙	14330.2	-49.4	1944.9	-38.4	13349.3	-12.1
阿根廷	56910.1	174.9	922.8	-14.7	7423.8	3.8
沙特阿拉伯	12384.8	36.3	469.4	117.3	9043.8	23.6
智利	14449.3	86.1	159.5	32.8	5809.1	-11.0
芬兰	6919.0	-3.2	530.9	9.3	9048.0	-44.0

2013年电子信息产业出口统计（三表）

单位：万美元

	电子器件	比去年增长%	电子材料	比去年增长%	电子仪器设备	比去年增长%
比利时	46449.6	-59.6	625.6	-78.3	9945.5	15.8
斯洛伐克	91490.1	6543.4	210.0	-79.6	13420.7	7.4
巴基斯坦	24352.9	55.3	1439.5	692.1	10615.3	-3.7
哥伦比亚	5523.5	-0.7	239.9	34.7	5509.3	-15.3
伊朗	25734.7	105.9	2254.3	1.4	10986.3	18.3
瑞典	5469.6	17.9	134.2	-4.9	10251.1	-1.1
卢森堡	938.2	72.5	3.3	74.5	369.9	-41.0
尼日利亚	13035.4	37.4	450.9	192.3	16280.9	13.0
委内瑞拉	10458.6	0.9	114.0	14.5	3139.4	-44.6
乌克兰	30036.3	-22.2	768.2	3.2	6186.7	13.6
以色列	13657.4	29.4	915.8	9.3	8023.8	-3.2
伊拉克	8595.4	48.5	28.9	133.1	3906.4	38.4
爱尔兰	10110.8	840.0	6.3	1220.3	1980.2	-14.1
秘鲁	4244.9	35.6	181.7	-10.7	5479.2	-10.9
哈萨克斯坦	4750.2	-35.9	207.0	-40.0	4154.5	20.5
孟加拉国	10723.4	23.0	297.9	152.5	8003.0	17.3
缅甸	6826.1	46.1	133.8	141.0	2763.1	1.4
埃及	20755.0	120.7	645.4	19.7	6284.7	-2.4
阿尔及利亚	6260.4	139.2	29.5	34.6	2547.6	-0.9
罗马尼亚	16310.7	288.7	86.3	30.0	1990.1	-32.6
巴拿马	3825.9	3.5	51.5	149.1	2980.7	-28.0
新西兰	2175.1	-4.0	505.3	4.8	1822.1	-11.3
瑞士	4011.5	-4.1	126.2	4.4	6412.8	-1.2
丹麦	4306.9	-71.0	22.9	-51.7	9730.0	5.2
奥地利	8298.7	2.2	1527.4	1298.3	4621.8	18.2
希腊	7790.4	-74.2	338.0	116.8	1687.1	-11.9
老挝	48063.3	5101.2	1.5	-98.5	1016.4	78.1
葡萄牙	5124.2	139.9	41.8	-16.7	1187.5	9.1
乌拉圭	2994.8	108.0	60.5	122.7	1446.5	-13.0
摩洛哥	3908.4	19.0	8.5	735.9	2805.6	25.6
厄瓜多尔	3914.6	59.6	232.0	39.1	3200.2	0.4

2013年电子信息产业出口统计（三表）

单位：万美元

	电子器件	比去年增长%	电子材料	比去年增长%	电子仪器设备	比去年增长%
利比亚	4216.2	67.9	4.7		696.4	19.3
科威特	2697.4	24.7	74.6	28.5	812.3	22.0
安哥拉	2385.4	6.2	133.2	590.4	2443.4	20.1
加纳	5137.7	4.5	48.5	2106.3	3484.2	-7.6
巴拉圭	808.2	26.0	103.8	14496.0	627.5	-12.1
斯里兰卡	2847.5	9.9	156.4	18.6	2564.1	-12.6
肯尼亚	3408.4	42.7	41.7	77.3	2747.7	37.3
约旦	5855.1	35.2	180.8	43.9	1332.4	6.9
挪威	1374.7	13.9	1161.0	-46.0	1613.7	-2.6
立陶宛	2626.8	26.5	38.6	-43.0	2253.1	14.8
突尼斯	2071.4	12.0	25.0	1774.0	1883.6	-24.9
克罗地亚	16256.1	2082.7	1646.3	2673.7	438.2	-20.2
黎巴嫩	3158.0	39.5	191.7	9.6	1808.1	-2.4
中国澳门地区	2322.4	210.5	62.8	-28.3	3419.3	83.2
爱沙尼亚	574.2	-42.7	103.0	4.8	4267.9	-23.9
斯洛文尼亚	5019.2	51.1	1274.3	545.0	1744.6	5.6
乌兹别克斯坦	1566.2	53.1	19.4	285.3	2163.6	-14.5
保加利亚	1255.7	-86.5	42.2	49.8	1228.8	8.7
贝宁	702.5	-30.4	79.0	309.7	528.9	16.8
坦桑尼亚	2576.8	12.8	66.2	921.0	1253.6	-12.9
朝鲜	878.9	25.9	22.0	53.3	2537.1	16.6
卡塔尔	952.5	-11.0	3559.1	20.2	700.7	-4.6
白俄罗斯	1903.5	201.3	81.3	-12.9	724.7	-14.0
拉脱维亚	1049.9	-28.4	336.9	-31.6	1554.1	-25.1
也门	2873.4	54.9	28.5	49.7	1053.3	-3.0
苏丹	2332.1	1.3	47.3	166.3	2686.6	17.9
喀麦隆	1141.5	133.6	68.2	220.8	502.2	-54.7
柬埔寨	1079.3	55.5	109.4	7806.4	2337.9	34.3
古巴	912.8	18.5	0.0	-99.8	1751.8	2.3
土库曼斯坦	315.0	107.0	12.1	414.0	914.1	-40.1
阿曼	771.5	7.7	8.2		1214.2	43.7

2013年电子信息产业出口统计（三表）

单位：万美元

	电子器件	比去年增长%	电子材料	比去年增长%	电子仪器设备	比去年增长%
波多黎各	7731.0	339.1	1.1		158.9	-45.7
哥斯达黎加	1790.3	-35.3	52.8	42.2	543.0	-21.2
莫桑比克	1113.8	191.2	15.8		1292.4	25.9
巴林	830.4	-13.6	2730.3	8.1	690.2	126.0
尼泊尔联邦民主共和国	1090.6	-14.0	7.9	-70.2	1867.8	-10.4
多米尼加共和国	1169.7	-6.9	60.2		710.7	-56.6
吉尔吉斯斯坦	882.9	69.6	194.5	-4.8	904.4	79.8
多哥	1464.4	23.0	103.0		1195.6	14.2
塞尔维亚	293.0	-7.9	49.7	337.6	235.3	-5.1
危地马拉	1000.0	-11.0	17.9	777.3	867.0	-8.6
文莱	2702.0	135.3	0.3	-94.0	1748.4	68.6
阿塞拜疆	444.3	46.2	4.6	5066.4	499.2	99.4
格鲁吉亚	482.8	-37.6	72.8	94.1	261.6	-11.4
刚果（金）	1056.3	130.5	13.7	114.2	790.0	-50.7
马耳他	999.1	26.3	2.9	-56.3	1198.9	-13.3
埃塞俄比亚	700.1	63.0	7.5	-66.4	1843.6	116.6
科特迪瓦	1203.9	132.6	11.2	119372.3	383.5	58.4
塔吉克斯坦	380.2	29.1	87.7		742.3	212.3
蒙古	244.1	-17.1	37.4	107.5	816.1	-16.9
塞内加尔	1482.3	65.7	20.5		713.9	132.4
毛里求斯	1247.8	141.4	19.1	-51.3	119.3	-53.3
洪都拉斯	1829.6	10.5	8.6	173.1	899.9	10.0
玻利维亚	117.7	23.7	36.2	1.8	890.5	-8.0
几内亚	532.7	8.4	99.0		769.7	150.1
赤道几内亚	154.6	88.4	3.1		242.5	-4.4
尼加拉瓜	160.1	-2.0	36.4	10.5	179.8	-26.2
纳米比亚	402.2	213.9	1.2		149.4	46.3
塞浦路斯	633.0	-48.1	12.9	17809.7	384.9	149.9
津巴布韦	310.6	-0.6	9.3	-37.2	1646.7	104.8
伯利兹	6150.4	38377.3	0.0		3.3	-16.8
萨尔瓦多	854.2	-6.7	14.8	-1.6	435.0	-6.2

2013年电子信息产业出口统计（三表）

单位：万美元

	电子器件	比去年增长%	电子材料	比去年增长%	电子仪器设备	比去年增长%
阿富汗	557.7	-18.9	0.3		563.5	-2.4
乌干达	560.3	-34.0	0.1		388.0	3.7
赞比亚	207.6	-48.5	0.5	-31.9	242.9	-25.9
叙利亚	695.3	-58.5	55.7	-22.2	691.3	-62.8
马达加斯加	999.7	181.5	12.0		139.7	-5.1
刚果（布）	415.5	61.7	9.2	1368.9	83.4	-52.0
巴布亚新几内亚	136.2	49.3	119.7		109.4	-27.9
吉布提	722.1	10.0	12.5	533.5	443.2	-4.7
毛里塔尼亚	311.2	1.6	5.4		75.6	-22.5
加蓬	210.0	16.3	2.1		438.0	127.7
牙买加	571.7	-14.3	1.9		140.1	-49.5
海地	272.0	3.2	0.1		36.6	14.7
博茨瓦那	241.4	-44.8	0.4		72.3	-34.6
利比里亚	91.5	-12.2	4.0	20492.8	150.7	27.3
阿尔巴尼亚	340.5	21.6	73.5	19.7	168.0	-22.2
前南马其顿	25.1	10.6	0.3	-53.4	45.2	-32.8
摩尔多瓦	102.0	-46.5	6.2	8256.2	87.0	-42.1
乍得	30.1	-52.7	0.0		153.8	-17.8
马里	565.1	86.0	0.0		187.7	-51.2
特立尼达和多巴哥	168.9	-3.5	0.0	-100.0	108.0	1.8
亚美尼亚	123.0	19.0	10.5	90.1	59.3	31.5
斐济	275.9	100.8	0.1	11.0	86.7	-32.6
马拉维	374.3	-8.9	0.0		693.0	341.7
波黑	39.7	28.0	0.3		80.4	211.7
留尼汪	41.1	-92.8	0.0		18.9	-61.2
布隆迪	30.2	38.6	0.0		83.2	94.1
萨摩亚	22.4	-29.6	0.0	-100.0	16.0	-63.4
索马里	125.9	147.4	0.5		75.9	104.8
卢旺达	27.3	-23.2	0.0		411.7	164.9
尼日尔	60.6	-19.1	0.0		61.0	-50.3
马尔代夫	185.6	367.3	0.2		130.1	452.5

2013年电子信息产业出口统计（三表）

单位：万美元

	电子器件	比去年增长%	电子材料	比去年增长%	电子仪器设备	比去年增长%
巴勒斯坦	105.0	209.4	1.0		52.6	316.0
南苏丹共和国	111.8	128.2	0.0		200.7	3735.9
苏里南	77.8	-36.1	0.0		85.7	-19.5
莱索托	444.8	29.3	0.0		405.6	0.8
冈比亚	93.5	13.9	0.4		11.3	-84.0
圭亚那	79.7	-47.4	0.3		117.9	7.6
黑山	146.2	19.5	0.0	-100.0	45.7	-30.7
冰岛	16.7	46.4	6.2		203.9	125.8
塞拉利昂	42.0	-7.3	1.7		59.1	68.2
巴哈马	186.5	-17.8	0.0		33.3	-76.5
瓜德罗普	29.3	84.8	0.0		3.0	-61.6
佛得角	77.9	95.5	0.0		60.0	-34.9
马约特	150.6	-9.0	0.0		45.5	208.9
法属波利尼西亚	92.0	-45.9	3.0	225.3	8.2	93.7
厄立特里亚	78.6	1600.4	0.6		17.3	10.8
布基纳法索	70.8	-63.5	0.0		36.7	-67.8
新喀里多尼亚	24.8	142.7	0.0		16.8	-35.7
马提尼克	28.0	66.3	0.0		3.6	-4.5
荷属安的列斯	45.0	97.0	0.4		5.4	128.2
汤加	53.3	7.2	0.0		33.5	678.4
巴巴多斯	38.6	-15.7	0.0		2.0	-93.5
东帝汶	61.5	215.9	0.7		33.2	-38.2
科摩罗	50.6	140.7	0.0		22.0	-73.2
列支敦士登	20.2		1.1	1572.1	8.1	181.3
斯威士兰	10.8	333.8	0.0		45.6	597.6
法属圭亚那	2.9	625.3	0.0		1.5	-89.0
摩纳哥	66.9	-35.3	0.0		62.5	34.3
阿鲁巴	15.8	-15.0	0.0		3.0	1.0
塞舌尔	3.8	76.1	0.0		0.9	-63.0
英属维尔京群岛	2.8	1730.8	0.0		8.2	3688.9
多米尼克	34.6	194.0	0.0		37.1	176.9

2013年电子信息产业出口统计（三表）

单位：万美元

	电子器件	比去年增长%	电子材料	比去年增长%	电子仪器设备	比去年增长%
不丹	10.6	-32.2	0.0		31.7	259.9
圣多美和普林西比	6.5	3732.1	0.0		0.6	107.2
圣卢西亚	43.8	-14.7	0.0		24.1	6.1
所罗门群岛	44.3	-59.7	0.0		0.0	-99.8
瓦努阿图	31.7	102.6	0.0		11.6	-33.9
圣基茨和尼维斯	112.4	11133.9	0.0		3.1	11044.3
安提瓜和巴布达	8.9	4754.4	0.0		12.9	5920.2
几内亚比绍	1.5	-93.3	0.0		33.7	73.6
中非	0.5	-97.2	0.0		3.6	-81.5
马绍尔群岛	0.7	-96.9	0.0		0.4	
格林纳达	15.8	81.6	0.0		5.5	-85.5
密克罗尼西亚联邦	14.1	2432.1	0.0		7.1	
库腊索岛	26.5	-58.9	0.0		1.1	-76.4
安道尔	0.0	-100.0	0.0		0.2	350.2
萨巴	0.0		0.0		0.0	
大洋洲其他国家（地区）	0.4	-99.0	0.0		0.0	
库克群岛	0.5	2747.3	0.0		0.0	-100.0
法罗群岛	0.0	-100.0	0.0		0.0	-100.0
百慕大	0.1	410.3	0.0		0.4	700.4
圣文森特和格林纳丁斯	26.6	1610.5	0.0		0.2	166.5
社会群岛	33.9	89.5	0.0		0.1	
圣马丁岛	4.4	51.6	0.0		0.3	
圣马力诺	12.4	289.2	0.0		18.5	3071.6
帕劳	0.3	1823.5	0.0		0.0	
图瓦卢	0.0	-100.0	0.0		0.0	-100.0
开曼群岛	0.3		0.0		0.0	-100.0
直布罗陀	0.8	-30.5	0.0		0.0	
基里巴斯	0.7	-94.8	0.0		0.5	242.1
加那利群岛	15.2		0.0		0.5	-87.5
梅利利亚	9.1		0.0		0.0	
瑙鲁	0.0	-100.0	0.0		0.0	

2013年电子信息产业出口统计（三表）

单位：万美元

	电子器件	比去年增长%	电子材料	比去年增长%	电子仪器设备	比去年增长%
特克斯和凯科斯群岛	5.7		0.0		0.0	-97.3
塞卜泰（休达）	0.0		0.0		0.0	
拉丁美洲其他国家（地区）	4.9		0.0		0.0	-100.0
瓦利斯和浮图纳	0.0		0.0		0.0	
格陵兰	0.0		0.0		0.0	
非洲其他国家（地区）	0.0	-100.0	0.0		0.0	-100.0
博内尔	0.0		0.0		0.1	

2013年电子信息产业主要产品出口统计

产品名称	单位	出口数量（万）	出口金额	
			万美元	同比增长%
一、通信设备产品				
电话机合计	台	8893.6	152746.3	-0.4
其中：无绳电话	台	4742.4	90689.7	-5.5
可视电话	台			
多功能一体机	台	2907.8	405947.9	-3.1
各种程控交换机	台	22468.5	538457.1	21.0
其中：移动通信交换机	台	0.8	32011.3	-25.9
以太网交换机	台	2983.4	341446.3	-0.1
IP电话信号转换设备	台	2180.0	100465.6	0.5
手持（车载）无线电话	台	118588.4	9509565.9	17.4
手持式无线电话用零件	公斤	6850.0	3553869.6	23.7
移动通信基地站	台	38.6	334808.9	-8.2
光通信设备	台	585.6	167237.2	-3.3
其中：光端机及脉冲编码调制设备	台	264.0	32165.0	5.2
波分复用光传输设备	台	321.6	135072.2	-5.1
二、广播电视设备产品				
广播电视用无线电广播、电视发射设	台	9.1	2234.8	15.3
电视卫星地面站设备	台	0.4	1141.6	4.9
电视摄像机	台	3.8	617.2	15.6
非特种用途的取像模块	公斤	60.7	196923.5	74.0
其他电视摄像机等及数字照相机的零	公斤	1073.9	113447.1	-23.1
等离子显像组件及其零件	公斤	2993.1	50070.3	-23.0
三、电子计算机产品				
微型计算机	台	1006.6	694708.6	24.1
便携式电脑	台	32668.2	11080540.3	-2.6
计算器	台	32023.3	66040.8	1.3
打印机	台	2398.1	402126.8	-5.3
其中：针式	台	104.4	15390.8	-12.2
激光	台	1300.3	285396.0	-6.0
喷墨	台	294.0	41395.9	-8.8
热敏	台	451.7	43485.5	14.5

2013年电子信息产业主要产品出口统计

产品名称	单位	出口数量（万）	出口金额	
			万美元	同比增长%
扫描仪	台	521.2	46341.5	8.5
数字化仪	台	3.4	333.4	19.0
硬盘驱动器	台	27533.5	1451775.6	-11.2
软盘驱动器	台	21.2	157.0	-19.4
光盘驱动器	台	11190.8	152404.8	-13.1
显示器	台	5030.8	486584.2	-17.6
其中：液晶显示器	台	5024.6	484755.4	-17.7
阴极射线管显示器	台	0.7	36.6	-86.0
自动柜员机	台	11.1	85268.4	-16.3
不间断供电电源	台	2017.7	124170.3	-0.6
集线器	台	1599.6	7672.9	109.0
路由器	台	11329.4	345919.5	-4.9
调制解调器	台	6069.2	219094.2	-10.8
其他数字照相机	台	5297.2	411399.8	-28.6
四、家用电子电器产品				
彩电电视机	台	5959.4	1105279.3	-8.7
其中：显像管彩电	台	482.7	35648.2	-9.0
液晶彩电	台	5456.5	1064779.9	-8.6
等离子彩电	台	13.4	3995.9	-41.4
家用型视频摄录一体机	台	1029.9	88688.1	-18.8
激光视盘放像机	台	8950.9	331064.9	-19.6
其中：VCD机	台	1.9	98.8	114.7
DVD机	台	8929.0	328877.4	-19.7
激光唱机	台	625.4	18675.5	1.9
收录放音组合机	台	11596.1	204496.8	-7.6
汽车用收音及收录放组合机	台	2242.4	196170.5	-1.6
彩色投影机	台	491.9	194281.8	-14.7
微波炉	台	5433.0	260843.4	0.6
激光视盘机的机芯	个	1192.0	80247.7	-22.7
五、电子元器件产品				
电容器	公斤/千个	8520.7	713065.7	84.5

2013年电子信息产业主要产品出口统计

产 品 名 称	单 位	出口数量（万）	出 口 金 额	
			万美元	同比增长%
电阻器	公斤/千个	3489.1	152946.6	20.3
印刷电路	公斤/千个	3049273.7	1334929.3	-2.9
智能卡	个	453109.7	98966.8	9.6
集成电路	个	14266603.6	8769967.5	64.1
其中：处理器及控制器	个	5329413.1	3745862.2	38.4
存储器	个	1440028.4	1769276.6	23.1
放大器	个	1309825.3	1465928.1	226.1
其他集成电路	个	6187336.8	1788900.5	138.3
彩色显像管	只	683.7	19948.8	3.3
晶体管	个	26992333.0	852294.8	42.0
彩色电视机零件	公斤	20370.3	223375.2	-13.2
黑白电视机零件	公斤	4314.0	14807.8	-10.8
光缆	公斤	10348.3	103303.8	26.0
电声器件	个	633388.9	1159964.4	71.0
液晶显示板	个	326576.8	3585521.5	-1.1
固态非易失性存储器件（闪速存储器	个	92237.3	330772.0	-24.1
静止变流器	个	493615.5	1621039.4	8.4
其中：稳压电源	个	27003.7	295259.1	-2.0
六、电子专用设备产品				
自动插件机	台	0.0	201.9	147.4
自动贴片机	台	0.1	9423.9	-37.1

2013年电子信息产业进口统计（一表）

单位：万美元

	进口情况	比去年增长%	通信设备	比去年增长%	广播电视设备	比去年增长%
总　计	54950226.3	12.4	4876110.4	21.1	446064.9	-59.3
一、按经济类型分列						
外商独资企业	27877147.6	-1.3	2023938.8	7.1	219998.3	-62.5
私人企业	13111244.5	61.9	815933.4	25.9	38303.7	-75.5
中外合资企业	10102851.6	15.1	1713991.7	50.1	151711.4	-51.2
国有企业	3346492.9	1.7	272412.4	-3.7	28082.0	-10.8
集体企业	411280.5	6.8	44775.0	-22.5	2413.1	-63.7
中外合作企业	95944.2	10.5	4287.5	9.2	5554.0	76.6
个体工商户	1313.9	32.6	80.2	15025.7	0.0	-100.0
其他企业	3951.1	63.3	691.4	1.8	2.5	-65.8
二、按贸易方式分列						
进料加工贸易	23233425.9	4.5	2931839.4	23.3	288794.1	-61.1
保税区仓储转口货物	13745783.2	28.9	411210.0	-4.0	31171.6	-81.0
一般贸易	12158152.0	17.6	1211742.5	18.3	86761.4	-32.1
来料加工装配贸易	3363087.4	-5.5	85834.1	36.9	19351.0	-41.7
保税仓库进出境货物	1928458.8	26.2	223415.4	94.1	19525.2	-22.2
出口加工区进口设备	238190.6	-18.6	3545.3	-61.3	32.2	-87.5
外商投资企业作为投资进口的设备、物品	150962.5	-11.0	535.6	-44.9	27.9	-68.1
加工贸易进口设备	67785.7	79.8	2.4	-87.8	0.0	-100.0
出料加工贸易	2506.1	772.2	0.0	-100.0	0.0	
租赁贸易	854.7	42.0	1.0	54.2	7.1	
国家间、国际组织无偿援助和赠送的物资	462.4	-31.6	0.0	-100.0	0.0	
边境小额贸易	56.1	53.6	0.0		0.0	
免税外汇商品	38.3	-27.3	0.0		0.0	
其他捐赠物资	35.1	-93.7	1.9	-92.4	0.0	
其他	60427.5	10.1	7982.7	30.8	394.3	-29.0
三、按省、自治区、直辖市分列						
广东省	23912359.9	19.4	2427732.3	20.1	207157.8	-39.2
江苏省	9360780.9	3.5	301069.4	-22.3	36691.7	-82.9

2013年电子信息产业进口统计（一表）

单位：万美元

	进口情况	比去年增长%	通信设备	比去年增长%	广播电视设备	比去年增长%
上海市	7205883.1	-5.1	401258.1	46.3	23479.3	-79.7
天津市	2236058.7	19.8	573516.5	40.8	34389.1	-48.4
北京市	1753829.5	4.0	378631.3	12.7	81097.7	-6.3
山东省	1728112.8	11.7	208779.3	13.0	41498.3	20.2
河南省	1532196.2	29.9	283631.0	86.4	48.3	-100.0
福建省	1329458.8	9.3	96987.8	36.7	7198.4	-22.2
四川省	1267593.0	12.3	25184.8	26.5	2981.0	-93.1
重庆市	1209658.7	48.0	9286.4	26.4	188.8	-96.0
浙江省	694171.7	-8.8	29923.3	21.1	2104.8	-53.4
陕西省	502130.8	80.4	4763.1	46.7	175.5	-73.9
辽宁省	451354.4	7.5	11950.3	-21.3	513.7	-76.3
湖北省	381424.6	27.9	13469.7	-12.4	307.2	-49.3
吉林省	364428.9	29.5	37549.9	-4.3	5918.7	-19.0
安徽省	217078.8	134.6	944.1	-1.6	63.7	-30.5
江西省	145863.6	5.1	1651.0	-12.7	571.6	-68.0
广西壮族自治区	123873.9	6.3	5890.4	-24.4	372.4	-61.3
湖南省	116617.5	20.4	17810.0	66.0	173.7	0.6
河北省	109221.3	2.6	16298.3	34.1	485.9	-27.4
山西省	95877.6	-0.2	26383.1	-12.8	101.5	-99.6
内蒙古自治区	73484.5	536.4	365.6	26.6	26.3	473.5
云南省	60181.3	521.2	1077.5	-6.5	10.5	-57.9
海南省	29166.3	152.4	305.1	299.8	8.9	237.2
黑龙江省	15293.8	24.3	1154.6	81.6	431.6	345.6
甘肃省	12229.4	18.7	143.9	-24.4	14.3	5641.6
新疆维吾尔自治区	12162.6	52.6	209.1	97.9	37.3	70.8
贵州省	5851.4	-27.4	137.8	-5.6	10.0	82.1
宁夏回族自治区	2609.3	-19.4	0.9	-98.7	7.1	-95.5
青海省	878.8	-84.1	6.0	-82.9	0.0	-100.0
西藏自治区	394.2	156.3	0.0		0.0	
四、按国别、地区分列						
中国	12900115.7	12.6	2553450.4	24.2	163905.3	-56.3

2013年电子信息产业进口统计（一表）

单位：万美元

	进口情况	比去年增长%	通信设备	比去年增长%	广播电视设备	比去年增长%
中国台湾地区	10966523.1	27.1	276862.3	13.8	27923.2	-3.2
韩国	10223989.2	15.8	1073860.0	23.7	107437.2	-61.3
日本	5458166.8	-3.1	227624.1	25.7	61083.3	-48.4
马来西亚	3855308.2	3.1	105764.5	12.3	2120.6	-90.4
美国	2647755.6	46.2	94422.9	-4.9	6174.6	-31.0
德国	1427270.5	21.1	47676.4	15.8	6941.3	-36.9
菲律宾	1292523.9	-10.9	72714.8	6.8	14875.4	-18.8
泰国	1287229.5	-16.8	53647.7	6.0	7380.0	-29.5
新加坡	1221657.6	9.5	29157.5	15.6	3752.8	-61.9
越南	767213.0	14.1	54900.4	155.8	25710.4	-86.1
哥斯达黎加	457013.6	-11.4	128.3	-21.5	146.8	51.6
墨西哥	266792.8	21.7	33921.2	15.7	482.4	99.4
中国香港地区	184581.5	-15.8	72883.5	11.4	6646.5	9.4
法国	183281.3	8.7	16953.0	5.4	541.1	62.9
爱尔兰	171636.2	7.0	760.2	197.5	133.8	-40.2
意大利	151044.6	13.0	5415.9	25.5	1735.9	119.0
印度尼西亚	147633.4	-16.3	1321.4	14.8	855.9	-86.5
以色列	120335.0	33.7	11544.1	-9.7	154.9	-57.3
英国	115206.6	-5.9	9441.2	-26.7	1023.1	-40.6
加拿大	114506.2	-7.8	7139.8	-15.1	1883.7	-4.2
荷兰	104041.9	66.0	854.4	6.6	67.5	-54.1
奥地利	94324.0	15.9	4112.2	55.2	90.4	-69.4
瑞士	93676.5	-2.6	2708.7	-22.8	35.2	-99.0
匈牙利	73539.6	40.6	623.4	-65.1	665.3	-14.2
比利时	68115.8	6.0	36596.4	-4.4	83.0	-62.3
马耳他	65829.6	-22.8	30.6	-80.7	0.0	
捷克	64664.1	13.7	9712.0	7.3	1742.5	-0.7
瑞典	52481.4	1.3	18468.7	-1.7	159.5	-51.7
印度	46224.3	3.2	5487.9	-22.1	9.7	-48.9
芬兰	42100.3	40.6	13209.1	69.2	26.3	-35.4
挪威	35462.4	14.3	10044.8	11.2	499.7	-15.7

2013年电子信息产业进口统计（一表）

单位：万美元

	进口情况	比去年增长%	通信设备	比去年增长%	广播电视设备	比去年增长%
丹麦	29624.8	10.6	2823.4	-38.8	248.7	-29.0
葡萄牙	26099.6	33.1	259.3	-13.4	227.0	8.3
斯洛伐克	20374.0	-17.9	96.6	28.8	9.9	-9.8
波兰	19862.9	31.4	4884.6	29.1	60.3	-78.3
西班牙	18413.3	-7.6	1010.8	-69.0	102.6	6.3
摩洛哥	18169.2	-2.5	3.3	56.3	177.7	-55.8
罗马尼亚	14682.6	28.1	2865.0	-3.3	0.1	-96.7
澳大利亚	14681.6	-17.9	3801.8	-24.6	244.0	35.4
巴西	12681.2	12.9	1173.3	-33.3	48.5	46.6
波多黎各	10227.9	-29.9	418.4	-30.2	0.9	
爱沙尼亚	8918.3	34.7	5992.9	30.6	0.0	-96.9
新西兰	5950.5	13.5	121.4	125.0	4.7	259.9
俄罗斯联邦	5318.6	1.7	361.3	87.5	75.2	133.6
保加利亚	5234.1	53.0	19.6	466.8	8.7	3602.8
斯洛文尼亚	4307.8	4.1	0.8	-96.7	2.4	-39.6
国（地）别不详的	3947.1	1123.6	10.6	-60.2	0.0	-100.0
朝鲜	3700.6	17.4	0.0	-100.0	0.0	
土耳其	3117.7	-3.0	36.7	-0.9	0.0	-94.5
列支敦士登	2280.7	151.6	2.4	-61.7	0.0	-100.0
乌克兰	2197.6	-36.7	137.1	-24.1	1.9	67.1
柬埔寨	2129.2	335.5	0.0	-98.3	0.0	
缅甸	2112.6	253.3	8.7	46293.6	450.8	27.4
卢森堡	2073.8	12.1	0.4		0.0	-100.0
突尼斯	1841.4	80.1	17.9	317.7	0.0	
克罗地亚	1778.1	70.2	0.2	-85.4	0.1	-85.8
南非	971.1	-14.1	114.7	92.5	0.6	1038.6
立陶宛	946.6	39.0	12.5	8.4	0.0	
斯里兰卡	855.0	33.1	109.9	-29.5	0.0	
多米尼加共和国	741.4	-53.3	1.7	969.1	110.8	-43.4
智利	724.5	-75.5	56.5	4459.7	0.0	
阿联酋	631.4	-52.8	10.9	407.1	0.0	-100.0

2013年电子信息产业进口统计（一表）

单位：万美元

	进口情况	比去年增长%	通信设备	比去年增长%	广播电视设备	比去年增长%
希腊	573.2	22.0	6.6	218.1	0.0	
白俄罗斯	536.5	-41.4	0.0		0.0	
莱索托	525.6	3.6	0.0		0.0	
拉脱维亚	438.5	80.0	188.9	159.0	0.0	
孟加拉国	430.6	46.6	0.1	537.8	0.0	-100.0
沙特阿拉伯	397.2	9.1	0.0	-100.0	0.0	
萨尔瓦多	389.3	-8.4	0.2	-90.6	0.0	
哥伦比亚	280.4	3550.7	0.2	695.5	0.0	
老挝	171.1	372.9	0.2	276.7	0.0	
塞尔维亚	163.3	159.4	25.5	184.3	0.0	
中国澳门地区	158.6	43.5	58.0	187.6	0.3	1488.3
伊朗	139.9	279.9	6.0	144.4	0.6	299.7
巴巴多斯	119.1	8.3	0.1		0.0	
波黑	98.6	8.5	0.0		0.0	
巴拿马	68.5	27.8	1.0	84.1	0.0	
埃及	68.0	86.6	0.0	-100.0	0.0	
肯尼亚	61.0	-18.8	0.1	-93.3	0.0	
塔吉克斯坦	59.9	1504.8	0.0	-100.0	0.0	
前南马其顿	57.5	6216.1	0.0	-100.0	0.0	
洪都拉斯	56.5	-67.0	0.0	-78.3	0.0	
摩纳哥	53.2	-19.2	0.0	-100.0	0.0	
马尔代夫	46.7	183.0	6.2		0.0	
冰岛	40.4	121.2	4.9	332.1	0.0	
巴基斯坦	36.9	-1.8	0.0	-69.5	0.0	
格鲁吉亚	34.1	211.8	0.3	392.9	0.0	-98.0
毛里求斯	30.8	194.0	0.0	-99.8	0.0	-100.0
塞浦路斯	28.8	222.2	4.0	-41.4	0.0	
哈萨克斯坦	23.3	-74.5	0.0		0.0	
阿富汗	19.9	241.9	0.1	-71.4	0.2	17.0
纳米比亚	19.4	-70.2	0.0		0.0	
阿根廷	17.8	-47.9	0.0	-100.0	0.0	-100.0

2013年电子信息产业进口统计（一表）

单位：万美元

	进口情况	比去年增长%	通信设备	比去年增长%	广播电视设备	比去年增长%
东帝汶	16.8	131.2	1.7		1.2	
也门	15.7	109.6	0.0		0.0	
喀麦隆	13.5	41.1	1.6	9267.3	0.0	
古巴	12.6	858.1	1.5	64.4	0.0	
吉尔吉斯斯坦	12.1	101.2	0.0		0.0	
伊拉克	11.5	265.2	0.0		0.0	
厄瓜多尔	10.9	122.3	0.5	89120.0	0.0	
卡塔尔	10.3	508.2	0.0	-100.0	0.0	
土库曼斯坦	10.0	20.2	0.0		0.0	
斯威士兰	9.8	2.7	0.0		0.0	
法罗群岛	7.3	34702.4	7.3		0.0	
黎巴嫩	5.9	98.4	0.0		0.0	-100.0
塞内加尔	5.1	263.2	0.0	-100.0	0.0	
阿尔及利亚	5.0	1646.0	0.0		0.0	
叙利亚	5.0	66.2	0.0		0.0	
尼泊尔联邦民主共和国	4.2	961.1	0.0		0.0	
亚美尼亚	3.7	143.7	0.0		0.0	
斐济	3.5	-19.3	0.0		0.0	
海地	3.4	115.9	0.1		0.0	
阿曼	3.1	-96.2	0.0	-100.0	0.0	
巴林	2.9	-35.5	0.0	-100.0	0.0	
马里	2.9	-42.9	0.0		0.0	
尼日尔	2.9	132.4	0.0	-100.0	0.0	-100.0
尼日利亚	2.9	-78.6	0.8	-17.7	0.2	
委内瑞拉	2.9	220.8	0.0	-100.0	0.0	-100.0
加纳	2.7	5792.5	0.7		0.0	
圣卢西亚	2.6	-60.7	0.0		0.0	
多米尼克	2.6	-76.6	0.0		0.0	
科威特	2.5	206.9	0.0		0.0	
瑙鲁	2.1	200.5	0.0		0.0	
莫桑比克	2.0	-68.8	0.0	-92.8	0.0	

2013年电子信息产业进口统计（一表）

单位：万美元

	进口情况	比去年增长%	通信设备	比去年增长%	广播电视设备	比去年增长%
巴布亚新几内亚	2.0	-12.7	1.0	-11.5	0.0	
圭亚那	2.0	102.2	0.0		0.0	
津巴布韦	2.0	-64.8	0.6		0.0	
阿尔巴尼亚	1.9	-10.0	0.0		0.0	
圣基茨和尼维斯	1.9	52.5	0.0	-100.0	0.0	
瓜德罗普	1.9	1895.8	0.0		0.0	
约旦	1.9	-78.8	0.0	-100.0	0.1	
乌兹别克斯坦	1.7	1579.1	0.0		0.0	
乌拉圭	1.6	74.4	0.0	-100.0	0.0	-100.0
毛里塔尼亚	1.6	73.9	0.0		0.0	
秘鲁	1.4	68.4	0.0	-100.0	0.0	
安道尔	1.3	-72.2	0.0		0.0	
伯利兹	1.3	467.4	0.0		0.0	
摩尔多瓦	1.2	-55.8	0.0		0.0	
格林纳达	1.1		1.0		0.0	
马拉维	1.0	54.6	0.0		0.0	
加蓬	1.0	835.1	0.0		0.0	
巴勒斯坦	0.9	320.4	0.0		0.0	
蒙古	0.9	174.2	0.5	802.5	0.0	
蒙特塞拉特	0.8	-78.7	0.0		0.0	
苏里南	0.8	1227.8	0.0		0.0	
拉丁美洲其他国家（地区）	0.8		0.0		0.0	
刚果（布）	0.8		0.0		0.0	
大洋洲其他国家（地区）	0.7	-58.1	0.0		0.0	
塞拉利昂	0.7	-86.4	0.0		0.0	
尼加拉瓜	0.7	479.5	0.0	-55.4	0.0	
厄立特里亚	0.7	-89.9	0.0		0.0	
英属维尔京群岛	0.7	1210.3	0.0		0.0	
特立尼达和多巴哥	0.6		0.0		0.0	

2013年电子信息产业进口统计（一表）

单位：万美元

	进口情况	比去年增长%	通信设备	比去年增长%	广播电视设备	比去年增长%
牙买加	0.6	-86.7	0.0	-99.1	0.0	
基里巴斯	0.6		0.0		0.0	
留尼汪	0.6	18.7	0.0		0.0	
刚果（金）	0.6		0.0		0.0	
马达加斯加	0.5	137.3	0.0		0.0	
安提瓜和巴布达	0.5	4887.6	0.0		0.0	
布隆迪	0.5		0.4		0.0	
开曼群岛	0.4	-89.3	0.0		0.0	
圣皮埃尔和密克隆	0.4	3142.5	0.0		0.0	
瓦努阿图	0.3	153.7	0.0		0.0	
汤加	0.3	1148.8	0.0		0.0	
阿塞拜疆	0.3	137.8	0.0		0.0	
卢旺达	0.3		0.0		0.0	
梵蒂冈城国	0.3		0.0		0.0	
利比亚	0.3		0.0		0.0	
阿鲁巴	0.3	-74.7	0.0	-100.0	0.0	
圣多美和普林西比	0.3	-87.6	0.0		0.0	
埃塞俄比亚	0.2	-54.8	0.0		0.0	
吉布提	0.2		0.0		0.0	
乍得	0.2	13.1	0.0	-100.0	0.0	
巴拉圭	0.2	20.6	0.0		0.0	
中非	0.2	1198.3	0.0	-100.0	0.0	
博茨瓦那	0.1		0.0		0.0	
萨摩亚	0.1	837.6	0.0		0.0	
西撒哈拉	0.1	3358.1	0.1		0.0	
格陵兰	0.1		0.0		0.0	
乌干达	0.1	-85.1	0.0	-100.0	0.0	-100.0
圣马力诺	0.1	-99.2	0.0	-100.0	0.0	
黑山	0.1	353.3	0.0		0.0	
危地马拉	0.1	-7.4	0.0	-100.0	0.0	
文莱	0.1	103.0	0.0	-100.0	0.0	

2013年电子信息产业进口统计（一表）

单位：万美元

	进口情况	比去年增长%	通信设备	比去年增长%	广播电视设备	比去年增长%
不丹	0.1	-39.0	0.0		0.0	
几内亚	0.1	-95.1	0.0		0.0	
马约特	0.1	-99.5	0.0		0.0	
苏丹	0.1	-92.0	0.0		0.0	
新喀里多尼亚	0.1	-79.5	0.0		0.0	
赞比亚	0.1	-11.9	0.0		0.0	

2013年电子信息产业进口统计（二表）

单位：万美元

	计算机	比去年增长%	家用电子电器	比去年增长%	电子元件	比去年增长%
总　计	5992253.9	-9.9	2278036.2	117.7	5206855.3	-44.7
一、按经济类型分列						
外商独资企业	3618203.9	-14.0	1068779.8	81.0	3201324.2	-46.9
私人企业	1126846.8	1.9	647303.5	464.3	977642.0	-22.3
中外合资企业	653559.9	4.9	447919.8	104.9	783493.3	-51.0
国有企业	535875.7	-21.7	103335.0	-9.2	186943.3	-53.7
集体企业	51158.5	124.6	8642.7	25.4	37846.1	-63.0
中外合作企业	4159.3	60.9	1956.1	-5.7	19194.4	-8.7
个体工商户	55.2	-63.1	3.3	-66.5	209.3	753.5
其他企业	2394.6	317.9	96.0	4.0	202.7	17.9
二、按贸易方式分列						
进料加工贸易	2195866.4	-9.1	901805.7	108.0	2675643.8	-47.4
保税区仓储转口货物	1755586.2	-22.6	586453.5	592.6	930047.8	-29.2
一般贸易	1495029.3	2.8	620639.4	90.6	1082008.8	-20.7
来料加工装配贸易	259036.3	-3.9	132315.4	-26.8	326578.8	-74.3
保税仓库进出境货物	266052.5	25.1	30767.3	75.0	182824.4	-50.4
出口加工区进口设备	6467.2	-33.1	1720.7	167.7	3956.3	-15.0
外商投资企业作为投资进口的设备、物品	3085.5	-36.3	1890.2	16.6	1234.4	155.5
加工贸易进口设备	65.1	-94.6	2.7	-82.0	1.0	-87.0
出料加工贸易	0.0		0.0		0.0	
租赁贸易	9.2	291.2	2.0	-94.8	4.3	179.8
国家间、国际组织无偿援助和赠送的物资	20.6	-95.1	10.2	-71.5	0.2	434.3
边境小额贸易	0.0		0.0	-100.0	0.0	-100.0
免税外汇商品	0.0	-100.0	38.1	-26.4	0.0	-28.8
其他捐赠物资	1.1	-99.8	0.0	-99.7	0.7	
其他	11034.7	5.8	2391.0	18.3	4554.9	-11.2
三、按省、自治区、直辖市分列						
广东省	2811357.4	-8.4	603895.3	56.2	2679473.9	-38.1
江苏省	822025.5	-18.1	669304.8	191.9	768922.8	-62.6

2013年电子信息产业进口统计（二表）

单位：万美元

	计算机	比去年增长%	家用电子电器	比去年增长%	电子元件	比去年增长%
上海市	929188.9	-35.9	381789.7	124.9	577048.1	-23.1
天津市	56361.4	58.1	72046.6	79.6	299213.9	-12.4
北京市	243285.2	-16.1	129591.1	61.2	88606.9	-2.2
山东省	147763.6	-12.0	45412.1	68.1	182732.9	-59.5
河南省	3138.9	19.0	168396.3	14854.4	100817.2	22.5
福建省	211153.8	9.4	15960.2	-15.1	78210.9	-84.9
四川省	88305.1	76.9	46340.1	1333.3	99477.6	-36.2
重庆市	407949.4	52.7	11468.0	219.3	57642.9	53.4
浙江省	32861.8	18.5	10695.7	6.1	50032.6	-85.1
陕西省	17722.8	1067.5	2165.7	74.3	11972.8	16.5
辽宁省	62276.7	89.5	42994.9	8.7	73722.0	-29.6
湖北省	18198.3	6.6	3294.7	66.2	36148.7	-6.7
吉林省	44376.6	7808.6	25007.6	11.0	33720.3	36.4
安徽省	27193.4	721.3	8685.9	66.3	8556.3	-32.7
江西省	7236.6	304.5	537.8	-68.1	9638.7	-8.6
广西壮族自治区	23725.6	35.1	798.2	20.3	18684.6	-26.9
湖南省	13296.8	4.0	1481.3	45.1	11244.2	-22.3
河北省	2592.8	102.4	3401.4	253.5	11083.0	-17.5
山西省	7165.7	880.1	32756.0	7645.1	6953.6	13.5
内蒙古自治区	1885.1	22.1	183.1	-0.6	719.8	24.4
云南省	2215.2	30.8	348.0	503.2	251.0	-70.0
海南省	7892.1	349.3	143.8	20.0	594.1	-57.4
黑龙江省	1676.6	218.4	931.5	97.1	683.2	55.3
甘肃省	55.9	-30.7	97.9	506.8	33.5	178.8
新疆维吾尔自治区	368.3	33.5	105.5	4.3	344.2	27.9
贵州省	246.2	2160.4	21.0	-30.0	199.2	-10.3
宁夏回族自治区	715.1	256.0	67.1	262.2	123.7	-82.9
青海省	5.1	-96.9	100.8	530.2	2.7	-68.6
西藏自治区	18.3	-17.4	14.0		0.0	-100.0
四、按国别、地区分列						
中国	2396636.0	-9.3	903693.3	238.1	1928919.5	-22.2

2013年电子信息产业进口统计（二表）

单位：万美元

	计算机	比去年增长%	家用电子电器	比去年增长%	电子元件	比去年增长%
中国台湾地区	305794.4	2.8	160262.8	1.5	487890.7	-76.4
韩国	541580.8	35.6	319622.3	229.1	741951.6	-69.5
日本	529728.6	-13.8	221511.6	74.5	837136.7	-40.5
马来西亚	284730.2	-29.0	26997.0	88.8	174199.0	8.3
美国	192946.5	19.1	61160.7	7.7	115281.7	4.4
德国	125599.5	295.5	78555.5	19.8	177696.1	56.5
菲律宾	416841.7	-28.9	19838.2	171.7	88326.8	-20.4
泰国	653732.8	-36.7	88734.8	224.3	102092.0	27.5
新加坡	182883.3	6.9	93428.2	-23.4	73869.0	-1.0
越南	86873.1	18.1	162517.3	5595.6	140926.3	140.1
哥斯达黎加	490.5	60.3	33.5	590.7	5024.2	37.4
墨西哥	23436.6	-20.9	7235.1	36.0	37768.4	0.0
中国香港地区	9329.9	-3.3	6033.1	-12.4	13013.2	-37.8
法国	23963.1	193.9	7989.8	52.6	21956.7	23.1
爱尔兰	52358.5	1.1	9333.6	1211.1	1538.2	43.2
意大利	10862.3	100.5	8677.5	19.5	15979.5	29.1
印度尼西亚	40642.4	-41.1	11537.1	29.5	58594.1	13.3
以色列	4107.1	-35.3	1887.5	69.1	7031.2	4.0
英国	7963.2	64.6	5540.8	5.9	16811.9	14.4
加拿大	3974.9	-5.6	4250.1	13.5	3300.0	-2.0
荷兰	3401.0	91.6	4046.6	-8.8	2473.9	11.7
奥地利	3831.5	185.5	4658.1	70.7	18846.0	6.7
瑞士	6591.8	409.4	3107.5	-17.0	20811.4	17.2
匈牙利	31647.8	72.9	6645.7	170.5	7901.1	22.3
比利时	3994.9	221.5	3576.2	25.0	2469.4	66.8
马耳他	189.8	125.3	61.9	36.3	2465.2	106.7
捷克	3637.2	79.9	11500.3	27.0	26717.5	-1.3
瑞典	4289.4	98.0	3798.9	0.5	4711.6	-41.7
印度	2003.3	93.0	2243.4	-9.7	16283.7	15.4
芬兰	2957.6	65.0	501.5	25.5	3381.4	5.8
挪威	7826.8	483.2	2849.4	22.1	745.3	-20.6

2013年电子信息产业进口统计（二表）

单位：万美元

	计算机	比去年增长%	家用电子电器	比去年增长%	电子元件	比去年增长%
丹麦	6270.5	237.2	2409.2	52.0	4061.6	-10.5
葡萄牙	269.3	1722.8	4584.5	453.4	4472.7	-2.9
斯洛伐克	1071.9	180.2	4944.3	103.5	4563.3	-1.7
波兰	2691.0	158.2	1175.3	32.8	4643.7	4.2
西班牙	3108.5	56.2	4047.1	50.2	5282.6	-25.9
摩洛哥	1.5	-88.1	26.0	1404.5	190.1	38.1
罗马尼亚	2857.0	314.3	1571.5	-13.6	4438.1	25.3
澳大利亚	1125.8	35.3	1732.9	-11.6	1015.4	-26.2
巴西	638.4	5.6	5798.2	54.4	2852.0	-2.2
波多黎各	5822.9	7.3	1.6	-92.9	20.8	-52.9
爱沙尼亚	324.9	147.0	42.8	160.3	383.7	-30.1
新西兰	194.5	184.5	130.7	23.9	3099.3	-27.8
俄罗斯联邦	1449.5	1154.8	501.3	368.8	188.1	5.4
保加利亚	510.2	305.9	2063.1	93.3	576.1	68.5
斯洛文尼亚	123.8	324.4	1942.5	-22.9	1551.2	48.6
国（地）别不详的	34.8	128.6	16.5	-43.6	64.1	-36.1
朝鲜	0.8	-86.2	2.6	-47.8	2082.2	34.8
土耳其	189.9	67.3	1635.0	-10.1	872.6	-17.3
列支敦士登	13.4	53783.1	9.3	97.0	913.0	30.8
乌克兰	0.7	263.8	30.1	-3.3	393.2	11.2
柬埔寨	0.0	-42.1	0.1	-99.3	2128.4	349.9
缅甸	0.1	-100.0	1600.5		2.8	-64.6
卢森堡	146.8	2416.8	314.4	31.9	1363.6	-8.8
突尼斯	8.3	69.6	822.8	626.8	636.0	25.6
克罗地亚	26.1	393.6	452.4	5393.3	1026.0	21.6
南非	101.1	151.2	3.8	-72.4	44.1	7.6
立陶宛	35.3	50361.2	3.3	77.5	64.6	-53.8
斯里兰卡	0.9	24.5	1.3	118.7	572.4	86.5
多米尼加共和国	5.8	4.4	0.0	-99.7	362.3	15.2
智利	39.7	-21.3	3.3	154.8	7.9	53.7
阿联酋	157.6	152.4	1.2	-96.4	404.3	52.8

2013年电子信息产业进口统计（二表）

单位：万美元

	计算机	比去年增长%	家用电子电器	比去年增长%	电子元件	比去年增长%
希腊	1.2	-96.0	92.2	260.6	403.2	10.4
白俄罗斯	0.3	308.7	10.9	-19.3	11.6	258.2
莱索托	0.0		0.0		525.5	3.5
拉脱维亚	17.7	-64.9	2.5	-68.8	205.6	180.1
孟加拉国	58.7	-19.6	63.9	16.2	39.6	-65.5
沙特阿拉伯	20.6	68.6	10.4	-81.7	359.4	24.1
萨尔瓦多	0.0		0.0		386.3	-8.0
哥伦比亚	0.0	-100.0	0.5	-47.6	2.1	2.4
老挝	0.0		0.0		43.4	346.2
塞尔维亚	0.8	-79.9	14.7	90.0	58.7	6409.8
中国澳门地区	17.3	31.9	0.6	-48.8	21.2	519.7
伊朗	16.3	13.0	0.7	-91.7	3.1	144.4
巴巴多斯	0.1		0.0		113.5	4.1
波黑	0.0		91.0	3.3	6.5	333.9
巴拿马	0.1	-74.7	0.0	-100.0	65.9	52.2
埃及	0.2	-62.1	12.3	-49.3	54.1	668.1
肯尼亚	0.8	425.6	2.8	74.1	0.8	617.8
塔吉克斯坦	23.5		0.0		0.1	918.0
前南马其顿	0.0		0.0		55.7	8871.6
洪都拉斯	0.0	-100.0	16.1	11054.2	16.4	-88.7
摩纳哥	0.0		4.6	-58.4	1.8	425.7
马尔代夫	0.0		0.0	-59.0	0.1	-29.7
冰岛	3.9	16.5	0.0	-100.0	6.5	239.2
巴基斯坦	3.2	353.7	0.4	-74.3	0.4	-95.0
格鲁吉亚	1.1	305.7	0.2	-4.5	4.9	-14.0
毛里求斯	0.0		0.5	6686.3	27.9	49415.1
塞浦路斯	0.7	-32.3	0.0		13.9	60679.5
哈萨克斯坦	0.1		0.2		2.9	-95.4
阿富汗	0.0		0.0		0.6	181.6
纳米比亚	0.2	-98.4	0.0		5.0	-78.7
阿根廷	6.3	102.5	0.7	-21.0	0.8	-72.2

2013年电子信息产业进口统计（二表）

单位：万美元

	计算机	比去年增长%	家用电子电器	比去年增长%	电子元件	比去年增长%
东帝汶	0.0	-100.0	0.0		0.2	-72.4
也门	0.1	248.8	0.0		0.2	-94.1
喀麦隆	0.0		0.0		1.1	174.7
古巴	0.6	100.0	3.6		1.1	
吉尔吉斯斯坦	0.0		0.0		0.0	-97.2
伊拉克	0.0		0.0	-96.3	0.2	-48.5
厄瓜多尔	0.5	1845.0	4.4	2079.7	2.6	23.9
卡塔尔	0.0	-13.1	0.1		0.3	
土库曼斯坦	0.0		0.0		1.0	
斯威士兰	0.0		2.6	268.6	2.2	-9.1
法罗群岛	0.0		0.0		0.0	
黎巴嫩	2.1	354.6	0.3	145.3	0.1	
塞内加尔	0.0	-100.0	0.0	-100.0	0.2	-34.2
阿尔及利亚	0.0		0.8	296.2	0.0	1106.7
叙利亚	0.0	-100.0	0.0		0.0	
尼泊尔联邦民主共和国	0.0		0.2		0.0	
亚美尼亚	0.0	-100.0	0.0		2.3	3876.1
斐济	3.3		0.0		0.0	
海地	0.0		0.0		1.0	
阿曼	0.0	-100.0	0.0		1.0	-98.7
巴林	0.0		0.4	-71.1	0.0	-100.0
马里	0.1	-26.8	0.0		0.4	-71.6
尼日尔	0.5	14.0	0.1	-39.5	0.4	1509.7
尼日利亚	0.0		0.1	6088.2	0.6	1165.6
委内瑞拉	0.0		0.2	-61.5	1.1	30454.1
加纳	0.2		0.0		0.2	1856.6
圣卢西亚	0.3		0.0		1.9	-71.4
多米尼克	0.0	-100.0	0.0		0.4	-94.5
科威特	0.0		1.2	659.0	0.6	462.4
瑙鲁	0.1		0.0		0.6	
莫桑比克	0.0	-100.0	0.0		1.9	-65.7

2013年电子信息产业进口统计（二表）

单位：万美元

	计算机	比去年增长%	家用电子电器	比去年增长%	电子元件	比去年增长%
巴布亚新几内亚	0.0		0.0		0.5	2070.1
圭亚那	1.9	115.6	0.0		0.1	-40.5
津巴布韦	1.4	-75.5	0.0		0.0	-100.0
阿尔巴尼亚	0.0		0.0		0.2	
圣基茨和尼维斯	0.0		0.0		0.2	
瓜德罗普	0.0		0.0		0.0	
约旦	0.0		0.0	-100.0	0.3	-95.9
乌兹别克斯坦	1.7		0.0	-100.0	0.0	-100.0
乌拉圭	0.5	323.4	0.0	-100.0	0.0	-98.4
毛里塔尼亚	0.0		0.0		0.2	77.0
秘鲁	0.0		0.0		0.0	133.6
安道尔	0.0		0.0		0.0	-100.0
伯利兹	0.0		0.0		1.3	467.4
摩尔多瓦	0.3		0.1		0.1	-74.5
格林纳达	0.0		0.0		0.0	
马拉维	0.0	-100.0	0.0		0.1	-19.0
加蓬	0.0		0.0		0.0	
巴勒斯坦	0.0		0.0	-100.0	0.0	
蒙古	0.2		0.0		0.0	-91.1
蒙特塞拉特	0.0		0.0		0.1	-79.0
苏里南	0.0		0.0		0.4	
拉丁美洲其他国家（地区）	0.0		0.0		0.8	
刚果（布）	0.0		0.0		0.4	
大洋洲其他国家（地区）	0.0		0.0		0.1	-4.2
塞拉利昂	0.1		0.0	-100.0	0.1	-48.0
尼加拉瓜	0.0		0.0	-100.0	0.3	
厄立特里亚	0.0		0.0	-100.0	0.6	11194.7
英属维尔京群岛	0.0		0.0		0.4	626.0
特立尼达和多巴哥	0.0		0.0		0.0	
牙买加	0.0		0.3		0.0	-100.0

2013年电子信息产业进口统计（二表）

单位：万美元

	计算机	比去年增长%	家用电子电器	比去年增长%	电子元件	比去年增长%
基里巴斯	0.0		0.0		0.0	
留尼汪	0.0		0.0		0.0	
刚果（金）	0.0		0.0		0.6	
马达加斯加	0.0		0.0		0.0	-100.0
安提瓜和巴布达	0.0		0.0		0.0	-100.0
布隆迪	0.0		0.0		0.0	
开曼群岛	0.0		0.0		0.1	
圣皮埃尔和密克隆	0.0		0.0		0.0	
瓦努阿图	0.0		0.0		0.0	
汤加	0.0		0.0		0.0	
阿塞拜疆	0.0		0.3	132.9	0.0	
卢旺达	0.0		0.0		0.0	
梵蒂冈城国	0.0		0.0		0.0	
利比亚	0.0		0.0		0.0	
阿鲁巴	0.0		0.0		0.1	
圣多美和普林西比	0.0	-100.0	0.0	-100.0	0.0	-100.0
埃塞俄比亚	0.0	-100.0	0.0	-100.0	0.0	-100.0
吉布提	0.0		0.0		0.2	
乍得	0.0		0.0		0.0	
巴拉圭	0.0	-100.0	0.0		0.1	-43.8
中非	0.0		0.0		0.0	
博茨瓦那	0.0		0.0		0.0	
萨摩亚	0.0		0.0		0.1	
西撒哈拉	0.0		0.0		0.0	-100.0
格陵兰	0.0		0.0		0.0	
乌干达	0.0		0.0		0.0	
圣马力诺	0.0		0.0		0.0	
黑山	0.0		0.0		0.0	
危地马拉	0.0		0.0		0.0	-100.0
文莱	0.0		0.0		0.0	-100.0
不丹	0.0		0.0		0.0	

2013年电子信息产业进口统计（二表）

单位：万美元

	计算机	比去年增长%	家用电子电器	比去年增长%	电子元件	比去年增长%
几内亚	0.0		0.0		0.0	-100.0
马约特	0.0	-100.0	0.0		0.0	-35.3
苏丹	0.0		0.0	-100.0	0.1	-45.7
新喀里多尼亚	0.0		0.0		0.0	-100.0
赞比亚	0.0		0.0		0.0	-100.0

2013年电子信息产业进口统计（三表）

单位：万美元

	电子器件	比去年增长%	电子材料	比去年增长%	电子仪器设备	比去年增长%
总　计	**31050832.8**	**41.8**	**764977.0**	**-16.2**	**4335095.9**	**12.9**
一、按经济类型分列						
外商独资企业	15605433.4	23.1	527430.0	-11.2	1612039.2	-2.9
私人企业	8582913.3	111.7	95718.7	-34.7	826583.0	34.1
中外合资企业	5119592.3	34.1	83816.8	-21.9	1148766.6	19.7
国有企业	1462115.0	27.4	51726.6	-16.1	706003.0	25.2
集体企业	231207.1	46.9	5460.0	112.1	29778.1	2.7
中外合作企业	49501.9	14.1	821.7	-5.8	10469.4	6.5
个体工商户	8.3	-94.7	3.1	86.7	954.4	47.5
其他企业	61.5	-52.8	0.0	-100.0	502.4	-33.8
二、按贸易方式分列						
进料加工贸易	13304140.4	29.7	344515.7	-8.4	590820.6	6.6
保税区仓储转口货物	9487959.9	57.5	99390.9	-13.5	443963.3	70.1
一般贸易	4753303.3	40.3	193596.8	-19.1	2715070.5	12.4
来料加工装配贸易	2411327.9	55.2	95041.1	-34.5	33603.0	-17.5
保税仓库进出境货物	1078648.3	60.4	26203.0	-15.1	101022.8	17.9
出口加工区进口设备	1157.3	35.6	319.4	-44.8	220992.1	-17.1
外商投资企业作为投资进口的设备、物品	232.6	36.0	14.3	-18.7	143942.0	-10.9
加工贸易进口设备	4.1	-32.6	0.0		67710.4	85.8
出料加工贸易	157.2	203.4	2349.0	897.2	0.0	
租赁贸易	1.1		0.0		830.0	48.5
国家间、国际组织无偿援助和赠送的物资	0.0	-100.0	0.0		431.5	132.2
边境小额贸易	0.0	-100.0	0.0	-100.0	56.1	65.3
免税外汇商品	0.0		0.0		0.2	-78.4
其他捐赠物资	0.7		0.0		30.7	-35.3
其他	13900.4	101.7	3546.9	-39.3	16622.7	-7.2
三、按省、自治区、直辖市分列						
广东省	13929864.9	61.0	136242.7	-22.3	1116635.6	5.1
江苏省	5939526.9	38.5	241798.2	-23.4	581441.6	5.8

2013年电子信息产业进口统计（三表）

单位：万美元

	电子器件	比去年增长%	电子材料	比去年增长%	电子仪器设备	比去年增长%
上海市	3951058.9	-0.8	146353.8	-0.7	795706.3	12.9
天津市	1056479.2	24.9	29788.4	20.7	114263.6	9.1
北京市	440019.1	-0.7	26375.2	-11.5	366223.0	10.9
山东省	953531.2	67.0	18435.5	4.9	129959.9	38.4
河南省	871080.4	28.6	447.7	-36.2	104636.3	-19.4
福建省	834893.2	180.6	16554.2	-13.5	68500.3	-24.3
四川省	916830.5	20.8	5966.6	-6.8	82507.4	-9.8
重庆市	616856.1	47.5	964.6	48.8	105302.7	34.6
浙江省	444603.1	103.7	58823.7	-24.2	65126.8	4.5
陕西省	379766.4	77.7	13475.1	-16.8	72089.4	128.5
辽宁省	131321.8	27.5	9793.4	-30.0	118781.7	9.5
湖北省	204599.1	32.5	11114.1	43.6	94292.7	51.4
吉林省	20567.4	9.8	1140.2	14.5	196148.3	17.2
安徽省	66089.4	109.9	5664.9	-34.7	99881.1	232.0
江西省	108859.5	6.0	4587.1	-37.0	12781.3	16.1
广西壮族自治区	62405.5	22.1	821.1	-39.7	11176.2	-3.0
湖南省	19839.5	-32.7	970.7	-23.1	51801.3	92.1
河北省	28552.5	1.0	27303.8	-19.2	19503.6	22.9
山西省	6739.6	1.2	50.2	401.7	15727.9	-40.2
内蒙古自治区	2369.2	8696.5	1686.0	145.4	66249.4	704.6
云南省	49043.7	27423.9	2.4	6.2	7233.1	25.9
海南省	6588.9	972.1	4824.3	21.1	8809.3	144.2
黑龙江省	929.8	-13.2	95.9	-47.6	9390.6	5.8
甘肃省	7880.2	41.8	4.0	-80.8	3999.6	-9.5
新疆维吾尔自治区	382.1	176.3	677.8	-3.9	10038.4	58.1
贵州省	8.2	-80.8	645.6	15.3	4583.5	-34.9
宁夏回族自治区	86.5	28.6	369.9	-56.3	1239.0	7.2
青海省	60.1	1750.4	0.0		704.3	-86.5
西藏自治区	0.0		0.0		361.9	177.1
四、按国别、地区分列						
中国	4290419.7	39.9	38585.2	5.5	624506.4	16.2

2013年电子信息产业进口统计（三表）

单位：万美元

	电子器件	比去年增长%	电子材料	比去年增长%	电子仪器设备	比去年增长%
中国台湾地区	9318494.9	71.2	194627.0	-16.8	194667.8	20.2
韩国	6910535.4	60.2	147218.4	-18.7	381783.5	46.5
日本	2263345.5	18.8	190619.9	-3.7	1127117.0	4.5
马来西亚	3163409.5	7.9	5169.7	259.1	92917.5	-16.9
美国	1553184.7	94.8	81151.4	-30.5	543433.1	18.2
德国	334884.5	26.7	69687.1	-30.4	586230.1	6.4
菲律宾	649660.2	2.9	1653.7	4261.7	28613.0	3.7
泰国	350235.0	10.8	457.4	248.8	30949.7	5.0
新加坡	710496.3	19.4	5429.1	69.5	122641.5	6.8
越南	276113.7	-12.9	2.3	-57.6	20169.5	47.2
哥斯达黎加	449323.4	-12.2	6.8	81.5	1860.0	1419.7
墨西哥	133818.7	25.7	9.9	-58.1	30120.7	188.0
中国香港地区	49978.0	-41.2	721.4	119.5	25975.8	4.3
法国	44775.5	-31.9	3044.3	29.5	64057.9	21.1
爱尔兰	99063.8	-1.7	39.1	-59.1	8409.0	50.9
意大利	49250.7	-26.6	1046.1	-35.3	58076.6	66.5
印度尼西亚	18907.1	-22.5	417.3	39.6	15358.2	4.5
以色列	64454.5	64.8	6129.5	10.6	25026.3	39.3
英国	21921.0	-31.6	1445.5	-24.3	51059.9	4.0
加拿大	79790.3	-6.7	136.8	-14.9	14030.7	-16.3
荷兰	27549.0	474.0	86.8	114.2	65562.6	35.3
奥地利	35392.3	18.7	1744.2	9.0	25649.4	1.5
瑞士	12588.8	9.9	338.1	62.1	47495.0	-12.9
匈牙利	3820.9	-0.6	78.1	311.2	22157.3	18.7
比利时	10468.0	-7.9	330.0	8.1	10597.8	24.4
马耳他	63009.9	-24.4	0.0	-100.0	72.2	-82.5
捷克	2359.0	23.0	23.8	-32.7	8971.9	50.2
瑞典	3081.6	158.1	279.4	-33.6	17692.2	3.7
印度	7406.9	-3.5	6157.0	-1.1	6632.3	7.0
芬兰	357.2	2.7	626.0	-22.6	21041.3	35.3
挪威	1275.3	-16.7	1495.5	-79.2	10725.6	32.9

2013年电子信息产业进口统计（三表）

单位：万美元

	电子器件	比去年增长%	电子材料	比去年增长%	电子仪器设备	比去年增长%
丹麦	1451.6	45.7	584.5	-28.6	11775.3	-2.1
葡萄牙	15374.4	20.0	1.2		911.2	8.1
斯洛伐克	1308.0	13.4	0.0		8380.1	-48.0
波兰	2909.9	136.0	164.8	24.9	3333.2	0.9
西班牙	1120.2	-13.7	102.9	52.8	3638.7	7.1
摩洛哥	17683.0	-1.7	0.2		87.5	-12.7
罗马尼亚	16.3	-65.0	0.0		2934.6	22.2
澳大利亚	1848.2	11.7	110.7	446.3	4802.9	-29.5
巴西	1018.9	-41.0	5.2	-85.2	1146.7	181.7
波多黎各	97.8	-35.5	3739.0	-53.8	126.4	-51.7
爱沙尼亚	7.6	-76.9	0.0		2166.4	66.1
新西兰	182.7	-7.5	0.4	216.7	2216.9	321.6
俄罗斯联邦	948.3	-1.6	609.6	-37.4	1185.4	-55.5
保加利亚	1673.1	-2.2	0.0		383.4	123.3
斯洛文尼亚	149.9	5.6	5.2		532.1	40.5
国（地）别不详的	2520.9	2187.5	31.5	117.8	1268.7	4683.4
朝鲜	76.1	-79.7	358.3	45.7	1180.6	23.2
土耳其	98.6	184.6	0.2	-49.0	284.8	82.4
列支敦士登	5.5	-15.4	6.8	744.4	1330.3	600.8
乌克兰	83.8	27.6	244.4	-89.8	1306.4	196.5
柬埔寨	0.1	-22.6	0.0		0.5	
缅甸	49.4	6222.4	0.0		0.4	-54.5
卢森堡	0.5	270.2	55.6	191.2	192.4	112.8
突尼斯	78.1	63.5	0.1		278.2	-19.6
克罗地亚	235.8	39.5	0.0		37.7	120.5
南非	253.2	-28.0	0.7	483.7	453.0	-27.4
立陶宛	545.1	23.1	7.6		278.3	228.2
斯里兰卡	15.8	253.2	0.0		154.8	-11.1
多米尼加共和国	2.6	-8.1	0.0		258.2	-75.6
智利	3.2	124.1	170.2	198.8	443.8	-84.4
阿联酋	52.0	-40.7	0.0		5.3	102.2

2013年电子信息产业进口统计（三表）

单位：万美元

	电子器件	比去年增长%	电子材料	比去年增长%	电子仪器设备	比去年增长%
希腊	3.2	-64.8	0.0		66.9	76.6
白俄罗斯	411.6	-32.7	1.0	400.1	101.1	-64.7
莱索托	0.1		0.0		0.0	
拉脱维亚	2.8	-27.7	1.5		19.5	-44.5
孟加拉国	267.7	487.6	0.0		0.6	-78.2
沙特阿拉伯	6.1	443.6	0.0	-99.0	0.8	2525.6
萨尔瓦多	1.6	336.3	0.3		0.9	-63.9
哥伦比亚	275.8	10637.7	0.0		1.9	19.6
老挝	127.5	382.9	0.0		0.0	
塞尔维亚	3.0	288.0	0.0		60.7	48.9
中国澳门地区	57.4	17.4	0.0		3.8	-84.1
伊朗	110.3	1134.6	0.0		2.9	146.9
巴巴多斯	1.6	80.8	0.0	-100.0	3.8	
波黑	1.0	-18.6	0.0		0.1	1696.9
巴拿马	1.2	35.6	0.0		0.3	-96.3
埃及	0.6	407.6	0.0		0.8	-82.4
肯尼亚	56.5	-21.5	0.0		0.0	-100.0
塔吉克斯坦	36.2	1201.9	0.0		0.0	
前南马其顿	1.7	590.7	0.0		0.1	
洪都拉斯	2.4	318.8	0.0		21.5	-11.7
摩纳哥	46.8	3.4	0.0		0.0	-100.0
马尔代夫	40.4	146.8	0.0		0.0	
冰岛	3.0	64.2	0.1		22.0	120.4
巴基斯坦	7.6	2227.2	0.0		25.2	-4.7
格鲁吉亚	5.5	379.2	0.0		22.1	588.9
毛里求斯	2.3	287.3	0.0		0.0	-87.0
塞浦路斯	10.2	4350.5	0.0	-100.0	0.0	-100.0
哈萨克斯坦	1.1	5105.0	18.3		0.8	-97.2
阿富汗	18.8	491.2	0.0		0.2	-89.3
纳米比亚	14.1	-54.0	0.0		0.1	-74.0
阿根廷	0.5	-97.7	0.0		9.5	124.4

2013年电子信息产业进口统计（三表）

单位：万美元

	电子器件	比去年增长%	电子材料	比去年增长%	电子仪器设备	比去年增长%
东帝汶	13.5	111.9	0.0		0.1	
也门	15.2	335.3	0.0		0.2	284.0
喀麦隆	2.7	-69.8	0.0		8.0	16600.0
古巴	5.6	76520.6	0.0		0.3	125.0
吉尔吉斯斯坦	12.1	171.9	0.0		0.0	-100.0
伊拉克	11.2	410.8	0.0		0.1	-85.0
厄瓜多尔	0.1	-85.7	0.0		2.8	43.2
卡塔尔	9.9	646.4	0.0		0.1	-74.5
土库曼斯坦	9.1	8.8	0.0		0.0	
斯威士兰	3.4	105.2	0.0		1.6	-66.4
法罗群岛	0.0	-66.4	0.0		0.0	
黎巴嫩	3.1	1442.7	0.0		0.3	-85.8
塞内加尔	1.6	180.5	0.0		3.4	19804.7
阿尔及利亚	4.2	4709.0	0.0		0.0	
叙利亚	4.9	8722.1	0.0		0.1	-97.1
尼泊尔联邦民主共和国	3.8		0.0		0.2	-40.0
亚美尼亚	0.9	-36.4	0.0		0.5	
斐济	0.0	-100.0	0.0		0.2	
海地	1.0		0.0		1.5	-8.1
阿曼	2.0	86.2	0.0		0.0	-100.0
巴林	2.3	5.9	0.0		0.2	-58.0
马里	2.4	-25.5	0.0		0.1	-88.8
尼日尔	1.1	170.9	0.0		0.8	3967.9
尼日利亚	0.9	468.8	0.0		0.3	-97.6
委内瑞拉	0.0		0.0		1.5	669.8
加纳	0.2	332.6	0.0		1.5	
圣卢西亚	0.0	365.9	0.0		0.4	
多米尼克	0.0	-100.0	0.0		2.2	-41.5
科威特	0.6	12.7	0.0		0.1	
瑙鲁	1.5	108.2	0.0		0.0	
莫桑比克	0.0	-98.2	0.0		0.1	-54.8

2013年电子信息产业进口统计（三表）

单位：万美元

	电子器件	比去年增长%	电子材料	比去年增长%	电子仪器设备	比去年增长%
巴布亚新几内亚	0.5	85.3	0.0		0.0	-96.3
圭亚那	0.0		0.0		0.0	
津巴布韦	0.0		0.0		0.0	
阿尔巴尼亚	1.2	-42.7	0.0		0.5	
圣基茨和尼维斯	0.0		0.0		1.7	163.0
瓜德罗普	1.9	1895.8	0.0		0.0	
约旦	0.5	335.6	0.0		0.9	-44.8
乌兹别克斯坦	0.0	-100.0	0.0		0.0	
乌拉圭	0.0		0.0		1.2	86.4
毛里塔尼亚	1.3	73.2	0.0		0.0	
秘鲁	0.8	243.0	0.0		0.5	-4.4
安道尔	1.3	-29.4	0.0		0.0	
伯利兹	0.0		0.0		0.0	
摩尔多瓦	0.7	-47.6	0.0		0.0	-100.0
格林纳达	0.0		0.0		0.0	
马拉维	1.0	83.6	0.0		0.0	
加蓬	0.0	-100.0	0.0		1.0	
巴勒斯坦	0.9		0.0		0.0	
蒙古	0.0		0.0		0.2	-12.9
蒙特塞拉特	0.7	-69.4	0.0		0.0	-100.0
苏里南	0.4	584.0	0.0		0.0	
拉丁美洲其他国家（地区）	0.0		0.0		0.0	
刚果（布）	0.4		0.0		0.0	
大洋洲其他国家（地区）	0.5	-68.7	0.0		0.1	
塞拉利昂	0.5		0.0		0.1	-97.2
尼加拉瓜	0.0		0.0		0.4	
厄立特里亚	0.0	-100.0	0.0		0.0	
英属维尔京群岛	0.3		0.0		0.0	
特立尼达和多巴哥	0.6		0.0		0.0	
牙买加	0.0	-100.0	0.0		0.3	3795.2

2013年电子信息产业进口统计（三表）

单位：万美元

	电子器件	比去年增长%	电子材料	比去年增长%	电子仪器设备	比去年增长%
基里巴斯	0.6		0.0		0.0	
留尼汪	0.6	18.7	0.0		0.0	
刚果（金）	0.0		0.0		0.0	
马达加斯加	0.5	153.5	0.0		0.0	
安提瓜和巴布达	0.5		0.0		0.0	
布隆迪	0.0		0.0		0.0	
开曼群岛	0.4	-91.0	0.0		0.0	
圣皮埃尔和密克隆	0.4	3142.5	0.0		0.0	
瓦努阿图	0.3	153.7	0.0		0.0	
汤加	0.3	1145.8	0.0		0.0	
阿塞拜疆	0.0		0.0		0.0	
卢旺达	0.3		0.0		0.0	
梵蒂冈城国	0.3		0.0		0.0	
利比亚	0.0		0.0		0.3	
阿鲁巴	0.2	-83.7	0.0		0.0	
圣多美和普林西比	0.3		0.0		0.0	
埃塞俄比亚	0.2		0.0		0.0	-100.0
吉布提	0.0		0.0		0.0	
乍得	0.0		0.0		0.2	
巴拉圭	0.0		0.0		0.1	
中非	0.1		0.0		0.0	
博茨瓦那	0.0		0.0		0.1	
萨摩亚	0.0	-100.0	0.0		0.0	-100.0
西撒哈拉	0.0		0.0		0.0	
格陵兰	0.0		0.0		0.1	
乌干达	0.0		0.0		0.1	-80.3
圣马力诺	0.1	97.5	0.0		0.0	-100.0
黑山	0.1	313.3	0.0		0.0	
危地马拉	0.1	4512.5	0.0		0.0	
文莱	0.0		0.0		0.0	

2013年电子信息产业进口统计（三表）

单位：万美元

	电子器件	比去年增长%	电子材料	比去年增长%	电子仪器设备	比去年增长%
不丹	0.1	5.8	0.0		0.0	-100.0
几内亚	0.1	-60.0	0.0		0.0	-99.8
马约特	0.1	-99.3	0.0		0.0	
苏丹	0.0	-100.0	0.0		0.0	-100.0
新喀里多尼亚	0.1	-66.3	0.0		0.0	
赞比亚	0.1	1063.6	0.0		0.0	

2013年电子信息产业主要产品进口统计

产品名称	单位	进口数量（万）	进口金额	
			万美元	同比增长%
一、通信设备产品				
电话机合计	台	113.7	15354.7	59.2
其中：无绳电话	台	37.1	1063.7	-19.1
多功能一体机	台	185.2	12397.5	-8.6
各种程控交换机	台	22055.9	168289.4	16.0
其中：移动通信交换机	台	0.0	1142.6	57.3
以太网交换机	台	114.6	95240.2	3.0
IP电话信号转换设备	台	214.3	26488.2	21.2
手持（车载）无线电话	台	800.0	154726.3	2.1
手持式无线电话用零件	公斤	4663.8	3367520.0	26.6
移动通信基地站	台	0.9	3176.4	41.2
光通信设备	台	65.6	5959.9	-30.7
其中：光端机及脉冲编码调制设备	台	0.8	690.0	-60.5
波分复用光传输设备	台	64.7	5269.9	-23.1
二、广播电视设备产品				
广播电视用无线电广播、电视发射设备	台	0.2	300.6	-32.2
电视卫星地面站设备	台	0.0	317.1	-45.4
电视摄像机	台	0.7	1783.9	-24.5
非特种用途的取像模块	公斤	64.2	177884.6	29.5
其他电视摄像机等及数字照相机的零件	公斤	356.2	173670.7	-7.3
等离子显像组件及其零件	公斤	2660.0	47136.0	-19.6
三、电子计算机产品				
微型计算机	台	36.8	27304.1	4.9
便携式电脑	台	367.7	75059.9	7.1
计算器	台	573.9	2876.0	100.7
打印机	台	614.0	83345.5	-20.9
其中：针式	台	87.7	13603.9	-35.8
激光	台	393.0	49602.9	-18.9
喷墨	台	96.7	7269.5	-29.6
热敏	台	29.3	9396.2	2.9
扫描仪	台	67.4	13378.9	-20.7

2013年电子信息产业主要产品进口统计

产品名称	单位	进口数量（万）	进口金额	
			万美元	同比增长%
数字化仪	台	0.4	883.5	217.5
硬盘驱动器	台	26176.0	1610601.0	-27.5
软盘驱动器	台	0.7	61.2	-18.6
光盘驱动器	台	11063.9	172799.6	-22.0
显示器	台	102.2	13613.7	-35.5
其中：液晶显示器	台	102.2	13438.2	-35.8
阴极射线管显示器	台	0.0	62.0	-22.3
自动柜员机	台	4.7	55774.8	-22.6
不间断供电电源	台	58.6	12931.5	13.4
集线器	台	32.1	1946.1	49.9
路由器	台	199.1	29984.6	-13.6
调制解调器	台	64.9	2181.0	-33.9
其他数字照相机	台	850.7	210954.9	-27.7
四、家用电子电器产品				
彩电电视机	台	4.5	3087.5	118.3
其中：显像管彩电	台		0.3	-91.9
液晶彩电	台	4.5	3026.7	136.9
等离子彩电	台	0.0	25.0	-80.0
家用型视频摄录一体机	台	25.9	5379.6	-54.8
激光视盘放像机	台	33.3	1836.8	-45.2
其中：DVD机	台	24.0	1189.7	-35.2
激光唱机	台	8.1	1637.5	-15.0
收录放音组合机	台	67.9	4862.5	-9.0
汽车用收音及收录放组合机	台	68.0	21449.2	34.8
彩色投影机	台	3.7	3978.0	-19.5
微波炉	台	2.0	774.9	72.2
激光视盘机的机芯	个	548.4	33934.0	-17.9
五、电子元器件产品				
电容器	公斤/千个	7944.8	1080952.5	31.4
电阻器	公斤/千个	1811.5	210077.4	9.7
印刷电路	公斤/千个	4008772.3	1364793.5	-5.7

2013年电子信息产业主要产品进口统计

产品名称	单位	进口数量（万）	进口金额	
			万美元	同比增长%
智能卡	个	135667.3	55557.6	9.0
集成电路	个	26630908.7	23133590.5	20.5
其中：处理器及控制器	个	8664840.4	11532831.8	6.5
存储器	个	2690444.9	4616894.2	21.6
放大器	个	2955542.3	1960746.0	113.7
其他集成电路	个	12320081.2	5023118.5	37.3
彩色显像管	只	41.2	750.3	-69.6
晶体管	个	25916978.3	1176901.9	25.8
彩色电视机零件	公斤	1218.6	39002.5	-6.4
黑白电视机零件	公斤	29.5	310.1	-56.2
光缆	公斤	282.5	17412.6	37.6
电声器件	个	350304.9	367243.0	88.6
液晶显示板	个	339740.5	4957660.6	-1.4
固态非易失性存储器件（闪速存储器）	个	35646.1	165869.1	-26.5
静止变流器	个	182960.3	651598.7	8.4
其中：稳压电源	个	3539.0	69919.4	-6.2
六、电子专用设备产品				
自动插件机	台	0.2	4905.1	-10.7
自动贴片机	台	0.9	130076.8	-20.3
离子注入机	台	0.0	16804.9	66.6

反侵权盗版声明

举报电话：（010）88254396；（010）88258888

传　　真：（010）88254397

E-mail：　dbqq@phei.com.cn

通信地址：北京市万寿路 173 信箱

　　　　　电子工业出版社总编办公室

邮　　编：100036